Ciencias

Orlando Austin New York San Diego Toronto London

¡Visita *The Learning Site*!
www.harcourtschool.com

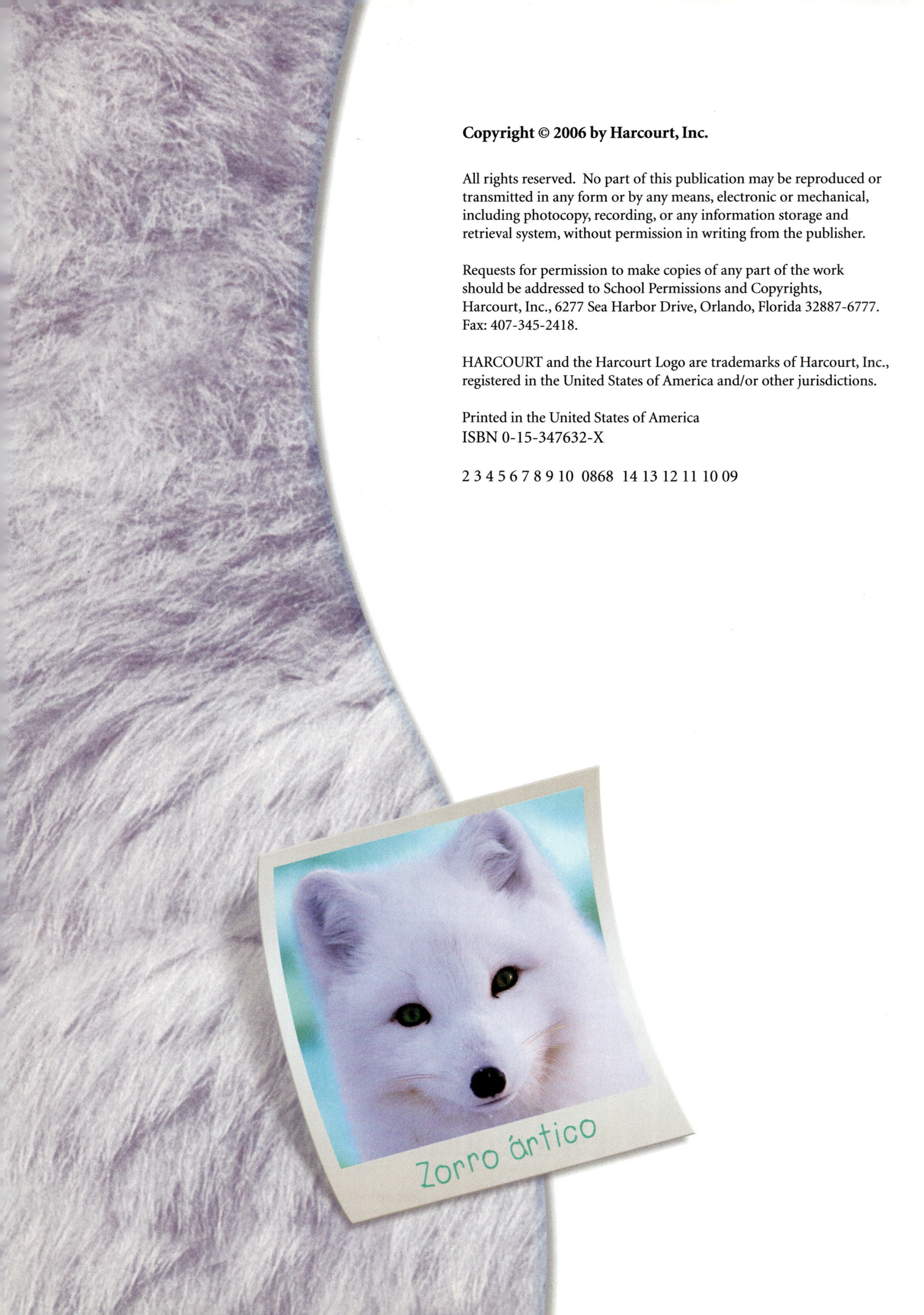

Printed in the United States of America
ISBN 0-15-347632-X

2 3 4 5 6 7 8 9 10 0868 14 13 12 11 10 09

Consulting Authors

Michael J. Bell
Assistant Professor of Early Childhood Education
College of Education
West Chester University of Pennsylvania

Michael A. DiSpezio
Curriculum Architect
JASON Academy
Cape Cod, Massachusetts

Marjorie Frank
Former Adjunct, Science Education
Hunter College
New York, New York

Gerald H. Krockover
Professor of Earth and Atmospheric Science Education
Purdue University
West Lafayette Indiana

Joyce C. McLeod
Adjunct Professor
Rollins College
Winter Park, Florida

Barbara ten Brink
Science Specialist
Austin Independent School District
Austin, Texas

Carol J. Valenta
Senior Vice President
St. Louis Science Center
St. Louis, Missouri

Barry A. Van Deman
President and CEO
Museum of Life and Science
Durham, North Carolina

Senior Editorial Advisors

Napoleon Adebola Bryant, Jr.
Professor Emeritus of Education
Xavier University
Cincinnati, Ohio

Robert M. Jones
Professor of Educational Foundations
University of Houston-Clear Lake
Houston, Texas

Mozell P. Lang
Former Science Consultant
Michigan Department of Education
Science Consultant, Highland Park Schools
Highland Park, Michigan

CIENCIAS BIOLÓGICAS

CIENCIAS DE LA TIERRA

UNIDAD C: Nuestro planeta Tierra

UNIDAD D: El tiempo, las estaciones y el cielo

CIENCIAS FÍSICAS

UNIDAD E: La investigación de la materia

UNIDAD F: La energía en nuestro mundo

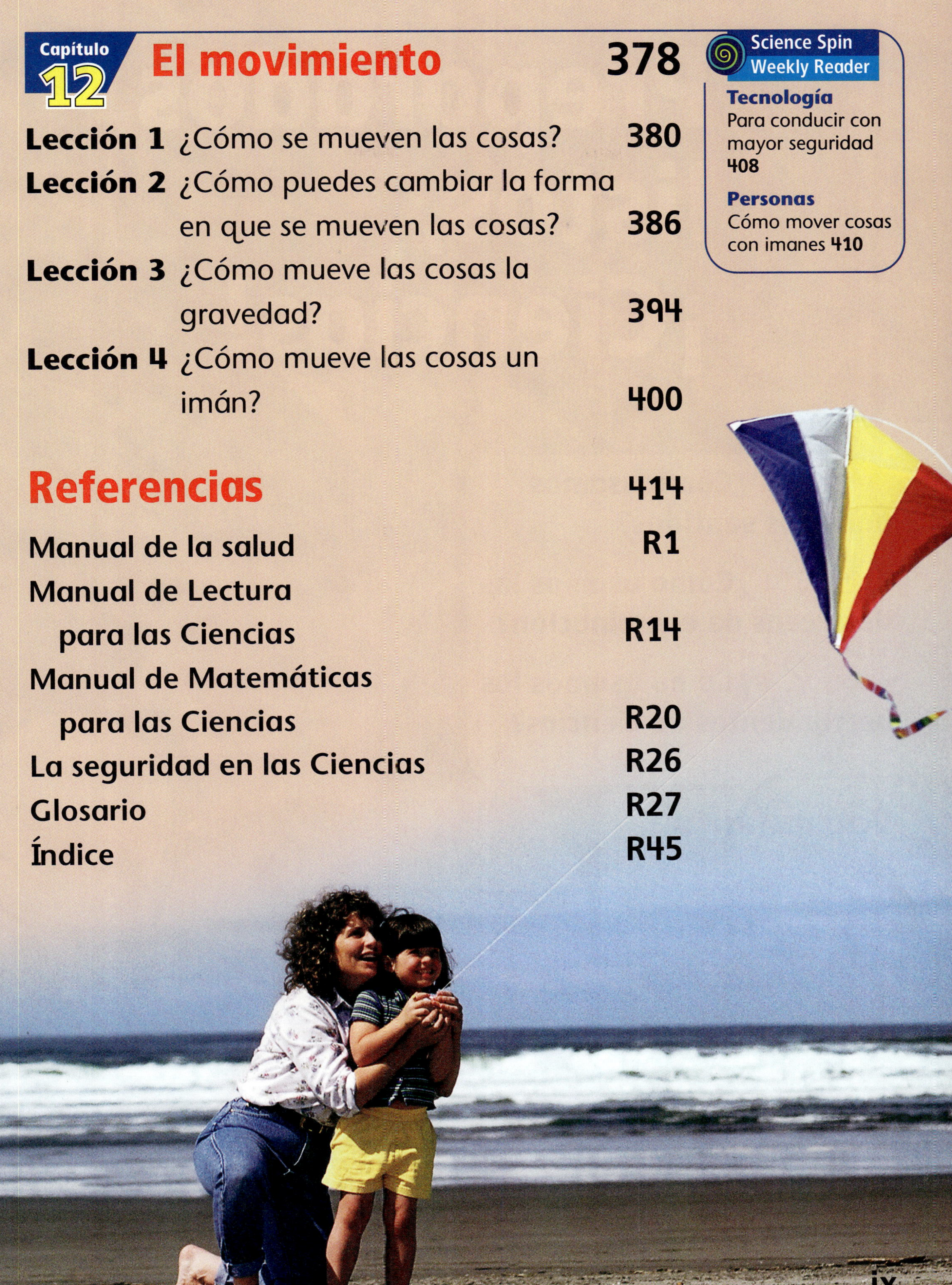

Capítulo 12 El movimiento 378

Science Spin
Weekly Reader

Referencias 414

Preparados, listos, ¡Ciencias!

Lección 1 ¿Cómo usamos nuestros sentidos?

Lección 2 ¿Cómo usamos las destrezas de examinación?

Lección 3 ¿Cómo usamos las herramientas de ciencias?

Vocabulario

sentidos

destrezas de examinación

herramientas de ciencias

Me pregunto...
¿Pueden los niños ser científicos?
¿Qué te preguntas tú?

Lección 1

¿Cómo usamos nuestros sentidos?

Datos breves

¡Tienes alrededor de 10,000 papilas gustativas en la lengua! Puedes usar el gusto y otros sentidos para predecir cosas.

Cómo funcionan los sentidos

Materiales

- naranjas

- plátanos

- manzanas

Paso 1

Cierra los ojos. Tu compañero te dará un pedazo de fruta.

Paso 2

Huele la fruta. Luego, gústala. **Predice** qué clase de fruta verás al abrir los ojos. ¿Era correcta tu **predicción**?

Paso 3

Repite la prueba. Esta vez, tú le darás un pedazo de fruta a tu compañero.

Destreza de examinación

Cuando predices, explicas lo que piensas que sucederá.

VOCABULARIO
sentidos

DESTREZA DE LECTURA

IDEA PRINCIPAL Y DETALLES Busca en la lectura detalles sobre cómo usamos los sentidos.

Los sentidos

Las personas tienen cinco sentidos. Los cinco **sentidos** son: la vista, el oído, el olfato, el gusto y el tacto. Usas una parte del cuerpo diferente para cada sentido.

IDEA PRINCIPAL Y DETALLES
¿Cuáles son los cinco sentidos?

Los sentidos te ayudan

Los sentidos te ayudan a observar y aprender sobre muchas cosas.

IDEA PRINCIPAL Y DETALLES Destreza clave

¿Cómo te ayudan los sentidos a aprender?

¿Qué oyes?

Cierra los ojos y escucha con atención los sonidos a tu alrededor. Predice qué sonidos oyes. Abre los ojos. ¿Eran correctas tus predicciones?

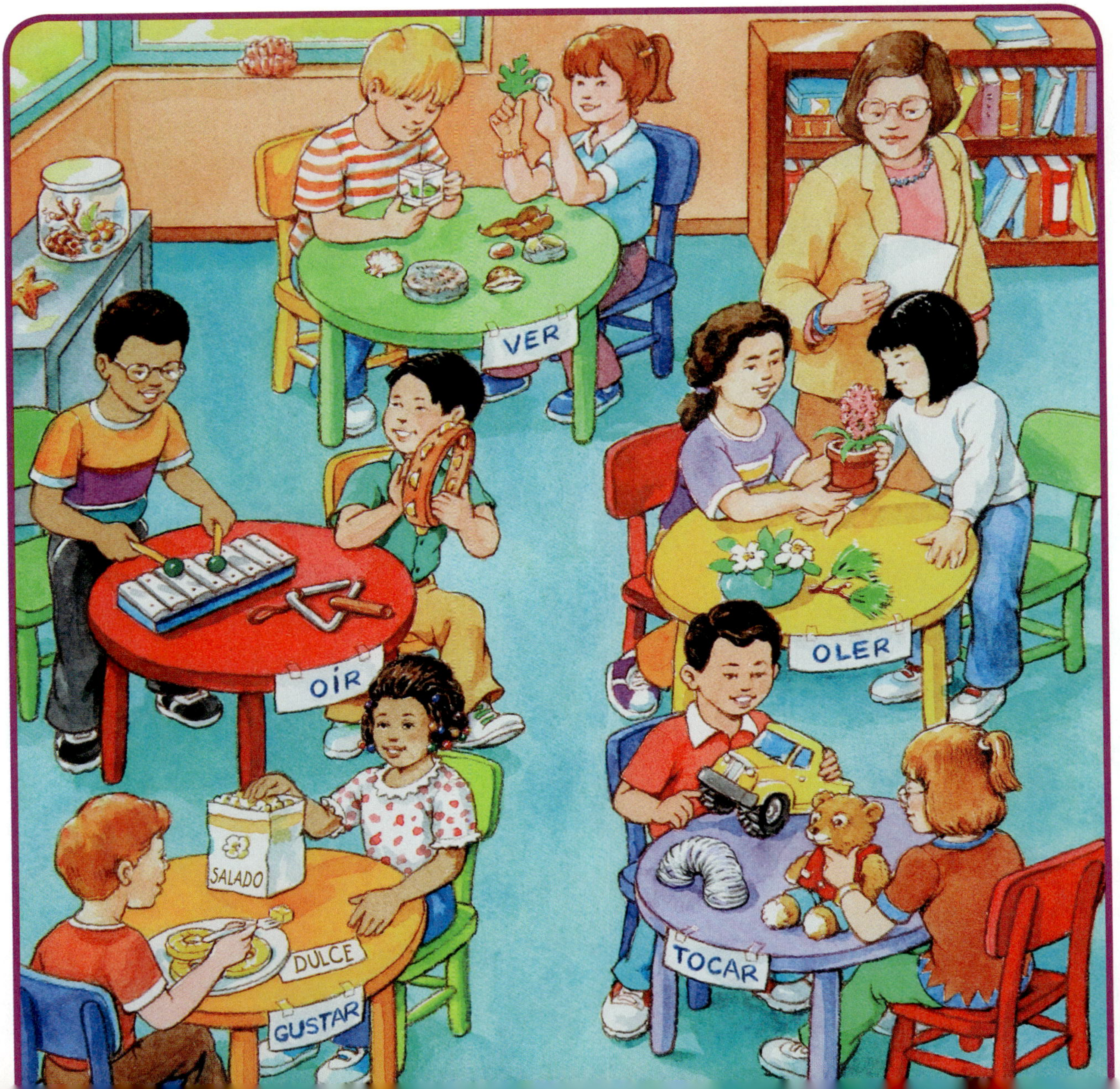

Los sentidos y la seguridad

Protege tu cuerpo. Ponte equipo de seguridad cuando sea necesario. Sigue estas reglas de seguridad.

Destreza clave

IDEA PRINCIPAL Y DETALLES

¿Cómo puedes protegerte?

1. **IDEA PRINCIPAL Y DETALLES** Copia y completa esta gráfica.

Los cinco sentidos				
Idea principal Tienes cinco sentidos.				
detalle vista	**detalle** Ⓐ ____	**detalle** Ⓑ ____	**detalle** Ⓒ ____	**detalle** tacto

2. **RESUMIR** Usa la gráfica para decir algo sobre esta lección.

3. **VOCABULARIO** Escribe algo acerca de esta ilustración; usa la palabra **sentidos**.

Preparación para la prueba

4. ¿Qué sentido usas cuando tocas algo?
   A. el oído
   B. el olfato
   C. el gusto
   D. el tacto

Enlaces

Redacción

Rotula los sentidos

Dibújate. ¿Qué partes del cuerpo usas para gustar, ver, oler, tocar y oír? Rotula cada parte del cuerpo con el nombre del sentido correcto.

Para hallar otros enlaces y actividades, visita **www.hspscience.com**

Lección 2

¿Cómo usamos las destrezas de examinación?

Datos breves

Las piñas crecen en la tierra. Tienen la cáscara dura y áspera. Puedes sacar conclusiones sobre por qué las frutas tienen cáscara.

Protección de las frutas

Materiales

- frutas

- lupa pequeña

Paso 1

Observa algunas frutas con una lupa pequeña. Mira sus cáscaras.

Paso 2

Ahora observa con la lupa las frutas cortadas. ¿Qué hay dentro de las frutas?

Paso 3

Saca conclusiones sobre por qué las frutas tienen cáscara.

Destreza de examinación

Sacas conclusiones cuando usas la información para comprender por qué algo es como es.

VOCABULARIO
destrezas de examinación

Destreza clave **DESTREZA DE LECTURA**

IDEA PRINCIPAL Y DETALLES Busca en la lectura detalles sobre las destrezas de examinación que usan los científicos.

Investigaciones

Los científicos siguen pasos para comprobar las cosas sobre las que quieren aprender.

1. Observa y haz una pregunta.

Haz preguntas. ¿Qué quieres saber? Puedes trabajar solo, con un compañero o con un grupo pequeño.

¿Es un globo lleno de aire más pesado que un globo sin aire?

2. Formula una hipótesis.

Analiza tus preguntas. ¿Qué piensas que sucederá?

3. Planea una prueba controlada.

Es importante planear una prueba controlada. Esto te ayudará a obtener las respuestas correctas a tus preguntas.

Los ataré a la misma distancia de cada extremo.

4. Haz la prueba.

Realiza la prueba. Repítela en diferentes lugares. Debes obtener siempre las mismas respuestas.

5. Saca conclusiones. Comunica lo que aprendiste.

¿Qué descubriste? Compara tus respuestas con las de tus compañeros de clase y coméntalas. Puedes decir, dibujar o escribir algo sobre ellas.

Destreza clave

IDEA PRINCIPAL Y DETALLES **¿Qué pasos siguen los científicos para comprobar las cosas sobre las que quieren aprender?**

El uso de destrezas de examinación

Los científicos usan destrezas de examinación cuando hacen pruebas. Las **destrezas de examinación** ayudan a las personas a obtener información.

Sol
Tierra

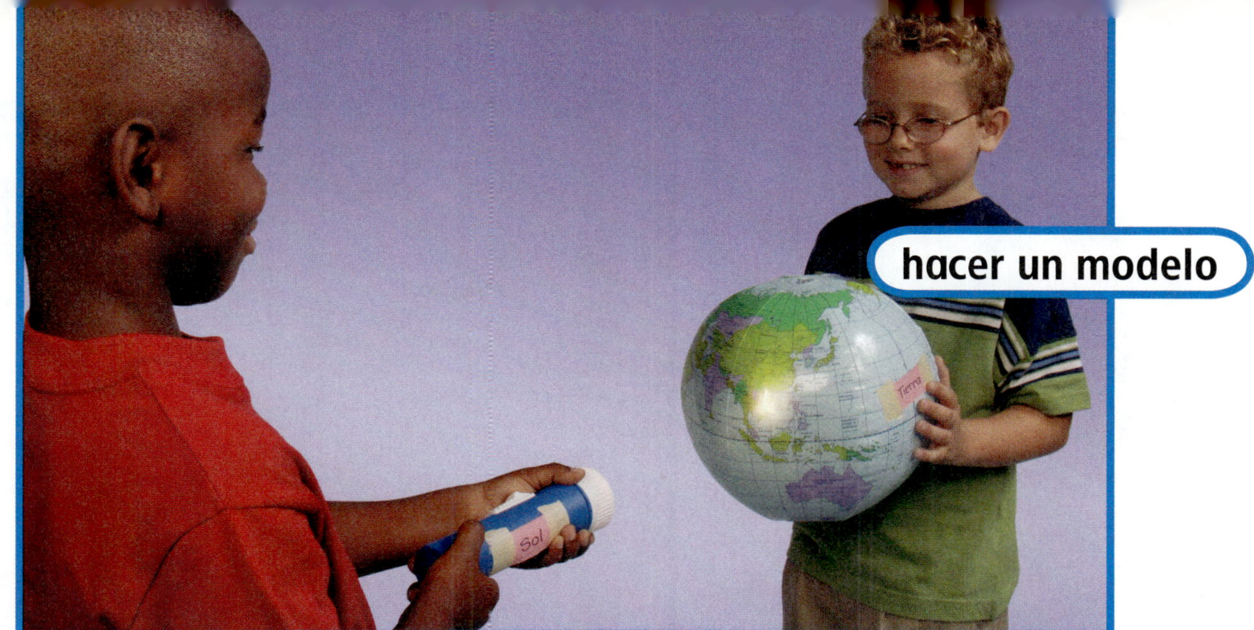

hacer un modelo

formular una hipótesis

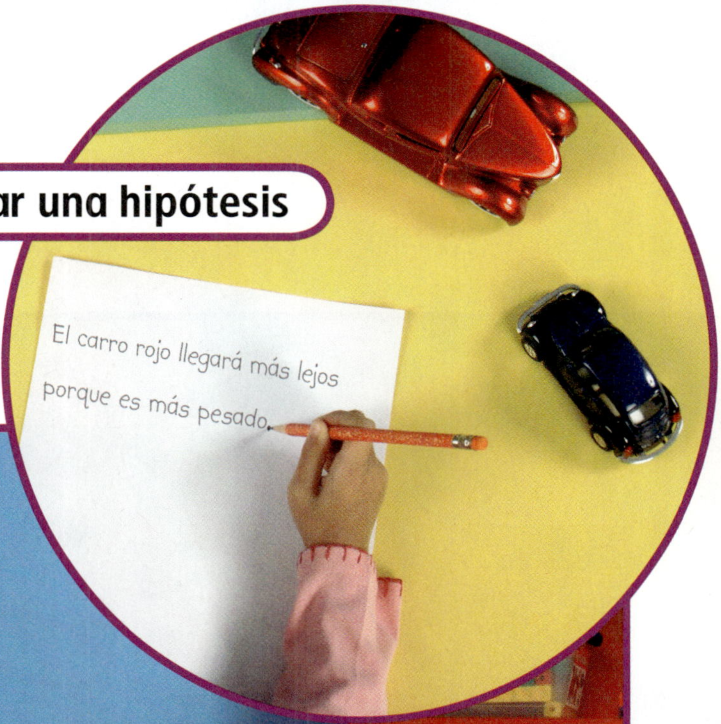
El carro rojo llegará más lejos
porque es más pesado.

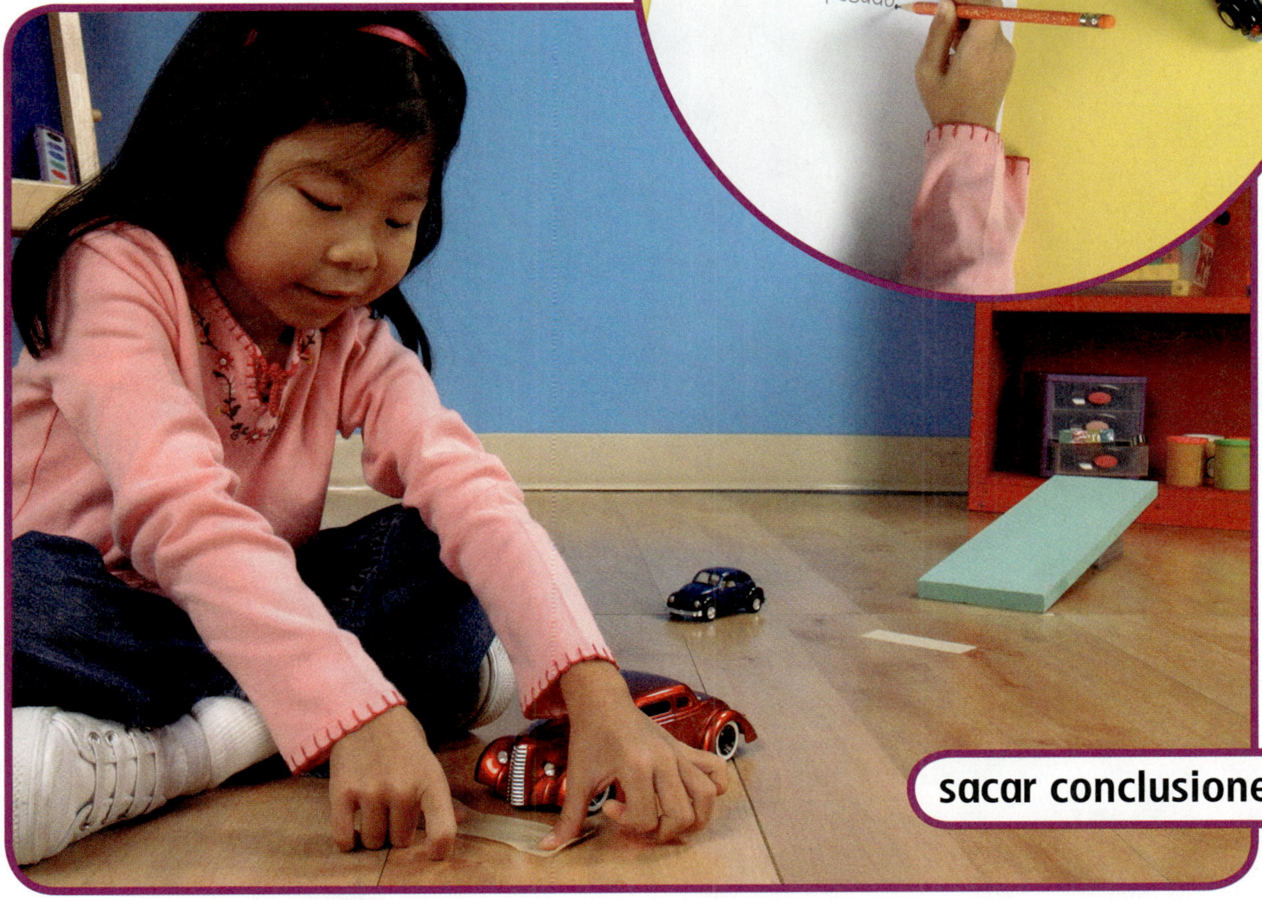

sacar conclusiones

comparar

ordenar en secuencia

medir

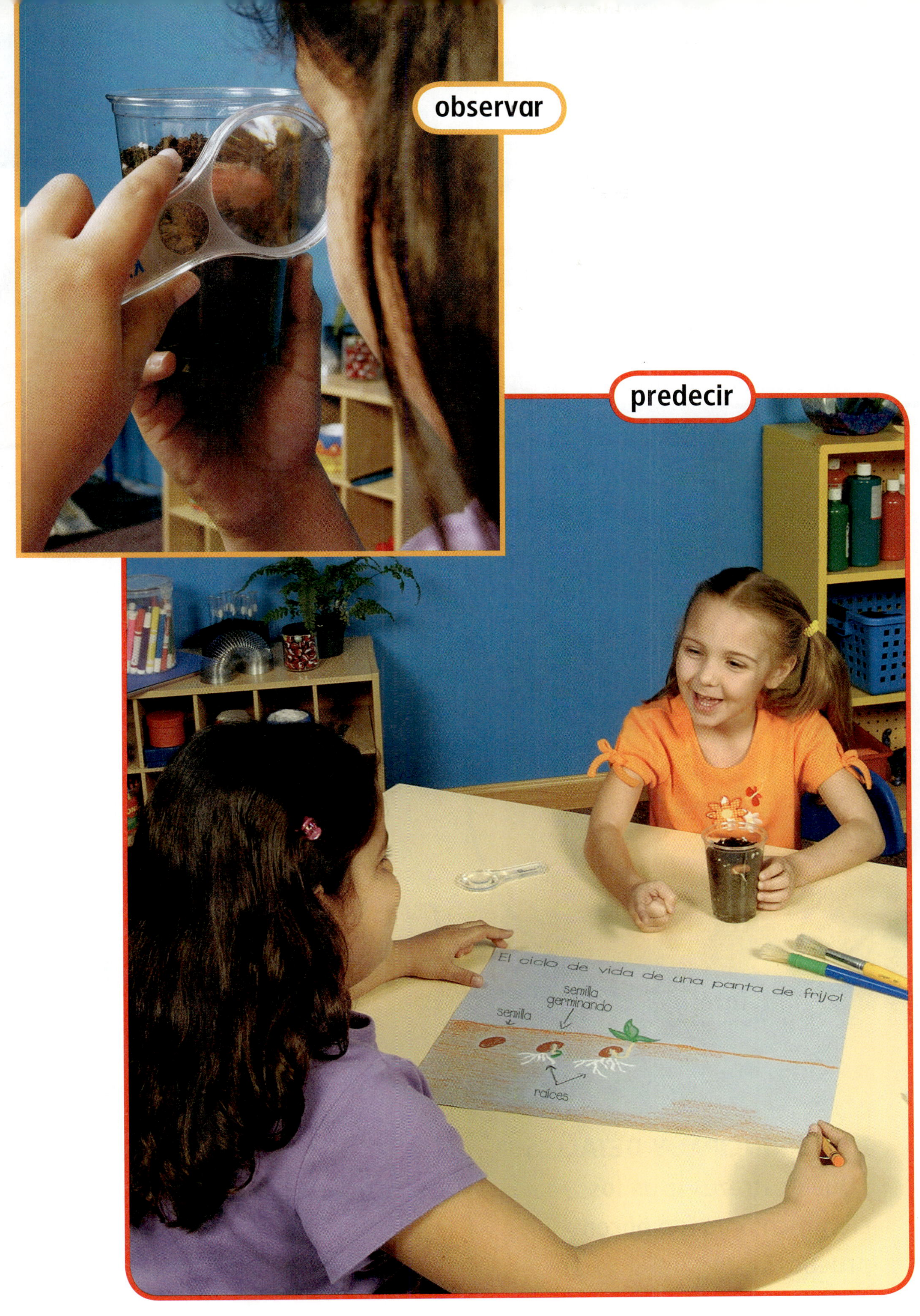
observar
predecir
El ciclo de vida de una panta de frijol
semilla
semilla germinando
raíces

planear una investigación

inferir

IDEA PRINCIPAL Y DETALLES

Destreza clave

¿Qué destrezas usan los científicos cuando hacen pruebas?

Minilab

¿Hasta dónde llegará?

Toma una pelota. Predice hasta dónde llegará si la haces rodar por el piso. Haz una marca en ese lugar con cinta adhesiva. Arroja la pelota. ¿Era correcta tu predicción?

1. IDEA PRINCIPAL Y DETALLES Copia y completa esta gráfica.

Idea principal
Las destrezas de examinación ayudan a las personas a obtener información.

detalle

medir

detalle

Ⓐ ______

detalle

Ⓑ ______

2. RESUMIR Usa la gráfica para decir algo sobre la lección.

3. VOCABULARIO Escribe algo acerca de esta ilustración; usa las palabras **destrezas de examinación**.

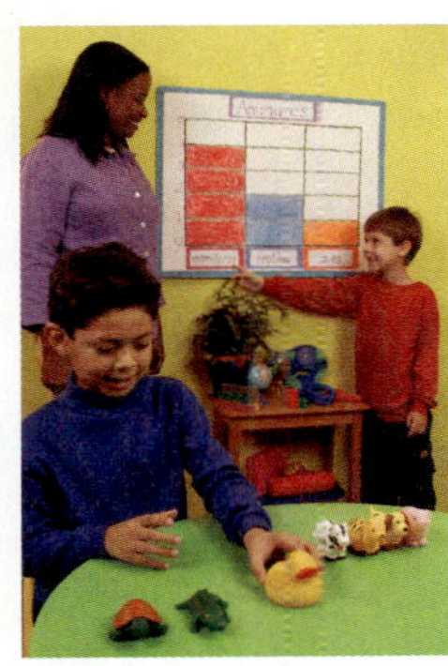

Preparación para la prueba

4. ¿Qué haces cuando comparas?
- **A.** Formulas una suposición.
- **B.** Observas en qué son semejantes y en qué son diferentes las cosas.
- **C.** Haces un plan para hacer algo.
- **D.** Muestras cómo funciona algo.

Enlaces

Matemáticas

Agrupa los bloques

Consigue bloques de diferentes tamaños y colores. Piensa en cómo puedes clasificar los bloques. Luego, clasifícalos de dos formas diferentes. Haz un dibujo que muestre cómo clasificaste los bloques.

Para hallar otros enlaces y actividades, visita **www.hspscience.com**

Lección 3

¿Cómo usamos las herramientas de ciencias?

Datos breves

Una licuadora es una herramienta que ayuda a hacer muchas cosas. ¡Hasta medicamentos! Puedes usar herramientas para comparar cosas.

Comparar frutas

Materiales

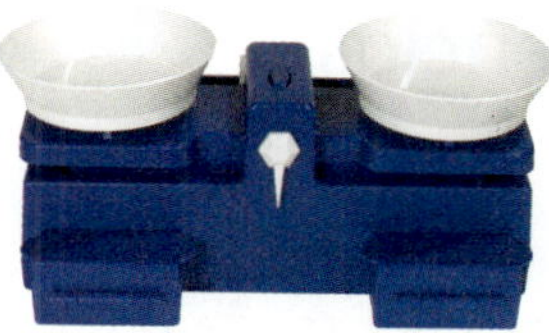

- fresa
- pera
- balanza

Paso 1

Pon una fruta en cada lado de la balanza.

Paso 2

Compara la masa de las frutas. Dibuja lo que veas.

Paso 3

¿Qué fruta tiene menos masa? ¿Cuál tiene más masa?

Destreza de examinación

Comparas cuando observas en qué son semejantes y en qué son diferentes las cosas.

VOCABULARIO
herramientas de ciencias

DESTREZA DE LECTURA

IDEA PRINCIPAL Y DETALLES Busca en la lectura detalles sobre las herramientas de ciencias.

El uso de herramientas de ciencias

Los científicos usan herramientas cuando quieren averiguar algo sobre las cosas. Tú también puedes hacer lo mismo. Las **herramientas de ciencias** ayudan a las personas a obtener la información que necesitan.

Algunas cosas tienen partes que no se ven bien porque son muy pequeñas. Puedes usar una lupa pequeña o una caja de aumento para verlas mejor.

lupa pequeña y caja de aumento

pinzas

Puedes usar las pinzas para separar cosas.

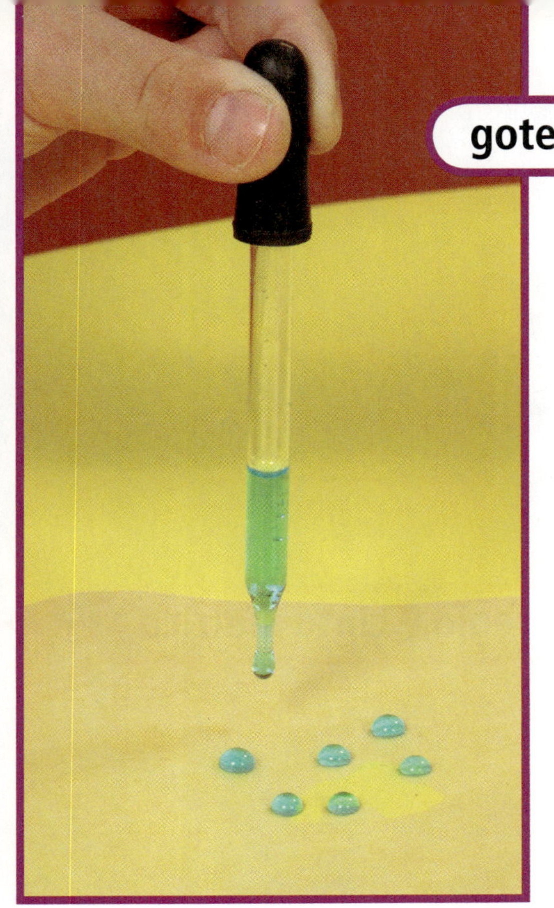

Puedes usar un gotero para colocar gotas de un líquido.

Puedes usar una taza de medir para medir un líquido.

Puedes usar un termómetro para medir lo caliente o frío que está algo.

Puedes usar una regla para medir el largo, el ancho o la altura de un objeto. Puedes usar una cinta métrica para medir el contorno de un objeto.

regla y cinta métrica

balanza

Puedes usar una balanza para medir la masa de un objeto.

Minilab

¡Mídelo!

Mide el contorno de tu brazo con la cinta métrica. Luego, mide el contorno de tu pierna. Compara los números. ¿Cuál es mayor?

Destreza clave **IDEA PRINCIPAL Y DETALLES**

¿Cómo puedes usar las herramientas de ciencias para obtener información?

1. IDEA PRINCIPAL Y DETALLES Copia y completa esta gráfica.

Herramientas de ciencias

Idea principal
Puedes usar herramientas de ciencias.

detalle	detalle	detalle
Puedes usar una **A** _____ y una caja de aumento para ver objetos pequeños.	Puedes usar una balanza para medir la **B** _____de un objeto.	Puedes usar un **C** _____ para medir lo caliente o frío que está algo.

2. SACAR CONCLUSIONES Saca conclusiones sobre para qué puedes usar las herramientas de ciencias.

3. VOCABULARIO Usa las palabras **herramientas de ciencias** para decir algo sobre esta ilustración.

Preparación para la prueba

4. ¿Qué herramienta usarías para separar cosas?

A. una lupa pequeña
B. las pinzas
C. una regla
D. un termómetro

Enlaces

Matemáticas 123

Estima y cuenta

Estima cuántos copos de algodón necesitarás para llenar una taza de medir. Llena la taza de medir con los copos. ¿Cuántos copos necesitaste? La cantidad de copos de algodón ¿fue mayor o menor que la que estimaste?

Para hallar otros enlaces y actividades, visita **www.hspscience.com**

Repaso y preparación para la prueba

Repaso del vocabulario

Usa las palabras para completar las oraciones.

sentidos pág. 4
destrezas de examinación pág. 12
herramientas de ciencias pág. 20

1. Comparar y medir son dos ____.

2. El olfato es uno de los cinco ____.

3. Los científicos usan ____, como goteros y reglas.

Comprueba lo que aprendiste

4. Da **detalles** sobre los sentidos que está usando la niña de la ilustración.

Destreza clave

5. Cuando investigas algo, ¿cuál es el siguiente paso después de observar y preguntar?

A. hacer la prueba

B. formular una hipótesis

C. planear la prueba

D. sacar conclusiones y comunicar lo que aprendiste

Razonamiento crítico

6. Observa estas herramientas de ciencias. ¿Cuál usarías para hacer que algo se vea más grande?

UNIDAD A

CIENCIAS BIOLÓGICAS

Rodeados de plantas y animales

Zoológico de St. Louis

PARA: nicholas@hspscience.com

DE: ann@hspscience.com

TEMA: Zoológico de Saint Louis

Querido Nicholas:
Fui al zoológico con mi clase. Vi muchos animales. ¡Hasta atrapé una mariposa!
Ann

Concurso de la calabaza gigante

PARA: jimmy@hspscience.com

DE: ashley@hspscience.com

TEMA: Long Island, New York

Querido Jimmy:

¡Vi la calabaza más grande del mundo!

¡Pesaba más que un oso pardo!

Tu amiga,

Ashley

¡Experimenta!

Las semillas

A medida que leas esta unidad, aprenderás cómo crecen las semillas. Planea y haz una prueba. Descubre si las semillas necesitan agua para crecer.

Capítulo

1 Los animales

Lección 1 **¿Qué son los seres vivos y los seres no vivos?**

Lección 2 **¿Qué necesitan los animales?**

Lección 3 **¿Cómo podemos agrupar los animales?**

Lección 4 **¿Cómo crecen y cambian los animales?**

Vocabulario

vivo
no vivo
pulmones
branquias
refugio
mamífero
ave
reptil
anfibio
pez
insecto
ciclo de vida
renacuajo
larva
crisálida

Me pregunto...

¿Cómo hacen los pingüinos para no tener frío?

¿Qué te preguntas tú?

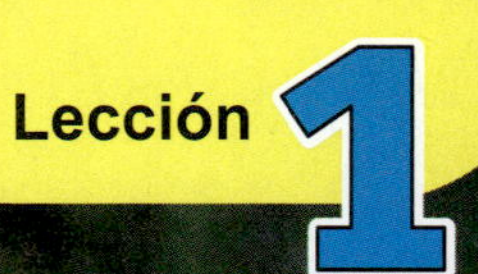

¿Qué son los seres vivos y los seres no vivos?

Datos breves

La mayoría de los patos de goma son de plástico, no de goma. Los objetos que están hechos de plástico o de goma son seres no vivos. Puedes clasificar las cosas en seres vivos y seres no vivos.

Seres vivos y seres no vivos

Materiales

- **gusano de la harina**
- **roca**
- **salvado y caja**
- **lupa pequeña**

Paso 1

Pon el gusano de la harina, la roca y el salvado dentro de la caja. Observa con la lupa pequeña.

Paso 2

¿Se mueve el gusano? ¿Come?¿Se mueve la roca? ¿Come? Dibuja lo que veas.

Paso 3

Clasifica el gusano de la harina y la roca en seres vivos o seres no vivos.

Destreza de examinación

Cuando clasificas, puedes ver en qué son semejantes y en qué son diferentes las cosas.

VOCABULARIO
vivo
no vivo

DESTREZA DE LECTURA

COMPARAR Y CONTRASTAR Busca en la lectura en qué son semejantes y en qué son diferentes los seres vivos y los seres no vivos.

Seres vivos y seres no vivos

Los seres **vivos** necesitan alimento, agua y aire. Todos crecen y cambian. Las plantas y los animales son seres vivos.

¿Qué seres vivos hay en esta ilustración? ¿Qué seres no vivos hay?

lobo

rocas

Los seres **no vivos** no necesitan alimento, agua ni aire. No crecen. Las rocas y el agua son seres no vivos.

COMPARAR Y CONTRASTAR **¿En qué son semejantes todos los seres no vivos?**

montaña

plantas

agua

Minilab

Compara seres vivos

Observa un ser vivo. Dibuja lo que veas. Luego, compara tu dibujo con el de un compañero. ¿Ambos dibujaron seres vivos? Explica cómo lo sabes.

Clasificación en seres vivos y seres no vivos

Puedes clasificar las cosas en seres vivos y seres no vivos. Los seres vivos necesitan alimento, agua y aire. Crecen y cambian. Si algo no tiene estas dos características, entonces es un ser no vivo.

Destreza clave **COMPARAR Y CONTRASTAR** **Observa la tabla. ¿En qué se diferencian los seres vivos de los seres no vivos?**

1. **COMPARAR Y CONTRASTAR** Copia y completa esta gráfica.

Seres vivos	Seres no vivos
Necesitan **A** ____.	No necesitan alimento.
Necesitan agua.	No necesitan **B** ____.
Necesitan **C** ____.	No necesitan **D** ____.
Crecen y **E** ____.	No **F** ____ ni cambian.

2. **RESUMIR** Usa la gráfica para redactar un resumen de la lección.

3. **VOCABULARIO** Escribe algo acerca de esta ilustración; usa los términos **vivo** y **no vivo**.

Preparación para la prueba

4. Di en qué son semejantes estos seres no vivos.

pelota	taza
roca	agua

Enlaces

Redacción

Redacción sobre los animales

Dibuja un animal de juguete y uno real. Rotúlalos. Luego, compara los animales. Escribe en qué son semejantes y en qué son diferentes.

Para hallar otros enlaces y actividades, visita **www.hspscience.com**

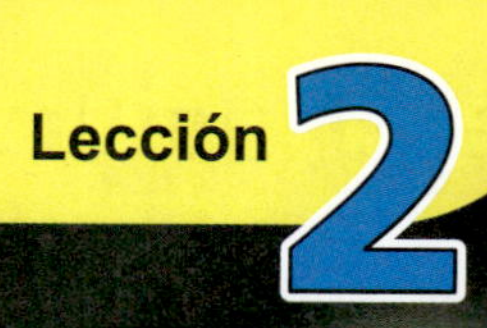

Lección 2

¿Qué necesitan los animales?

Datos breves

Una oruga come casi todo el tiempo. Al crecer, cambia de piel cuando le queda pequeña. Puedes observar cómo cubren sus necesidades los animales.

Observar dónde vive un animal

Materiales

- caja plástica y guantes
- tierra, ramita, hoja, rocas
- agua en una tapa
- animales pequeños

Paso 1

Pon la tierra, la ramita, la hoja, las rocas y el agua dentro de la caja. Añade los animales.

Paso 2

Observa. Dibuja lo que veas.

Paso 3

Explica de qué forma has dado a los animales alimento, agua y un lugar donde vivir.

Destreza de examinación

Observa los animales en el lugar donde viven para ver cómo cubren sus necesidades.

VOCABULARIO

pulmones
branquias
refugio

DESTREZA DE LECTURA

IDEA PRINCIPAL Y DETALLES Busca en la lectura las cuatro cosas que todos los animales necesitan para vivir.

Los animales necesitan alimento y agua

Los animales necesitan alimento para vivir y crecer. Los osos panda comen bambú.

Los animales también necesitan agua. Las cebras y las jirafas beben de las lagunas. También obtienen agua de los alimentos que comen.

oso panda

IDEA PRINCIPAL Y DETALLES ¿Cuáles son dos de las cosas que los animales necesitan para vivir?

jirafa

cebra

Los animales necesitan aire

Todos los animales necesitan aire. Tienen partes del cuerpo que los ayudan a respirar. Las jirafas, las cebras y otros animales usan sus **pulmones** para respirar aire. Los peces usan sus **branquias** para absorber aire del agua.

Destreza clave

IDEA PRINCIPAL Y DETALLES

¿Cuáles son dos partes del cuerpo que los animales usan para obtener aire?

Alimento para mascotas

Haz una encuesta. Escribe los nombres de algunos alimentos para mascotas. Luego, pregunta a tus compañeros qué comen sus mascotas. Haz una marca de conteo al lado de cada alimento. ¿Qué alimento comen la mayoría de las mascotas de los niños?

Los animales necesitan refugio

La mayoría de los animales necesitan refugio. Un **refugio** es un lugar donde un animal está protegido. Algunas aves usan un árbol como refugio. Un hoyo en el suelo sirve de refugio para los zorros.

Destreza clave

IDEA PRINCIPAL Y DETALLES

¿Por qué un ave usa un árbol como refugio?

1. IDEA PRINCIPAL Y DETALLES Copia y completa esta gráfica.

Las necesidades de los animales

alimento	agua	aire	refugio
Los animales necesitan alimento para vivir.	Algunos beben agua. Otros la obtienen de los Ⓐ ______ que comen.	Algunos obtienen aire por medio de Ⓑ______. Otros lo obtienen por medio de branquias.	Un refugio es un lugar donde estar Ⓒ ______.

2. SACAR CONCLUSIONES ¿Qué cuatro cosas necesitan los animales?

3. VOCABULARIO Escribe algo acerca de esta ilustración; usa la palabra **refugio**.

Preparación para la prueba

4. ¿Para qué usan branquias y pulmones los animales?

A. para moverse
B. para obtener agua
C. para obtener aire
D. para obtener refugio

Enlaces

Matemáticas

Cuenta las respiraciones

Cuenta las veces que respiras durante un minuto después de descansar. Vuelve a contarlas después de correr. ¿Cuándo respiraste más? ¿Cuántas veces más respiraste?

Para hallar otros enlaces y actividades, visita **www.hspscience.com**

Lección 3

¿Cómo podemos agrupar los animales?

Datos breves

Las plumas ayudan a las aves a volar. También las ayudan a no tener frío. Observar la cubierta del cuerpo de los animales te ayuda a clasificarlos.

Clasificar animales

Materiales

- crayolas

- papel

Paso 1

Observa diferentes clases de animales.

Paso 2

Haz dibujos que ilustren tus observaciones.

Paso 3

Clasifica los animales en grupos. Explica cómo **clasificaste** los animales de cada grupo.

Destreza de examinación

Clasificas animales para ver en qué son semejantes y en qué son diferentes.

VOCABULARIO

mamífero anfibio
ave pez
reptil insecto

DESTREZA DE LECTURA

IDEA PRINCIPAL Y DETALLES Busca en la lectura la idea principal y los detalles sobre cada clase de animal.

Los mamíferos

Un **mamífero** es un animal que tiene pelos o pelaje. Casi todos los mamíferos tienen crías vivas. Las crías beben leche del cuerpo de la madre.

foca y cachorro

IDEA PRINCIPAL Y DETALLES
¿Qué es un mamífero?

tigre

ave alimentando a sus polluelos

Las aves

Un **ave** es la única clase de animal que tiene plumas. La mayoría de las aves usan las alas para volar. Las aves ponen huevos para tener crías. Los polluelos comen el alimento que sus padres hallan.

pavo real

Destreza clave

IDEA PRINCIPAL Y DETALLES

¿Cómo sabes si un animal es un ave?

Los reptiles y los anfibios

Un **reptil** tiene la piel seca y escamosa. Las lagartijas y las tortugas son reptiles.

La mayoría de los **anfibios** tienen la piel lisa y húmeda. Las crías nacen de huevos que se ponen en el agua. Los anfibios adultos viven en la tierra. Las ranas son anfibios.

Destreza clave

IDEA PRINCIPAL Y DETALLES

¿Qué clase de animal tiene la piel lisa y húmeda?

acorazado rojo

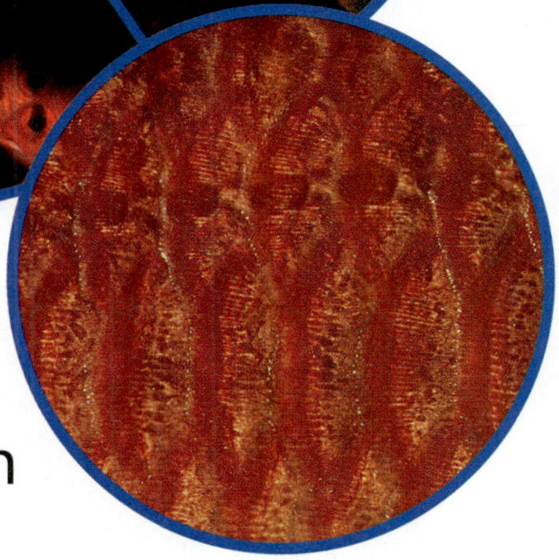

Los peces

La mayoría de los **peces** están cubiertos de escamas. Los peces viven en el agua. Usan branquias para respirar.

Destreza clave

IDEA PRINCIPAL Y DETALLES

¿Cómo respiran los peces?

pez vela

Los insectos

Un **insecto** es un animal con el cuerpo dividido en tres partes y con seis patas. Los insectos no tienen huesos. Una capa protectora cubre las partes blandas de su cuerpo.

escarabajo

IDEA PRINCIPAL Y DETALLES **¿Cuántas partes tiene el cuerpo de un insecto?**

hormigas

Minilab

Una tabla con muchas patas

Cuenta las patas de los animales de esta lección. Haz una tabla con los datos. Luego, usa la tabla para comparar la cantidad de patas.

mariposa

Repaso de la lectura

1. **IDEA PRINCIPAL Y DETALLES** Copia y completa esta gráfica.

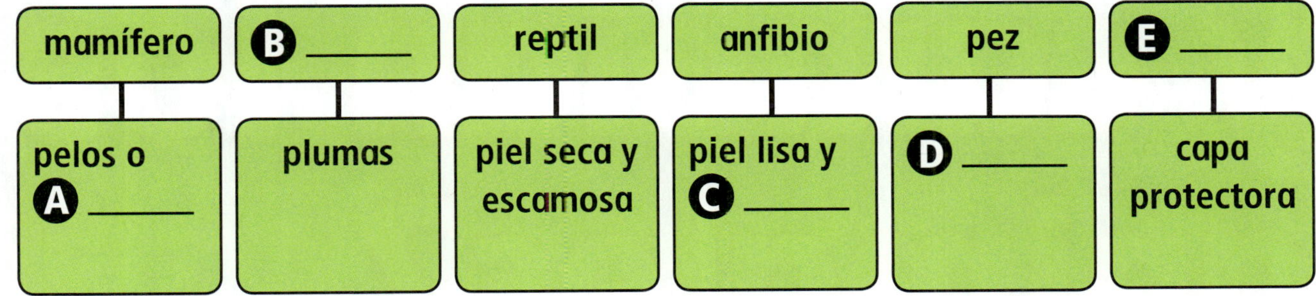

2. **SACAR CONCLUSIONES** ¿Cuáles son los dos grupos animales más semejantes entre sí? Explica tu respuesta.

3. **VOCABULARIO** Escribe algo acerca de este animal; usa la palabra **ave**.

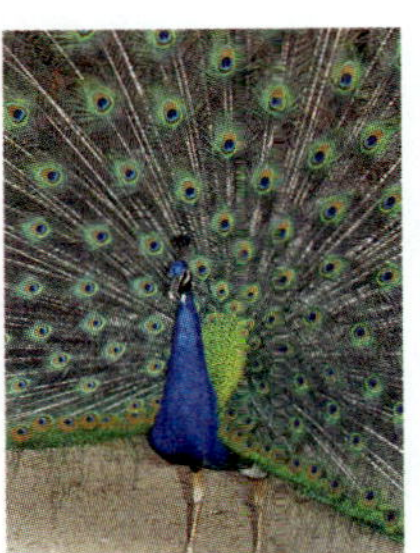

Preparación para la prueba

4. ¿Qué clase de animal alimenta a sus crías con la leche de su cuerpo?
   A. un ave
   B. un pez
   C. un insecto
   D. un mamífero

Enlaces

Arte

Papel de envolver con patrones

Haz un papel de envolver con estampado de animales. Observa los patrones en las alas de una mariposa y en otros animales. Elige un patrón que te guste. Cópialo en una hoja grande de papel. Coloréalo con crayolas o píntalo.

Para hallar otros enlaces y actividades, visita **www.hspscience.com**

Lección 4

¿Cómo crecen y cambian los animales?

Datos breves

Un oso polar recién nacido pesa menos que este libro. ¡Uno adulto pesa tanto como un carro! Compara para ver cómo crecen y cambian los animales.

Los animales crecen y cambian

Materiales

- **tarjetas ilustradas de animales**

Paso 1

Observa las tarjetas ilustradas. Une cada animal adulto con su cría.

Paso 2

Haz una tabla para **comparar** los animales adultos con sus crías.

Los animales y sus crías

Animal	Semejanzas	Diferencias
tortugas marinas	Las dos tienen aletas.	Una es grande. La otra es pequeña.

Paso 3

Escribe algo sobre las semejanzas y las diferencias que hay entre cada animal adulto y su cría.

Destreza de examinación

Compara animales adultos con sus crías. ¿En qué son semejantes y en qué son diferentes?

VOCABULARIO

ciclo de vida
renacuajo
larva
crisálida

DESTREZA DE LECTURA

ORDENAR EN SECUENCIA Busca en la lectura cómo cambia cada animal a medida que crece.

Cómo crece una rana

Un **ciclo de vida** son todas las etapas de la vida de un animal.

El ciclo de vida de una rana comienza cuando es un huevo en el agua. Un **renacuajo**, o rana pequeña, sale del huevo. Su cola lo ayuda a nadar. Respira por medio de branquias.

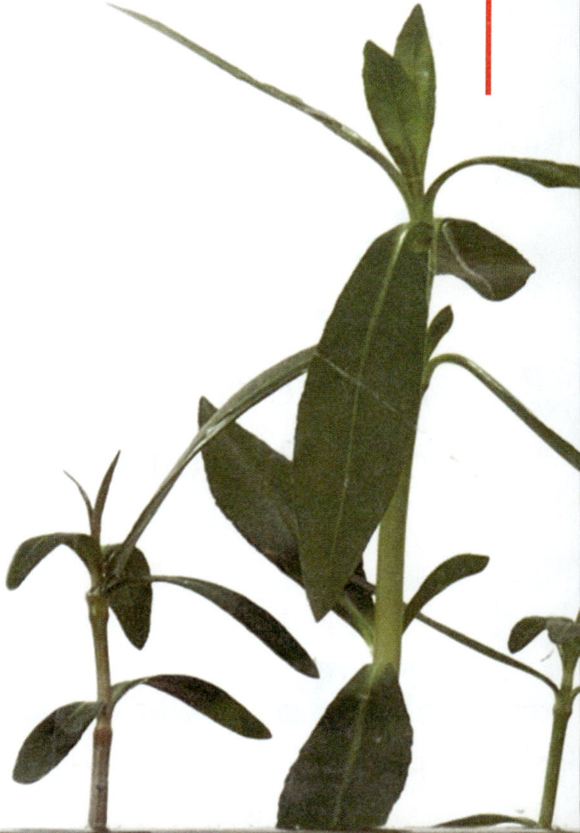

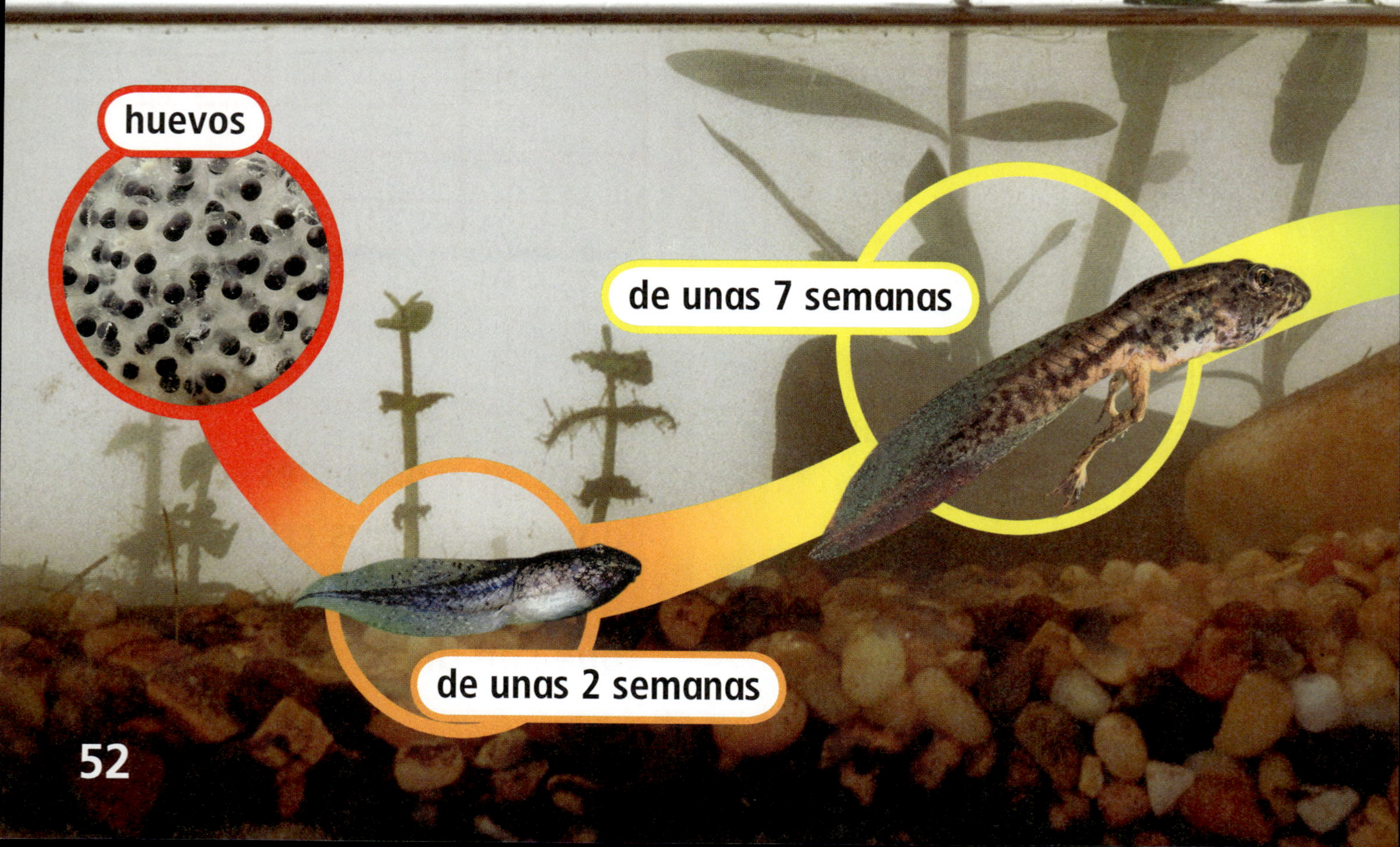

huevos

de unas 7 semanas

de unas 2 semanas

Al renacuajo le salen patas y su cola se achica. Comienza a usar pulmones para respirar. Pronto se convierte en una rana adulta. Vive en la tierra la mayor parte del tiempo.

Destreza clave **ORDENAR EN SECUENCIA** **¿Cómo cambia un renacuajo a medida que crece?**

Cómo crece una mariposa

Una mariposa también comienza su ciclo de vida siendo un huevo. Una **larva**, u oruga, sale del huevo. La larva come y crece.

La larva deja de comer. Se convierte en una **crisálida** con una cubierta dura. Adentro, la crisálida se transforma en mariposa. Por último, sale una mariposa adulta.

Destreza clave **ORDENAR EN SECUENCIA** **¿Qué sucede después de que la larva deja de comer?**

Como una mariposa

Representa el ciclo de vida de una mariposa. ¿Qué sucede primero, después y por último? ¿Cómo puedes mover el cuerpo para mostrar lo que sucede?

Míralo en detalle

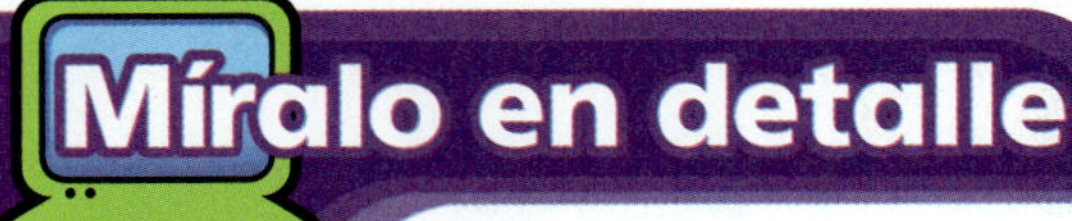

Los animales y sus crías

Los perros son mamíferos. Los cachorros son parecidos a sus padres, pero no son iguales a ellos. Tampoco son iguales entre sí. Cada cachorro es un poco diferente.

¿Cómo cambia un cachorro a medida que crece?

¿En qué se parece a sus padres?

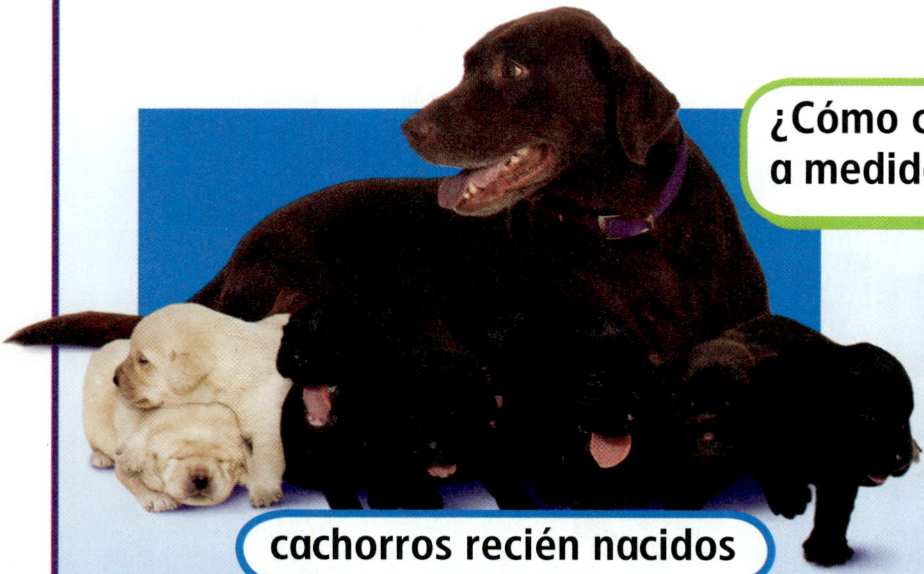

cachorros recién nacidos

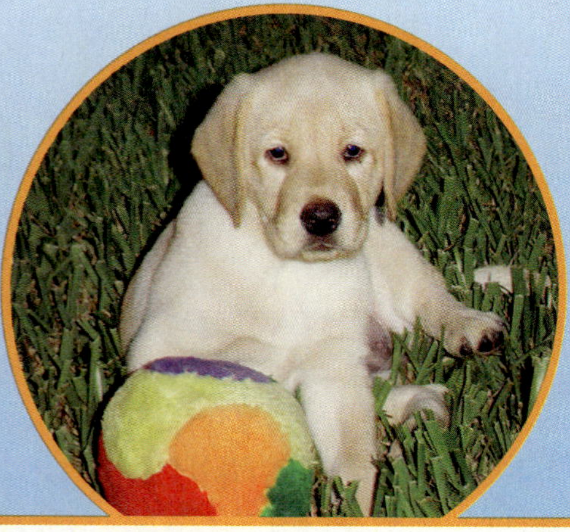

cachorro de unos dos meses

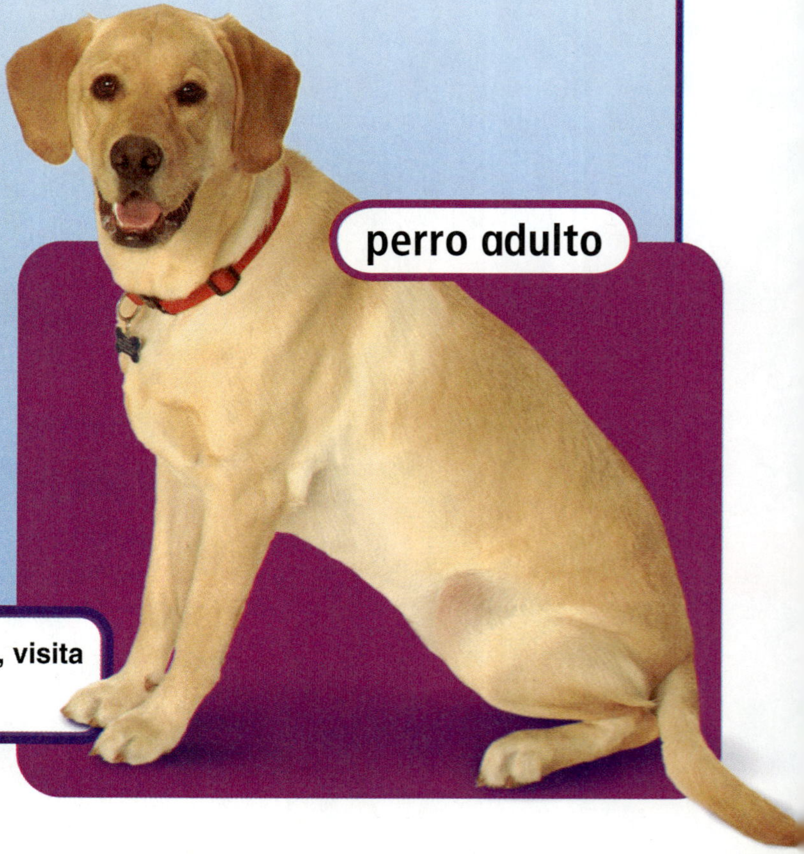

perro adulto

Para hallar otros enlaces y actividades, visita **www.hspscience.com**

1. ORDENAR EN SECUENCIA Copia y completa esta gráfica.

El ciclo de vida de una mariposa

2. RESUMIR Escribe oraciones que expliquen de qué trata esta lección.

3. VOCABULARIO Escribe algo acerca de esta ilustración; usa la palabra **renacuajo**.

Preparación para la prueba

4. ¿Qué animal es una larva y una crisálida en diferentes etapas de su ciclo de vida?

A. la mariposa
B. el gato
C. el perro
D. la rana

Enlaces

Matemáticas

Compara las crías de los animales

Esta tabla muestra el número de crías que algunos animales pueden tener por vez. Usa los datos para hacer una gráfica de barras.

Crías de animales	
elefante	1
gato	5
búho	6
cucaracha	30
cocodrilo	60

Para hallar otros enlaces y actividades, visita **www.hspscience.com**

Tortugas viajeras:

Un viaje a través del Atlántico

A fines de la primavera, unas enormes tortugas marinas llegan a una playa de Florida. Cada tortuga cava un nido en la arena. Luego, la tortuga madre pone unos 100 huevos. Dos meses más tarde, las tortuguitas salen de los huevos.

Las pequeñas tortugas se arrastran desde sus hoyos y se meten en el océano.

Un largo viaje

Las tortuguitas inician un largo viaje. Cruzan el océano Atlántico nadando y luego regresan. El viaje lleva de cinco a diez años. Son miles de millas de distancia.

Los científicos querían saber cómo cruzaban el océano las tortugas. Para averiguarlo, les colocaron "trajes de baño" a algunas tortugas marinas jóvenes. Los trajes de baño estaban unidos a unas máquinas especiales que pueden seguir a las tortugas mientras nadan.

PIENSA

¿Cuánto tiempo le llevará a una tortuga joven cruzar el océano Atlántico nadando?

¡Hora de comer!

Chloe Ruiz fue al zoológico de mascotas con su familia. Allí vio cerdos, caballos y vacas.

Las personas del zoológico le preguntaron a Chloe si quería dar de comer a una vaca joven. Una vaca joven se llama becerro.

Chloe alimentó al becerro con leche de un biberón. Ella sabe que el becerro necesita beber mucha leche para poder crecer.

¡Sí puedes!

Qué alimentos comen las aves

Qué hacer

1. Pon la miga de pan en uno de los platos para tarta. Pon la fruta en el otro.
2. Pon ambos platos sobre una mesa al aire libre.
3. Observa las aves que comen de cada plato. Haz dibujos que ilustren tus observaciones.

Materiales

- 2 platos de aluminio para tarta
- miga de pan
- manzanas y uvas cortadas en pedazos

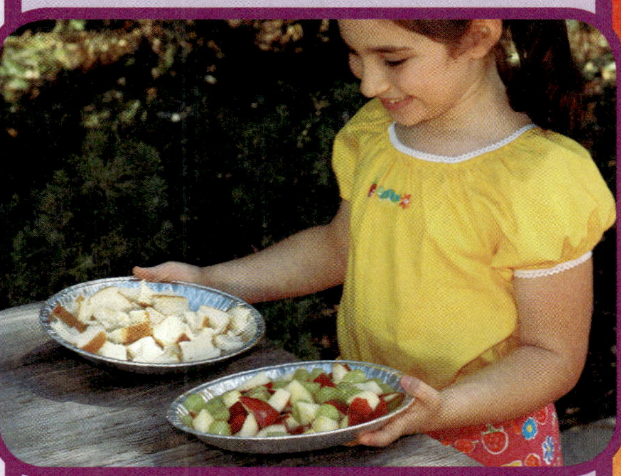

Sacar conclusiones

¿Comen diferentes alimentos las diferentes aves? ¿Cómo lo sabes?

Los animales y sus crías

Los mamíferos y la mayoría de las aves cuidan de sus crías. Elige un animal. Averigua cómo ayuda a su cría. Haz modelos que muestren cómo el animal cuida de su cría.

Capítulo

Repaso y preparación para la prueba

Repaso del vocabulario

Di qué ilustración va con cada palabra.

1. **mamífero** pág. 44
2. **ave** pág. 45
3. **pez** pág. 47
4. **insecto** pág. 48

A. 

B. 

C. 

D. 

Comprueba lo que aprendiste

5. Muestra la **secuencia**. Escribe **primero**, **después**, **luego** y **por último**.

Destreza clave

A. 

B. 

C. 

D. 

6. ¿Qué oración dice algo **cierto** sobre las ranas?

A. Son peces.

B. Tienen la piel seca y escamosa.

C. Las crías se llaman renacuajos.

D. Cuando son adultas, respiran por medio de branquias.

Razonamiento crítico

7. **Compara** los cerdos. ¿Cuál es un ser vivo? ¿Cuál no lo es? Explica cómo lo sabes.

Destreza clave

8. Piensa en una mascota que te gustaría tener. Dibújala. Haz una lista de todas las cosas que necesita. Di cómo la ayudarías a cubrir sus necesidades.

Capítulo 2

Las plantas

Lección 1 ¿Qué necesitan las plantas?

Lección 2 ¿Cuáles son las partes de una planta?

Lección 3 ¿Cómo crecen y cambian las plantas?

Lección 4 ¿Cómo podemos agrupar las plantas?

Vocabulario

luz solar	frutos
nutrientes	semillas
raíces	tegumento
tallo	comestible
hojas	no comestible
flores	

Me pregunto...

¿Por qué las plantas necesitan agua?

¿Qué te preguntas tú?

Lección 1

¿Qué necesitan las plantas?

Datos breves

Las orquídeas tienen raíces que absorben agua del aire. Predice qué podría suceder si no hubiera suficiente agua en el aire.

Predecir qué necesitan las plantas

Materiales

- **tarjetas**

- **2 plantas pequeñas**

- **botella rociadora**

Paso 1

Rotula las plantas. Pon ambas plantas en un lugar soleado.

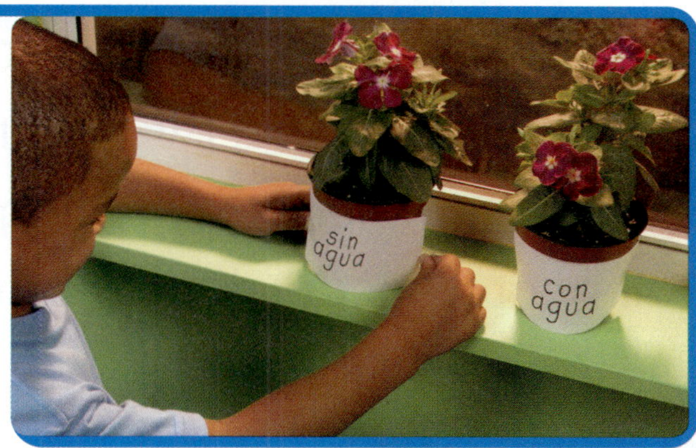

Paso 2

Riega sólo una planta todos los días. **Predice** qué le sucederá a cada planta.

Paso 3

Después de cuatro días, observa las plantas. ¿Era correcta tu **predicción**?

Destreza de examinación

Para predecir, usa lo que sabes para formular una buena suposición sobre lo que sucederá.

VOCABULARIO
luz solar
nutrientes

DESTREZA DE LECTURA

CAUSA Y EFECTO Busca en la lectura todas las cosas que hacen crecer las plantas.

Luz, aire y agua

Una planta necesita luz, aire y agua para producir su propio alimento. El alimento ayuda a la planta a crecer y a permanecer sana. Una planta también necesita agua para que el alimento pueda circular por todas sus partes.

luz solar

aire

agua

Las plantas absorben **luz solar**, o luz del Sol. También absorben agua, principalmente del suelo.

CAUSA Y EFECTO

Destreza clave

¿Qué le sucedería a una planta si no tuviera luz, aire o agua?

Haz un modelo de una planta

Usa papel, arcilla, palitos planos y otros materiales de dibujo para hacer un modelo de una planta. Luego, di qué necesita una planta real para vivir.

El suelo

Las plantas absorben nutrientes del suelo, o tierra. Los **nutrientes** son minerales que las plantas usan para producir su alimento.

Destreza clave **CAUSA Y EFECTO** **¿Por qué una planta necesita nutrientes?**

1. CAUSA Y EFECTO Copia y completa esta gráfica.

Las necesidades de las plantas
causa
Una planta absorbe luz, Ⓐ ____, Ⓑ ____ y nutrientes.
efecto
La planta crece y permanece Ⓒ ____.

2. SACAR CONCLUSIONES ¿Qué sucedería si una planta no obtuviera todas las cosas que necesita? Explica por qué.

3. VOCABULARIO Escribe algo acerca de esta ilustración; usa los términos **luz solar** y **nutrientes**.

Preparación para la prueba

4. ¿Por qué el suelo es importante para las plantas?

Enlaces

Redacción

Redacta un plan

Una de tus plantas no se ve sana. ¿Qué podrías hacer para que vuelva a estar bien? Redacta un plan. Di qué harías. Haz un dibujo para mostrar tu plan.

Para hallar otros enlaces y actividades, visita **www.hspscience.com**

¿Cuáles son las partes de una planta?

Datos breves

¡Algunas hojas son tan grandes que las personas pueden usarlas como paraguas! Puedes comunicar cosas sobre las partes de una planta.

Las partes de una planta

Materiales

- lupa pequeña
- planta

Paso 1

Observa las partes de la planta con una lupa pequeña.

Paso 2

Dibuja lo que veas. Escribe algo sobre tu dibujo.

Paso 3

Muestra tu trabajo a un compañero. **Comunica** lo que observaste.

Destreza de examinación

Puedes dibujar, escribir o decir algo para comunicar lo que observas.

VOCABULARIO

raíces
tallo
hojas
flores
frutos
semillas

DESTREZA DE LECTURA

IDEA PRINCIPAL Y DETALLES Busca en la lectura las partes de una planta y los detalles sobre qué hace cada parte.

Las partes de una planta

Las plantas tienen diferentes partes que la ayudan a vivir y crecer. La mayoría de las plantas tienen raíces, tallo, hojas y flores.

IDEA PRINCIPAL Y DETALLES
¿Cuáles son algunas de las partes de una planta?

flor
tallo
hoja
raíces

Las raíces

Las **raíces** sostienen la planta en el suelo. También absorben el agua y los nutrientes que la planta necesita.

Destreza clave

IDEA PRINCIPAL Y DETALLES

¿De qué dos formas ayudan las raíces a una planta?

Cómo ayudan las raíces

Inserta un palito plano muy hondo en la arcilla. Inserta otro palito plano sólo un poco en la arcilla. Da un golpecito al costado de cada palito. ¿Qué sucede? ¿En qué se parece el primer palito a una planta con raíces? ¿Cómo ayudan las raíces a sostener una planta en su lugar?

¿Dónde están las raíces de estas plantas?

Los tallos

El **tallo** sostiene la planta. Por él circulan agua y nutrientes para toda la planta.

Los tallos pueden ser verdes o leñosos. Los troncos de los árboles son tallos leñosos.

Destreza clave

IDEA PRINCIPAL Y DETALLES

¿De qué dos formas ayuda el tallo a una planta?

¿Dónde están los tallos de estas plantas?

Las hojas

Las **hojas** absorben la luz y el aire que necesitan para producir alimento para la planta. Las hojas de las diferentes clases de plantas no son todas iguales. Tienen diferentes patrones.

Destreza clave

IDEA PRINCIPAL Y DETALLES

¿Qué hacen las hojas?

¿Qué formas y patrones tienen estas hojas?

Las flores, los frutos y las semillas

Muchas plantas tienen flores. Las **flores** producen los frutos. Los **frutos** contienen las semillas.

De las **semillas** pueden nacer otras plantas. Las plantas nuevas se parecen a las plantas de donde vienen las semillas.

Destreza clave

IDEA PRINCIPAL Y DETALLES

¿Qué hacen las flores?

1. IDEA PRINCIPAL Y DETALLES Copia y completa esta gráfica.

Idea principal y detalles

Una planta tiene partes que la ayudan a vivir y crecer.

Las raíces absorben Ⓐ _____ y Ⓑ _____ del suelo.	El Ⓒ _____ sostiene la planta.	Las hojas producen Ⓓ _____ para la planta.	Las flores producen los Ⓔ _____. Los frutos contienen las Ⓕ _____.

2. RESUMIR Usa las palabras del vocabulario para escribir un resumen de esta lección.

3. VOCABULARIO Escribe algo acerca de esta ilustración; usa las palabras **tallo, hojas** y **flores**.

Preparación para la prueba

4. ¿Qué parte de la planta produce alimento?

A. las raíces
B. las hojas
C. las flores
D. los frutos

Enlaces

Matemáticas

Mide las hojas

Pon algunas hojas debajo de una hoja de papel. Usa crayolas sin envoltura para calcar las hojas. Mide los calcos con bloques pequeños. ¿Cuántos bloques de largo tiene cada hoja?

Para hallar otros enlaces y actividades, visita **www.hspscience.com**

Lección 3

¿Cómo crecen y cambian las plantas?

Datos breves

Los cocos vienen de los cocoteros. Son las semillas más grandes del mundo. Puedes ordenar en secuencia las etapas de la vida de una planta.

De semilla a planta

Materiales

- **tierra**

Paso 1

Llena con tierra un vaso transparente. Planta dos semillas cerca de la pared del vaso. Riega las semillas.

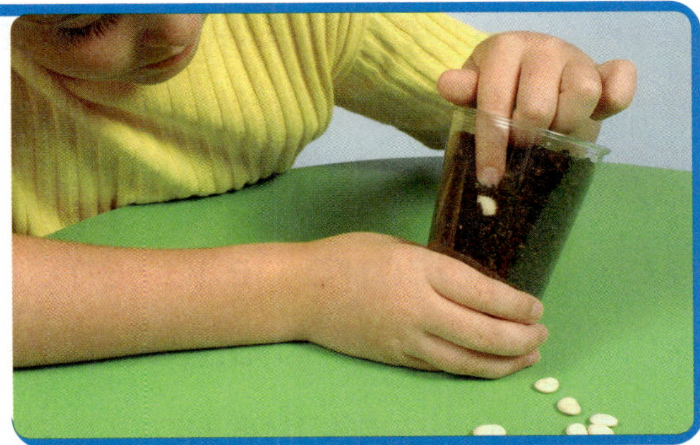

Paso 2

Pon el vaso transparente dentro del vaso de color. Sácalo todos los días, dibuja las semillas y vuelve a ponerlo dentro del otro vaso.

Paso 3

Después de tres días, **ordena en secuencia** tus dibujos para mostrar qué les sucedió a las semillas.

Destreza de examinación

Cuando ordenas en secuencia, dices qué cosa sucedió primero, después, luego y por último.

VOCABULARIO
tegumento

DESTREZA DE LECTURA

ORDENAR EN SECUENCIA Busca en la lectura qué sucede primero, después, luego y por último a medida que una semilla se convierte en planta.

Cómo crecen las plantas

La mayoría de las plantas nacen de semillas. Algunas semillas tienen un tegumento. El **tegumento** es una capa que protege la semilla. Dentro de la semilla hay una planta diminuta. Esta plantita puede comenzar a crecer si la semilla recibe agua, aire y calor.

semilla

tegumento

de 15 días

Primero, las raíces crecen hacia abajo y se entierran en el suelo. Después, el tallo crece hacia arriba. Luego, salen las hojas y las flores. Por último, las flores producen los frutos que contienen las semillas. Las semillas pueden convertirse en otras plantas.

de 60 días

de 45 días

ORDENAR EN SECUENCIA

Destreza clave

¿Qué sucede después de que crecen las flores?

Minilab

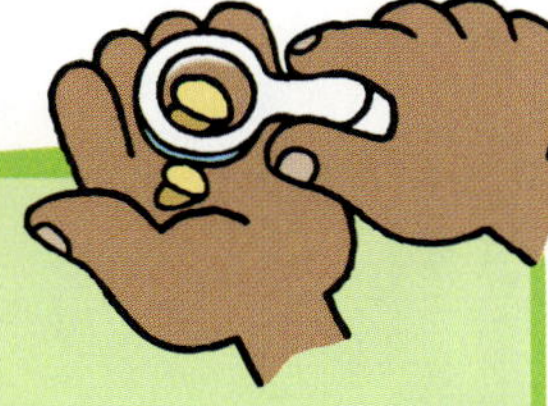

¿Qué hay dentro?

Pela el tegumento de una semilla de frijol. Luego, abre la semilla. Observa lo que hay dentro con una lupa pequeña. ¿Puedes encontrar la plantita?

Cómo crecen los pinos

Al igual que otras plantas, la mayoría de los árboles nacen de semillas. Las raíces crecen hacia abajo y un tallo verde crece hacia arriba. A medida que crece, el tallo se vuelve leñoso. El tallo de un árbol se llama tronco.

Cuando este árbol es adulto, produce conos. Los conos de pino contienen las semillas para otros árboles. Con el paso de los años, crecen más ramas y conos. El tronco se vuelve más alto y más grueso.

Destreza clave **ORDENAR EN SECUENCIA** **¿Qué le sucede a un árbol con el paso de los años?**

árbol adulto
árbol pequeño

Míralo en detalle

Las semillas

Las semillas tienen diferente aspecto, pero todas son semejantes en algo importante: pueden crecer y convertirse en plantas. La planta nueva será semejante a la planta de donde viene la semilla.

Para hallar otros enlaces y actividades, visita
www.hspscience.com

1. ORDENAR EN SECUENCIA Copia y completa esta gráfica.

El ciclo de vida de un árbol

Los Ⓐ _____ contienen las Ⓑ _____.

Crecen raíces hacia abajo y un Ⓒ _____ verde hacia arriba.

El Ⓓ _____ se vuelve leñoso.

El árbol crece y se convierte en un árbol adulto.

2. SACAR CONCLUSIONES ¿En qué son semejantes la forma de crecer de los árboles y la de otras plantas? ¿En qué son diferentes?

3. VOCABULARIO Escribe algo acerca de esta ilustración; usa la palabra **tegumento**.

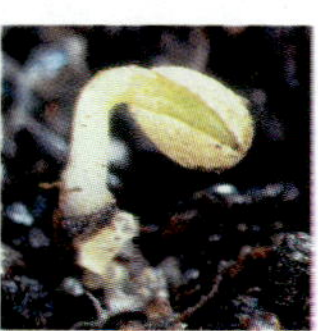

Preparación para la prueba

4. ¿Qué aspecto tendrá la planta que nazca de una semilla? ¿Cómo lo sabes?

Enlaces

Matemáticas

Compara los resultados

Copia la tabla. Averigua el tiempo que viven otras plantas. Ordénalas desde las que viven más hasta las que viven menos. ¿Qué vive más: los árboles u otras plantas?

Cuánto viven algunas plantas	
frijoles	3 meses
rábanos	2 años

Para hallar otros enlaces y actividades, visita **www.hspscience.com**

Lección 4

¿Cómo podemos agrupar las plantas?

Datos breves

Hay muchas clases de árboles. Cada una tiene un tipo de hoja diferente. Puedes clasificar las plantas teniendo en cuenta sus semejanzas y sus diferencias.

Clasificar hojas

Materiales

- **6 hojas**

- **tarjetas**

Paso 1

Compara las hojas. ¿Ves algún patrón? **Clasifica** las hojas en dos grupos.

Paso 2

Usa tarjetas para rotular los grupos.

Paso 3

Explica cómo clasificaste las hojas.

Destreza de examinación

Cuando clasificas, pones las cosas en grupos según en qué son semejantes.

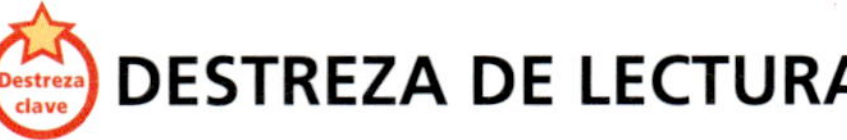

VOCABULARIO
comestible
no comestible

Destreza clave **DESTREZA DE LECTURA**

COMPARAR Y CONTRASTAR Busca en la lectura en qué son semejantes y en qué son diferentes las plantas.

Cómo agrupar las plantas

Una forma de agrupar las plantas es observando sus partes. El pasto es una clase de planta. Todos los tipos de pasto tienen hojas largas y delgadas. También tienen flores muy pequeñas. Por lo general, las flores no se ven porque se cortan al cortar el pasto.

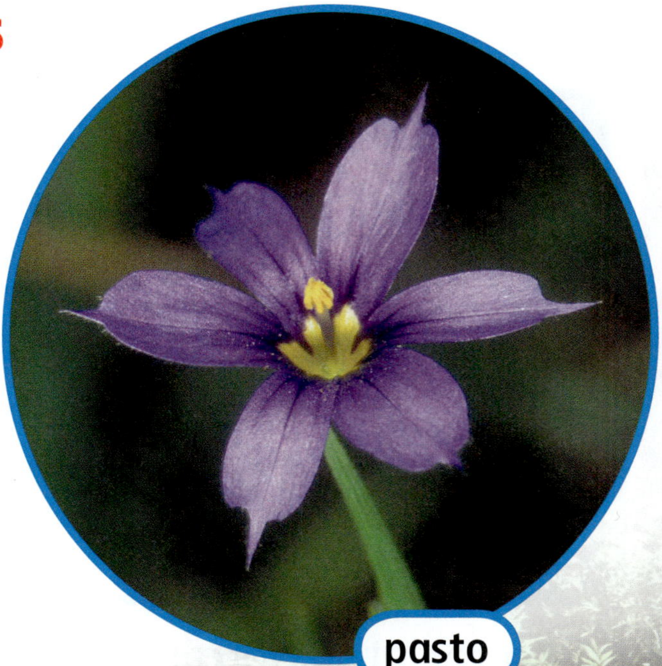
pasto

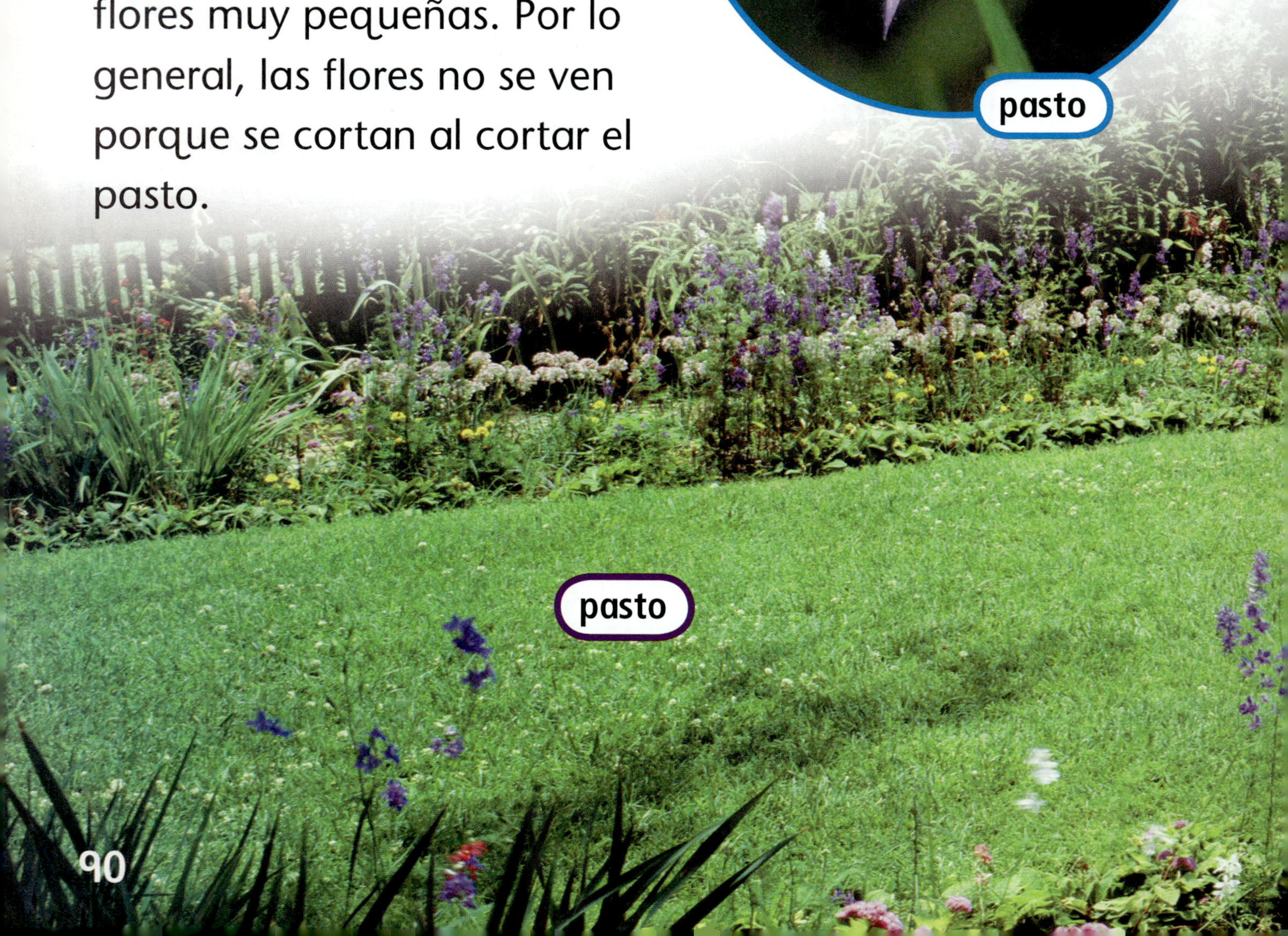
pasto

Los árboles y los arbustos son grupos de plantas. Ambos tienen tallos leñosos. La mayoría de los árboles tienen un tallo principal grande. Los arbustos tienen muchos tallos pequeños. Algunos árboles y arbustos también tienen flores.

Destreza clave

COMPARAR Y CONTRASTAR

¿En qué son semejantes y en qué son diferentes estas plantas?

Plantas que puedes comer

Puedes agrupar las plantas según si se pueden comer o no. Las cosas **comestibles** se pueden comer sin peligro. Algunas clases de plantas que tienen partes comestibles son los tomates, las cebollas y los zapallos.

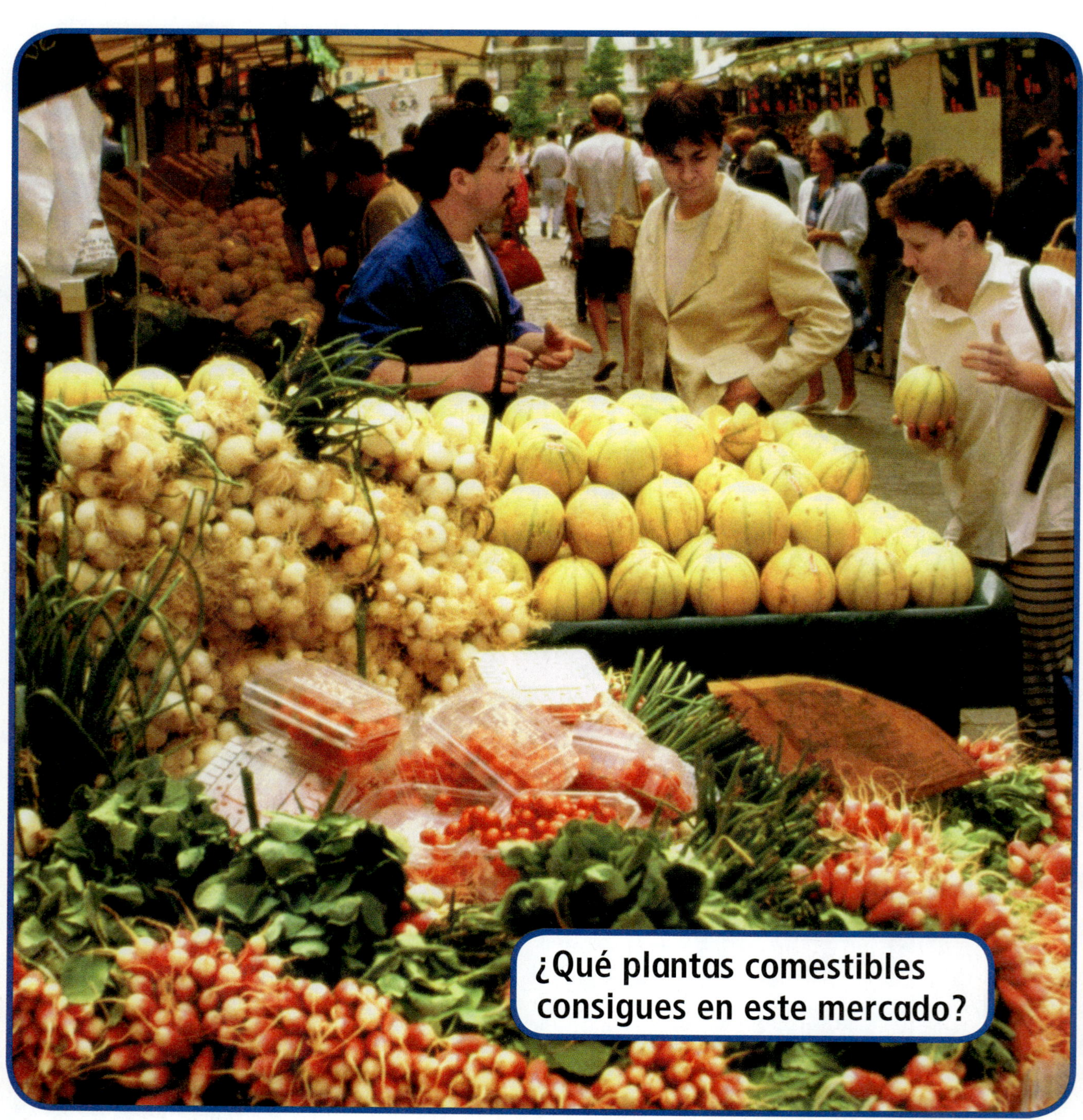

¿Qué plantas comestibles consigues en este mercado?

Las plantas **no comestibles** son plantas que no se pueden comer porque son peligrosas. Estas flores son plantas no comestibles.

Destreza clave

COMPARAR Y CONTRASTAR

¿Qué diferencia hay entre las plantas comestibles y las plantas no comestibles?

¿Qué almuerzas?

Observa tu almuerzo. Dibújalo. Rotula las partes que vienen de las plantas. ¿Cuáles son algunas de las plantas que comes?

Cómo usamos las plantas

Puedes agrupar las plantas que las personas usan para hacer cosas. Las personas usan el algodón para hacer ropa y los árboles para hacer casas y juguetes.

Destreza clave

COMPARAR Y CONTRASTAR

¿En qué son semejantes las plantas de algodón y los árboles?

camiseta de algodón

juguete de madera

1. **COMPARAR Y CONTRASTAR** Copia y completa esta gráfica.

Árboles y arbustos

semejanzas	diferencias
Ambos tienen tallos **A** ______.	La mayoría de los **B** ______ tienen un tallo principal grande.
	Los **C** ______ tienen muchos tallos pequeños.

2. **RESUMIR** Escribe oraciones que resuman esta lección.

3. **VOCABULARIO** Escribe algo acerca de esta ilustración; usa la palabra **comestible**.

Preparación para la prueba

4. ¿Qué planta usan muchas personas para hacer ropa?
   A. algodón
   B. pasto
   C. pino
   D. arbusto

Enlaces

Estudios Sociales

Collage con productos de las plantas Recorta ilustraciones de cosas que las personas obtienen de las plantas. Agrúpalas en alimentos, ropa y cosas de la casa. Pega las ilustraciones en una hoja de papel.

Para hallar otros enlaces y actividades, visita **www.hspscience.com**

Flores tardías

William Beal fue un científico que vivió en Michigan hace unos 125 años. Un día puso arena y semillas en 20 botellas. Luego, enterró las botellas bajo tierra.

Beal quería ver si las semillas podían crecer aun después de haber estado enterradas durante mucho tiempo. Mantuvo las semillas en un lugar seco y oscuro para que no crecieran.

Cada 20 años

Beal planeó desenterrar una botella cada cinco años. Con el tiempo, ese período se extendió a 20 años. En abril de 2000 se desenterró una botella.

Las personas desenterraron la botella y plantaron las semillas. De las 1,000 semillas, 26 dieron flores amarillas brillantes.

Un trabajo importante

El estudio ayuda a las personas a aprender sobre el suelo y las plantas. Muestra por qué la maleza puede crecer en un campo arado. El trabajo también ayuda a los científicos a aprender cómo las semillas pueden sobrevivir a incendios e inundaciones.

PIENSA

¿Por qué fue importante mantener las semillas en un lugar seco y oscuro?

¡Investiga más! Visita **www.hspscience.com**

El doctor de las Plantas

George Washington Carver fue un científico de las plantas. Algunas personas lo llamaban "el doctor de las plantas". Carver trabajaba con granjeros que cultivaban el campo. Les enseñó a plantar cacahuates para mantener el suelo sano.

¡Carver pensó en 300 cosas que podían hacerse con las plantas de cacahuate! ¿Te imaginas lavándote el cabello con champú de cacahuate? También hizo alimentos, medicamentos, jabones, pinturas, caucho, gasolina y papel: todo con la planta de cacahuate.

¡Sí puedes!

Investiga qué necesitan diferentes plantas

Qué hacer

1. ¿Necesitan todas las plantas exactamente las mismas cosas? Consigue tres plantas. Planea una investigación para contestar la pregunta.
2. Sigue tu plan.
3. Haz dibujos y escribe oraciones para mostrar lo que suceda.

Materiales

- 3 clases de plantas diferentes

Sacar conclusiones

¿Contestaste la pregunta? Si no, ¿cómo podrías cambiar tu investigación?

Cómo se trasladan las semillas

El viento, el agua y los animales transportan las semillas de un lugar a otro. Consigue diferentes semillas o ilustraciones de semillas. Observa cada semilla. Luego, usa libros y otros recursos para investigar qué clase de semilla es y cómo se traslada.

Repaso y preparación para la prueba

Repaso del vocabulario

Observa los números que están junto a las partes de la planta. Di el número y el nombre de cada parte.

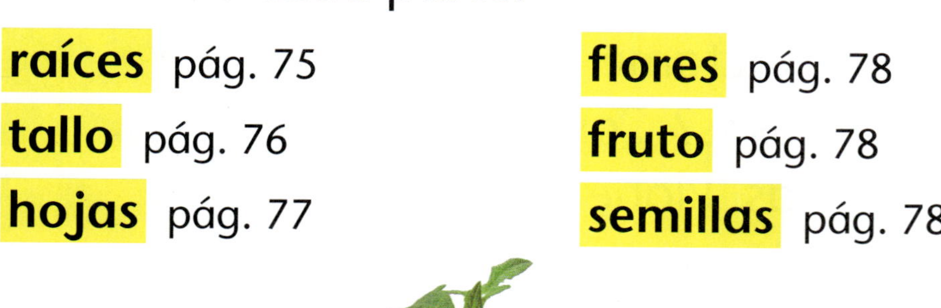

raíces pág. 75
tallo pág. 76
hojas pág. 77
flores pág. 78
fruto pág. 78
semillas pág. 78

Comprueba lo que aprendiste

7. ¿Qué le sucede a una planta que recibe aire, luz, agua y nutrientes? Di cómo lo sabes.

8. El maíz se puede comer. ¿A qué grupo pertenece?

A. plantas comestibles

B. plantas no comestibles

C. agua

D. árboles

Razonamiento crítico

Hayden observa este árbol del jardín de su casa en diferentes momentos.

9. ¿Qué está sucediendo en cada ilustración?

10. **Predice** qué le sucederá a este árbol el año próximo. Di cómo lo sabes.

Destreza clave

UNIDAD B

CIENCIAS BIOLÓGICAS

Vivimos todos juntos

Cuevas de lobos marinos

PARA: jasmine@hspscience.com

DE: corey@hspscience.com

TEMA: La costa de Oregon

Querida Jasmine:
¡Vi la cueva marina más grande del mundo! Es una casa de lobos marinos.
Tu amiga,
Corey

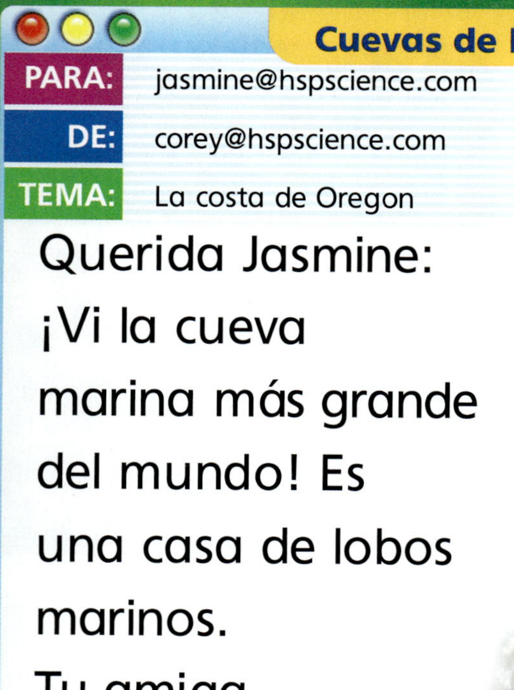

Jardín 4-H para niños en la Universidad del Estado de Michigan

PARA: vanessa@hspscience.com

DE: josé@hspscience.com

TEMA: East Lansing, Michigan

Querida Vanessa:

Fui a un jardín lleno de flores. Los colores de las flores eran iguales a los colores de nuestras crayolas. ¡Estuvo genial!

José

¡Experimenta!

Cubiertas de animales

A medida que leas esta unidad, verás dónde viven las plantas y los animales. Planea y haz una prueba. Descubre cómo la cubierta de los animales los ayuda a vivir en su medio.

Capítulo 3

Medio ambientes de los seres vivos

Lección 1 **¿Qué es un medio ambiente?**

Lección 2 **¿Qué ayuda a las plantas y los animales a vivir en su medio?**

Lección 3 **¿Por qué las plantas y los animales se necesitan?**

Vocabulario

medio ambiente
adaptación
camuflaje
oxígeno
polen
cadena alimentaria

Me pregunto...
¿Por qué estos insectos parecen plantas?
¿Qué te preguntas tú?

Lección 1

¿Qué es un medio ambiente?

Datos breves

Pocas personas han visto jaguares en su medio natural. Ellos viven donde es fácil esconderse. Comunica lo que sabes sobre los lugares donde viven los animales.

Dónde viven los animales

Materiales

- tarjetas ilustradas de animales
- crayolas

Paso 1

Observa las tarjetas. Elige un animal sobre el que sepas algo.

Paso 2

Dibuja el animal en el lugar donde vive.

Paso 3

Comunica a tus compañeros lo que dibujaste.

Destreza de examinación

Cuando **comunicas** lo que has dibujado, explicas cada cosa que hay en tu dibujo.

VOCABULARIO
medio ambiente

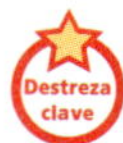

Destreza clave **DESTREZA DE LECTURA**

IDEA PRINCIPAL Y DETALLES Busca en la lectura las ideas principales sobre los medio ambientes.

Los medio ambientes

Un **medio ambiente** está formado por todo lo que hay en un lugar.

Un medio ambiente tiene seres vivos. Tiene plantas y animales.

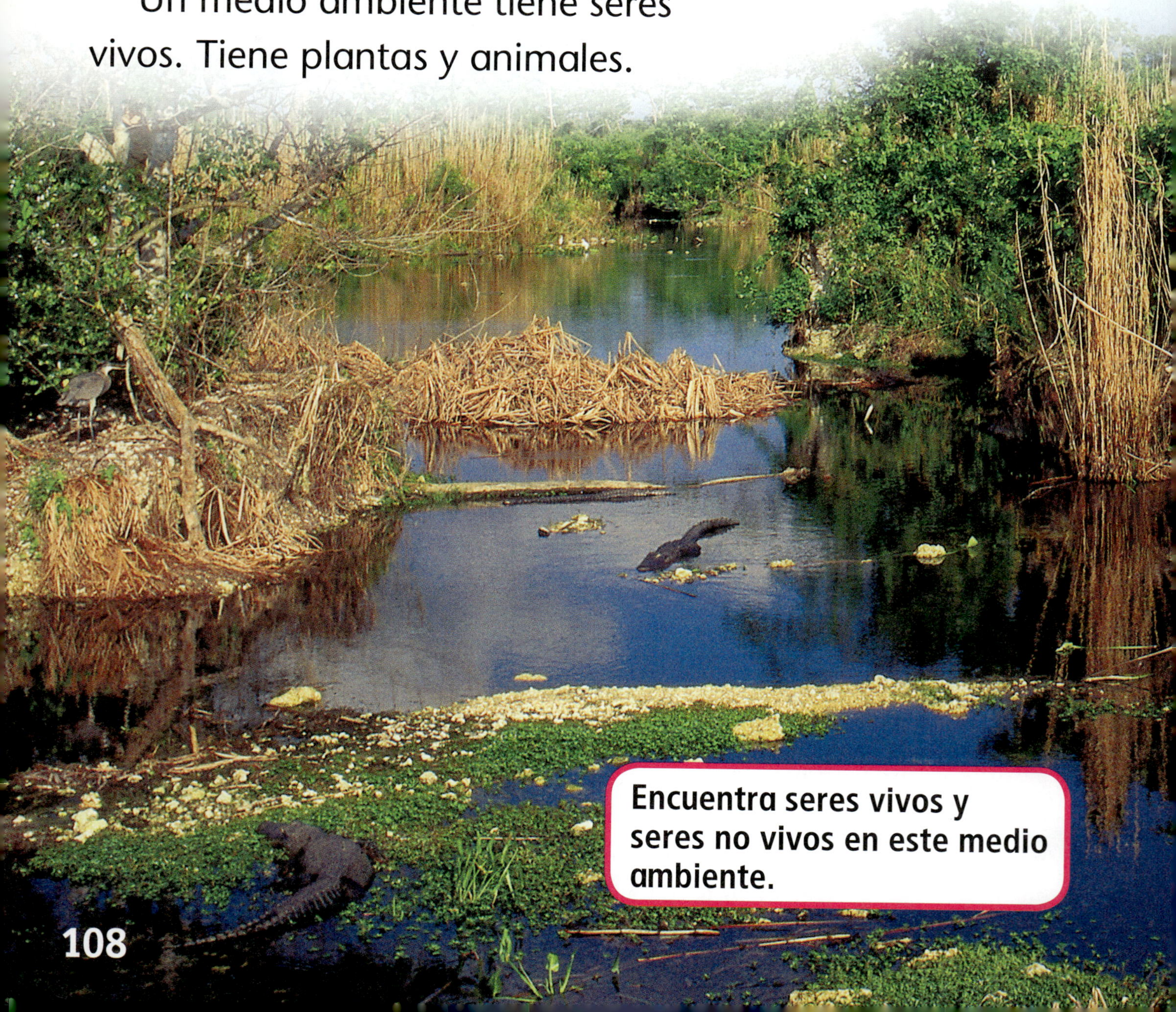

Encuentra seres vivos y seres no vivos en este medio ambiente.

Un medio ambiente también tiene seres no vivos, como rocas y agua.

IDEA PRINCIPAL Y DETALLES Destreza clave
¿Qué es un medio ambiente?

Minilab

Medio ambientes cercanos

Da una caminata al aire libre con tu clase. Observa el medio ambiente. ¿Qué seres vivos ves? ¿Qué seres no vivos ves? Haz dos listas.

Las personas y los medio ambientes

Las personas pueden cambiar los medio ambientes. Pueden construir casas y carreteras. Pueden fabricar objetos. Muchas de las cosas que ves en tu medio ambiente fueron hechas por personas.

Destreza clave **IDEA PRINCIPAL Y DETALLES** **¿Cómo pueden las personas cambiar los medio ambientes?**

¿Cuáles de estas cosas fueron hechas por personas? ¿Cuáles no fueron hechas por personas?

1. **IDEA PRINCIPAL Y DETALLES** Copia y completa esta gráfica.

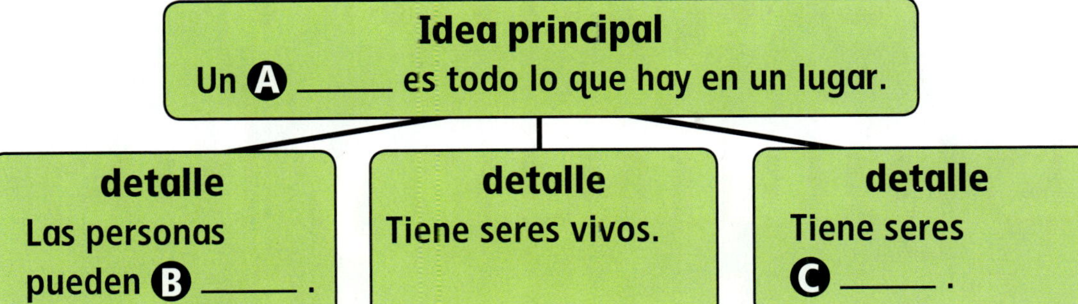

Idea principal		
Un **A** ____ es todo lo que hay en un lugar.		
detalle Las personas pueden **B** ____ .	**detalle** Tiene seres vivos.	**detalle** Tiene seres **C** ____ .

2. **RESUMIR** Usa la gráfica para escribir un resumen de la lección.

3. **VOCABULARIO** Di algo sobre el **medio ambiente** de este animal.

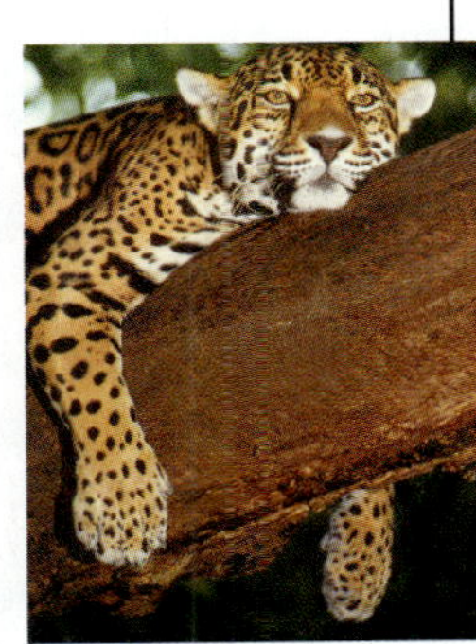

Preparación para la prueba

4. Explica algunas de las formas en que las personas pueden cambiar su medio ambiente.

Enlaces

Redacción

Escribe una descripción

Observa el medio ambiente que rodea tu escuela. Escribe oraciones sobre las cosas que veas y que fueron hechas por personas. Describe cómo es cada cosa y para qué se usa.

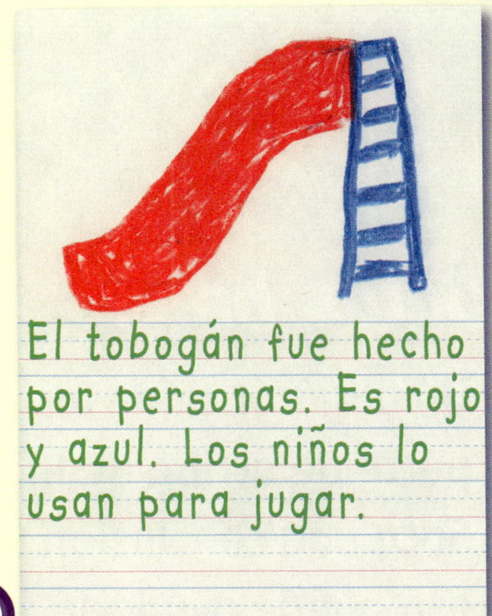

Para hallar otros enlaces y actividades, visita **www.hspscience.com**

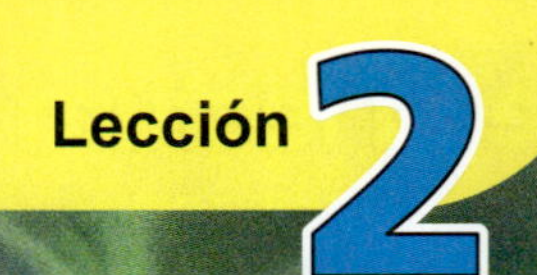

¿Qué ayuda a las plantas y los animales a vivir en su medio?

Datos breves

Un aligátor tiene los ojos en la parte de arriba de la cabeza. Saca una conclusión sobre cómo eso puede ayudarlo.

Animales que se esconden

Materiales

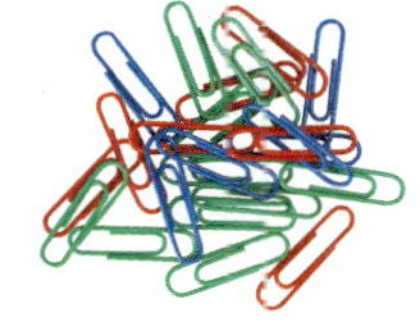

- clips de colores
- papeles de colores

Paso 1

Pon los clips sobre una hoja de papel de color. ¿Qué clips son difíciles de ver?

Paso 2

Ahora pon los clips sobre una hoja de papel de otro color. ¿Qué clips son difíciles de ver esta vez?

Paso 3

Saca una conclusión sobre cómo el color ayuda a algunos animales a esconderse.

Destreza de examinación

Para sacar una conclusión sobre el color de los animales, piensa en los clips que eran difíciles de ver.

VOCABULARIO
adaptación
camuflaje

DESTREZA DE LECTURA

COMPARAR Y CONTRASTAR Busca en la lectura en qué son semejantes y en qué son diferentes las adaptaciones.

Las adaptaciones de las plantas

Una **adaptación** es una parte del cuerpo o un comportamiento que ayuda a un ser vivo.

Las plantas tienen adaptaciones. Algunas adaptaciones las ayudan a obtener agua. Una higuera de Bengala tiene muchas raíces. Una planta de jade tiene hojas gruesas que almacenan agua.

higuera de Bengala

planta de jade

Algunas adaptaciones ayudan a las plantas a seguir vivas. Las espinas de las plantas evitan que los animales las coman. Otras adaptaciones ayudan a las plantas a producir plantas nuevas. Las alas de las semillas del arce llevan las semillas a otros lugares. Las flores atraen animales pequeños que ayudan a las plantas a producir semillas.

semillas de arce

Destreza clave

COMPARAR Y CONTRASTAR ¿Cuáles son algunas de las adaptaciones de las plantas? ¿En qué son semejantes y en qué son diferentes?

colibrí

rosa

Las adaptaciones de los animales

ibis escarlata

Los animales también tienen adaptaciones. Algunas adaptaciones los ayudan a comer. Los dientes afilados del león le sirven para morder la carne. La lengua larga del oso hormiguero le sirve para atrapar hormigas.

Algunas adaptaciones ayudan a los animales a moverse. Las alas y las plumas ayudan a las aves a volar. Las aletas ayudan a los peces a nadar.

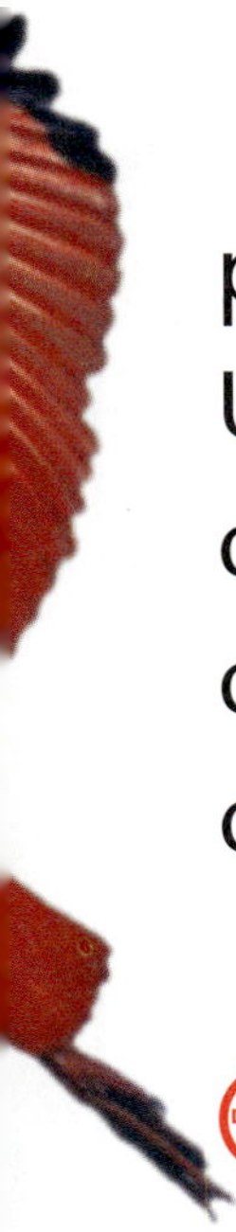

Otras adaptaciones protegen a los animales. Un puerco espín tiene púas afiladas que mantienen a los demás animales alejados.

Destreza clave

COMPARAR Y CONTRASTAR

¿En qué son semejantes algunas adaptaciones de los animales?

Minilab

Observa los picos

Pon migas del almuerzo en una bandeja. Pon la bandeja al aire libre donde puedas verla. Luego, observa las aves que se acercan. ¿Qué aves ves? ¿Cómo usa cada una su pico para comer?

carpa dorada

puerco espín

Míralo en detalle

El camuflaje

Algunos animales tienen una adaptación llamada camuflaje. El **camuflaje** es un color o un patrón que ayuda a un animal a esconderse. Los animales se esconden para protegerse o para buscar alimento.

zorro ártico en invierno

zorro ártico en verano

lenguado

mariposa hoja seca

rana

Para hallar otros enlaces y actividades, visita **www.hspscience.com**

1. **COMPARAR Y CONTRASTAR** Copia y completa esta gráfica.

Adaptación

semejanzas	diferencias
Las **A** _____ ayudan a los seres vivos.	Algunas ayudan a las plantas a obtener **B** _____.
	Otras ayudan a las plantas a seguir vivas o a **C** _____.
	Algunas ayudan a los animales a **D** _____.
	Algunas ayudan a los **E** _____ a moverse.
	Otras ayudan a los animales a **F** _____.

2. **SACAR CONCLUSIONES** ¿Por qué piensas que algunos animales usan el camuflaje?

3. **VOCABULARIO** Di algo sobre esta ilustración; usa la palabra **adaptación**.

Preparación para la prueba

4. ¿Qué adaptación ayuda a las plantas a almacenar agua?
   A. las flores
   B. los dientes afilados
   C. las hojas gruesas
   D. las espinas

Enlaces

Matemáticas

Cuenta los dientes

Algunos animales tienen muchos dientes. Otros no. ¿Cuántos dientes tienes tú? Mírate en el espejo y cuéntalos. Usa los datos para hacer una gráfica de la clase. ¿Tienen todos el mismo número de dientes?

Para hallar otros enlaces y actividades, visita **www.hspscience.com**

¿Por qué las plantas y los animales se necesitan?

Datos breves

Las flores producen alimento para las abejas. Las abejas transportan el polen y así ayudan a las plantas a producir otras plantas. ¿Qué más puedes observar sobre las plantas y los animales?

Animales en un árbol

Materiales

- **lupa pequeña**

Paso 1

Busca un árbol con tu clase. **Obsérvalo** con una lupa pequeña. Anota lo que veas.

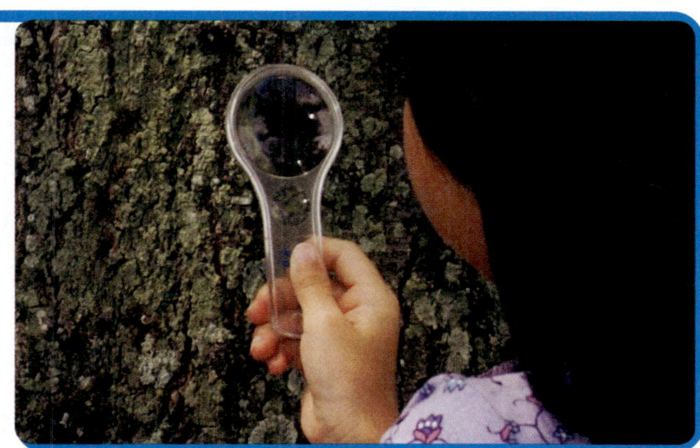

Paso 2

Siéntate en silencio y **observa**. Anota lo que están haciendo los animales en el árbol.

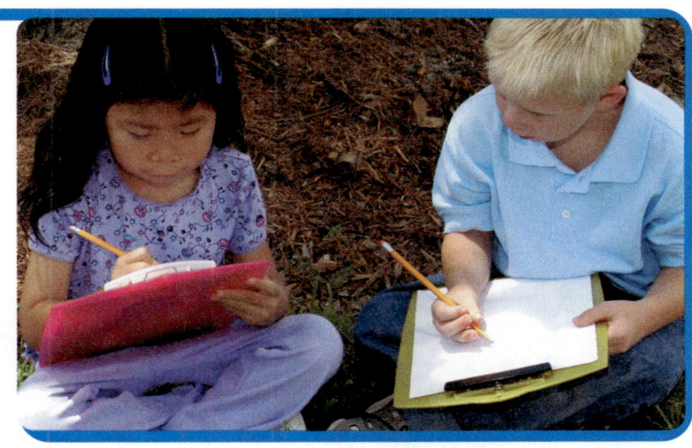

Paso 3

¿De qué forma usaron el árbol los animales? Habla sobre lo que **observaste**.

Destreza de examinación

Usa los sentidos para observar.

VOCABULARIO
oxígeno
polen
cadena alimentaria

DESTREZA DE LECTURA

IDEA PRINCIPAL Y DETALLES Busca en la lectura las ideas principales sobre cómo los animales usan y ayudan a las plantas.

Los animales usan las plantas

Los animales usan las plantas para cubrir sus necesidades. Algunos viven en ellas o las usan para construir su casa. Las plantas también son un buen lugar donde esconderse.

garza escondida en el pasto

venado escondido detrás de los árboles

castor construyendo un dique

Algunos animales usan las plantas como alimento. Los animales necesitan respirar oxígeno del aire. El **oxígeno** es un tipo de gas. Las plantas dan oxígeno al aire.

Casas hechas de plantas

Algunas aves construyen sus nidos con partes de plantas y barro. Usa ramitas, pasto y arcilla para hacer un modelo de un nido de ave.

Destreza clave

IDEA PRINCIPAL Y DETALLES

¿De qué tres formas los animales usan las plantas?

elefantes comiendo hojas

Los animales ayudan a las plantas

Algunos animales ayudan a las plantas a producir otras plantas. Llevan el **polen** de flor en flor. El polen es un polvillo que las flores necesitan para producir las semillas.

oposum de la miel llevando polen

mariposa llevando polen

Algunos animales ayudan a las plantas llevando sus semillas a otros lugares. Allí, las semillas crecen y se convierten en otras plantas.

IDEA PRINCIPAL Y DETALLES

Destreza clave

¿De qué forma los animales ayudan a las plantas a producir otras plantas?

ardilla llevando semillas

perro llevando semillas

La cadena alimentaria

Es posible agrupar a los animales según lo que comen. Algunos animales comen plantas. Algunos comen otros animales. Una **cadena alimentaria** muestra cómo los animales y las plantas están relacionados.

Destreza clave

IDEA PRINCIPAL Y DETALLES

¿Qué muestra una cadena alimentaria?

1. **IDEA PRINCIPAL Y DETALLES** Copia y completa esta gráfica.

Idea principal
Los animales y las plantas se necesitan.

detalle	detalle	detalle	detalle
Los animales comen **A** ____.	Los animales llevan el **B** ____ de flor en flor.	Los animales usan las plantas como su **C** ____.	Los animales llevan las **D** ____ a otros lugares.

2. **RESUMIR** Escribe dos oraciones para resumir la lección.

3. **VOCABULARIO** Di algo sobre este animal; usa la palabra **polen**.

Preparación para la prueba

4. ¿Cuál de estas opciones muestra cómo están relacionados las plantas y los animales?
   A. aire
   B. medio ambiente
   C. flores
   D. cadena alimentaria

Enlaces

Estudios Sociales

Necesitas de las plantas y los animales

¿De qué formas usas los animales y las plantas para cubrir tus necesidades? Haz dibujos y escribe oraciones para explicar tu respuesta. Haz un libro con todas las páginas.

Para hallar otros enlaces y actividades, visita **www.hspscience.com**

Aquí está, aquí no está

¿No deseas a veces poder esconderte como un zorro ártico? Ahora tu deseo puede hacerse realidad.

Susumu Tachi es un maestro que vive en Japón. Tachi inventó un traje que sirve para esconder cosas.

Cuentitas de cristal

El traje está cubierto de muchas cuentas de cristal diminutas que reflejan la luz. Esto permite ver a través de la persona que lo tiene puesto.

Ver el futuro

Tachi dice que su idea podría usarse de muchas formas. Los médicos podrían usar instrumentos cubiertos de cuentas de cristal y así ver a través de ellos al operar.

PIENSA

¿En qué se parece este traje al camuflaje?

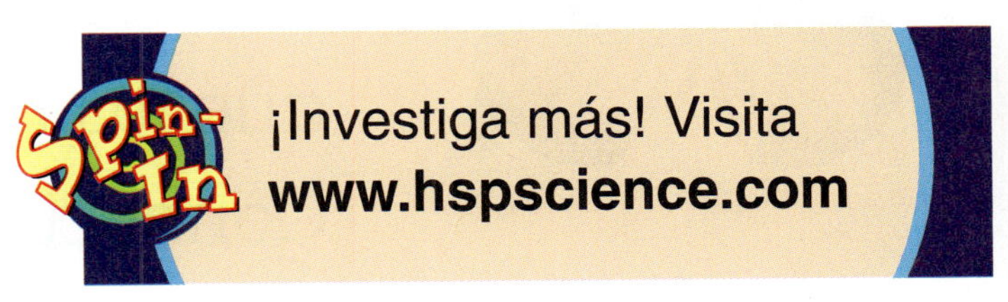

¿Dónde están todas las mariposas?

Las personas suelen ver mariposas monarca en otoño. Cuando comienza a hacer frío, estos insectos abandonan los lugares del norte y vuelan hacia lugares más cálidos al sur. Los científicos quieren saber por qué.

Emma Griffiths ayudó a los científicos a contar mariposas. Emma recolectó mariposas. Luego, los científicos le pusieron una etiqueta minúscula a cada insecto. La etiqueta les mostró a otros científicos que las mariposas venían de Connecticut.

¡Sí puedes!

¿Por qué se adhieren las semillas?

Materiales
- pelota de poliestireno
- pegamento
- objetos ásperos

Qué hacer
1. Busca algunas semillas. ¿Cuáles podrían adherirse a un animal?
2. Haz un modelo de una semilla que se adhiere a las cosas.
3. ¿Se adhiere tu modelo a la ropa? ¿Cómo te ayuda esto a comprender la forma en que las semillas se adhieren a los animales?

Sacar conclusiones
¿Por qué es la pelota un modelo de una semilla que se adhiere a las cosas?

Observa cómo cambia una planta

Pon dos macetas con plantas iguales junto a una ventana. Haz una marca en una. Gira la otra maceta todos los días. No gires la maceta marcada. Después de una semana, ¿cómo cambió la planta de la maceta marcada? ¿Por qué sucedió eso?

Repaso y preparación para la prueba

Repaso del vocabulario

Elige la palabra que complete mejor cada oración.

medio ambiente pág. 108 **oxígeno** pág. 123
camuflaje pág. 118 **polen** pág. 124

1. El ____ es el polvillo de las flores.

2. El ____ es un gas que es parte del aire.

3. El ____ es una adaptación que ayuda a un animal a esconderse.

4. Un ____ es un lugar que está formado por seres vivos y seres no vivos.

Comprueba lo que aprendiste

5. Nombra dos animales. Di en qué **son semejantes** las adaptaciones de estos animales. Luego, di en qué **son diferentes**.

Destreza clave

6. ¿De qué forma las plantas ayudan a los animales a respirar?
   A. Las plantas dan oxígeno al aire.
   B. Los animales comen plantas.
   C. Las plantas almacenan agua.
   D. Los animales se esconden entre las plantas.

Razonamiento crítico

7. ¿Por qué piensas que las personas cambian su medio ambiente? ¿Cómo dañan algunos cambios a las plantas y los animales que viven allí?

8. Observa estas plantas y animales. Dibújalos en orden para mostrar una cadena alimentaria. Escribe un párrafo sobre lo que sucede.

Capítulo 4

Lugares donde vivir

Vocabulario

bosque
hábitat
desierto
océano

Me pregunto...

¿Por qué estos peces viven aquí?

¿Qué te preguntas tú?

¿Qué vive en el bosque?

Datos breves

Los árboles de este bosque de secoyas son los seres vivos más altos del mundo. Puedes comparar árboles por el tamaño.

Comparar hojas y corteza

Materiales

- **crayola de color oscuro**
- **papel**

Paso 1

Sal al patio con tu clase. Busca una hoja. Haz un calco.

Paso 2

Encuentra el árbol al que pertenece la hoja. Haz un calco de la corteza.

Paso 3

Compara tus calcos con los de un compañero. Di qué ves.

Destreza de examinación

Cuando **comparas**, buscas las semejanzas y las diferencias entre las cosas.

VOCABULARIO
bosque
hábitat

DESTREZA DE LECTURA

IDEA PRINCIPAL Y DETALLES Busca en la lectura las ideas principales sobre los bosques.

Los bosques

Un **bosque** es un terreno cubierto de árboles. Los árboles dan sombra al suelo del bosque. La sombra mantiene el suelo húmedo.

IDEA PRINCIPAL Y DETALLES ¿Qué es un bosque?

Las plantas del bosque

En un bosque, los árboles reciben suficiente lluvia y calor para crecer. Sus hojas obtienen la luz que ellos necesitan. Los helechos y las flores crecen en el suelo del bosque. Necesitan agua, pero no mucha luz.

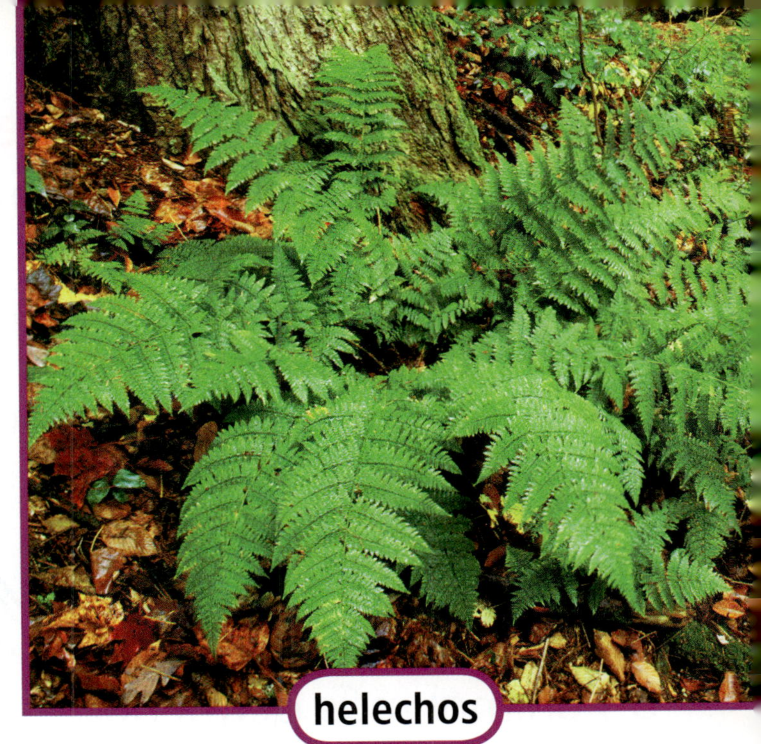

helechos

IDEA PRINCIPAL Y DETALLES Destreza clave

¿Cómo obtienen los árboles la luz que necesitan?

flores silvestres

Minilab

Hecho a la sombra

Humedece dos toallas de papel. Ponlas en un lugar soleado. Usa una carpeta para dar sombra a una de las toallas. Espera unos minutos. Luego, observa las toallas. ¿Cuál está más húmeda? ¿En qué son semejantes esta toalla y el suelo de un bosque?

Los animales del bosque

En un bosque hay hábitats para muchos animales. Un **hábitat** es un lugar donde un animal encuentra alimento, agua y refugio. Un oso necesita una gran parte del bosque como hábitat. Un animal más pequeño puede necesitar sólo un tronco.

IDEA PRINCIPAL Y DETALLES

Destreza clave

¿Cuáles son algunos de los animales que pueden tener su hábitat en un bosque?

oso

zorrillo

¿Cómo están cubriendo sus necesidades estos animales?

1. **IDEA PRINCIPAL Y DETALLES** Copia y completa esta gráfica.

El bosque

Idea principal
Un Ⓐ _____ es un lugar donde crecen muchos árboles.

detalle
Los árboles reciben suficiente lluvia y Ⓑ _____.
Los helechos y las flores del bosque no necesitan mucha Ⓒ _____.

detalle
Los osos necesitan una gran parte del Ⓓ _____ para vivir.
Los animales más pequeños pueden vivir en un Ⓔ _____ del bosque.

2. **RESUMIR** Usa la gráfica para escribir un resumen de la lección.

3. **VOCABULARIO** Di algo sobre esta ilustración; usa las palabras **bosque** y **hábitat**.

Preparación para la prueba

4. ¿Por qué un tronco puede ser un buen hábitat para un animal pequeño?

Enlaces

Redacción

Redacta un cuento

Redacta un cuento sobre un animal del bosque. Di dónde vive, qué come y qué hace. Haz dibujos que muestren el animal en el bosque.

Para hallar otros enlaces y actividades, visita **www.hspscience.com**

Lección 2

¿Qué vive en el desierto?

Datos breves

Una biznaga llega a vivir casi 6 años del agua almacenada en su tallo. Puedes sacar una conclusión sobre por qué algunas plantas logran vivir en el desierto.

Plantas del desierto

Materiales

- **dos figuras de hojas en toallas de papel**
- **agua**
- **papel encerado**
- **2 clips**

Paso 1

Humedece las figuras de hojas. Pliega el papel encerado. Pon una figura dentro del pliegue. Sujeta con clips.

Paso 2

Pon las figuras de hojas en un lugar soleado. Obsérvalas después de una hora.

Paso 3

¿Qué hoja seguía húmeda? ¿Por qué? **Saca una conclusión.**

Destreza de examinación

Piensa en lo que sabes sobre el papel encerado y el agua para sacar una conclusión.

VOCABULARIO
desierto

DESTREZA DE LECTURA

IDEA PRINCIPAL Y DETALLES Busca en la lectura las ideas principales sobre los desiertos.

Los desiertos

Un **desierto** es un terreno donde llueve muy poco. En la mayoría de los desiertos hace sol todo el año. El suelo es muy seco. Sólo algunas plantas y animales pueden vivir allí.

creosota

IDEA PRINCIPAL Y DETALLES **¿Cómo sabes si un lugar es un desierto?**

Las plantas del desierto

Las plantas del desierto no necesitan mucha agua. Un cacto es una planta del desierto. Tiene un tallo grueso en el que almacena agua. Su cubierta cerosa lo ayuda a retener el agua.

Destreza clave **IDEA PRINCIPAL Y DETALLES** **¿Cómo puede un cacto vivir sin mucha agua?**

Minilab

Empápala

Consigue una esponja muy seca. Échale agua de a poco. Observa la esponja. ¿Cómo cambia? ¿En qué son semejantes la esponja y el tallo de un cacto?

Los animales del desierto

Los animales del desierto necesitan evitar el calor y encontrar agua. La paloma y la liebre descansan a la sombra. La tortuga obtiene agua de su alimento.

IDEA PRINCIPAL Y DETALLES

Destreza clave

¿Qué necesidades son importantes para los animales del desierto?

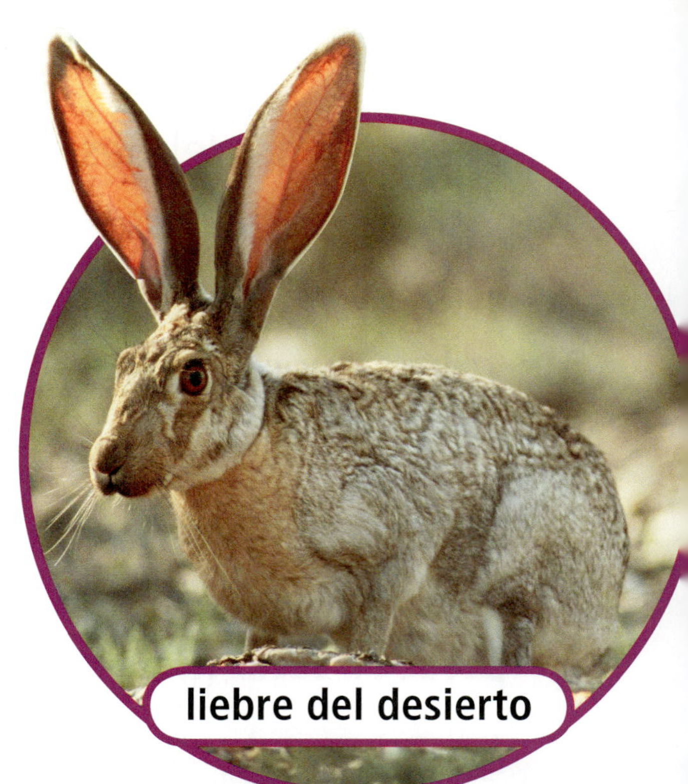

liebre del desierto

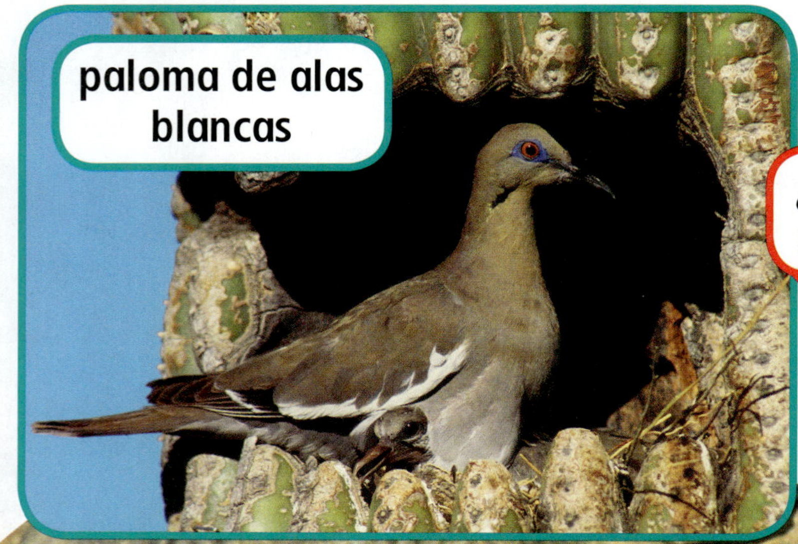

paloma de alas blancas

¿Cómo están cubriendo sus necesidades estos animales?

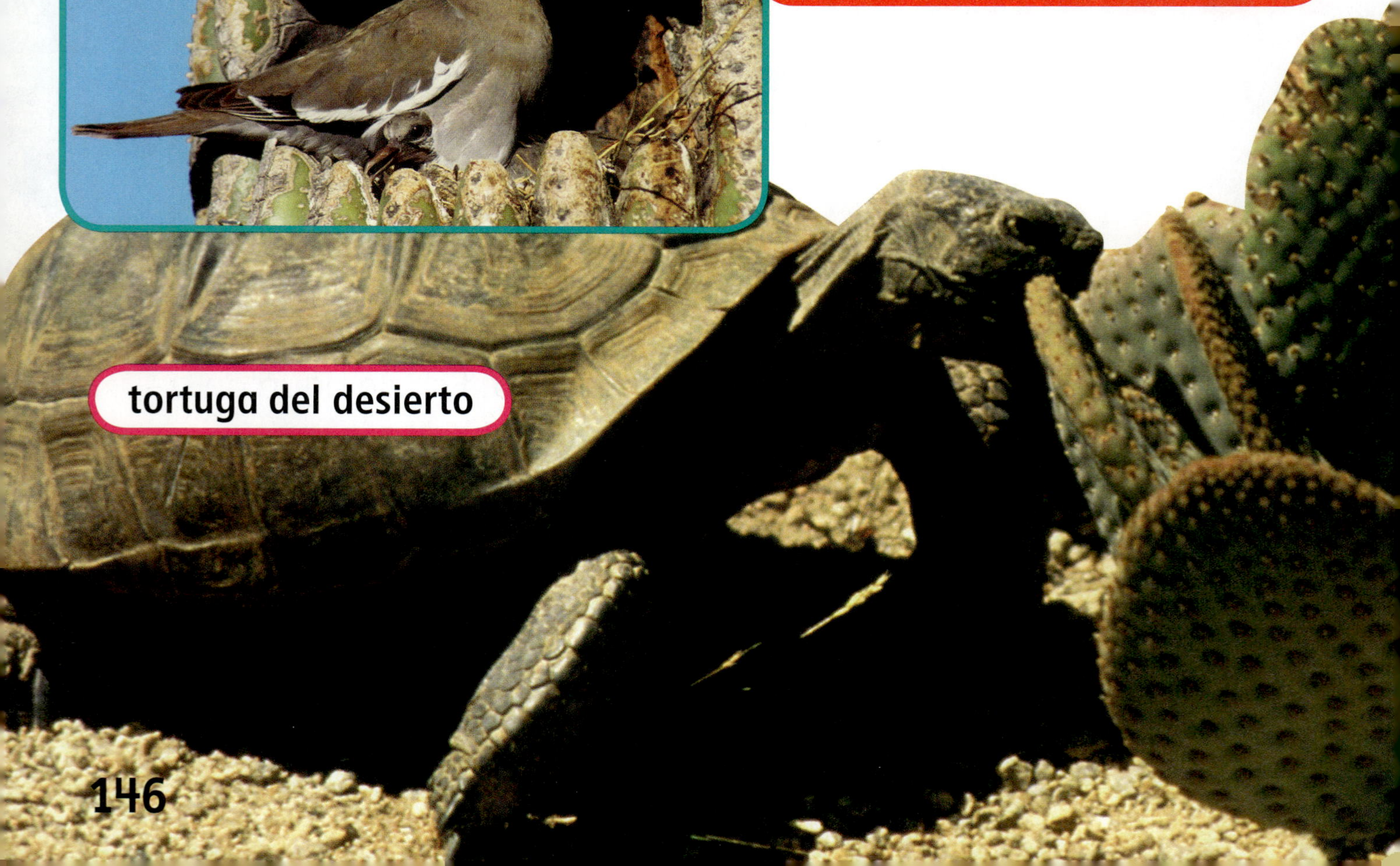

tortuga del desierto

1. **IDEA PRINCIPAL Y DETALLES** Copia y completa esta gráfica.

El desierto

Idea principal
Un desierto es un terreno que recibe muy poca **A** ______.

detalle
Las plantas del desierto no necesitan mucha **B** ______. Un cacto almacena agua en su **C** ______.

detalle
Las palomas y las liebres descansan a la **D** ______ para evitar el calor. Una **E** ______ obtiene agua del alimento que come.

2. **SACAR CONCLUSIONES** ¿Por qué hay pocas plantas y animales que puedan vivir en el desierto?

3. **VOCABULARIO** Di algo sobre esta ilustración; usa la palabra **desierto**.

Preparación para la prueba

4. ¿Qué palabra describe mejor un desierto?
   A. nublado
   B. fresco
   C. seco
   D. húmedo

Enlaces

Matemáticas

Mide la lluvia caída

Los desiertos reciben menos de 25 centímetros de lluvia por año. ¿Cuánta lluvia cae donde tú vives? Mide esa cantidad y 25 centímetros en una hoja de papel. Compara.

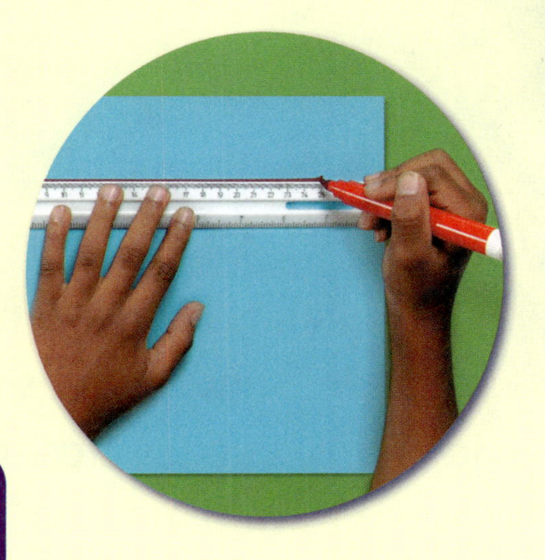

Para hallar otros enlaces y actividades, visita **www.hspscience.com**

¿Qué vive en el océano?

Datos breves

Las ballenas azules son los animales más grandes de la Tierra. Puedes clasificar animales por su tamaño.

Animales del océano

Materiales

- **tarjetas ilustradas de animales del océano**

Paso 1

Observa los animales. ¿En qué son semejantes? ¿En qué son diferentes?

Paso 2

Clasifica los animales en grupos.

Paso 3

Di en qué son semejantes los animales de cada grupo. Di en qué son diferentes los dos grupos.

Destreza de examinación

Cuando clasificas los animales, los agrupas según las semejanzas que hay entre ellos.

VOCABULARIO
océano

DESTREZA DE LECTURA

IDEA PRINCIPAL Y DETALLES Busca en la lectura las ideas principales sobre los océanos.

Los océanos

Un **océano** es una gran masa de agua salada. Los océanos cubren la mayor parte de la Tierra.

Los animales del océano viven donde pueden encontrar alimento. Los cangrejos encuentran su alimento cerca de la costa.

lisas

cangrejo ermitaño

Algunos animales del océano deben nadar para encontrar su alimento. Los peces, las rayas venenosas y las tortugas marinas pueden nadar cientos de millas.

tortuga marina

Destreza clave

IDEA PRINCIPAL Y DETALLES
¿Dónde viven los animales del océano?

raya venenosa

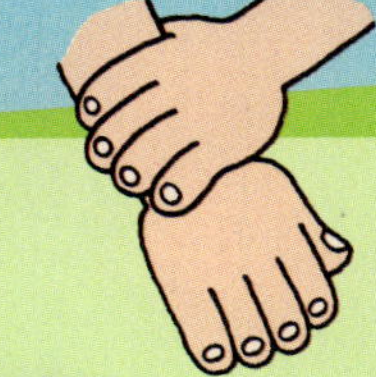

Huesos y cartílago

Los peces tienen huesos. Las rayas tienen cartílago. Tócate la muñeca. Tiene huesos. Tócate la oreja. Tiene cartílago. ¿En qué son semejantes los huesos y el cartílago? ¿En qué son diferentes?

Un arrecife de coral

Los corales son animales muy pequeños que forman arrecifes. Muchos otros animales encuentran alimento y refugio en los arrecifes de coral.

abanico de mar

coral látigo

coral caramelo

Para hallar otros enlaces y actividades, visita **www.hspscience.com**

1. **IDEA PRINCIPAL Y DETALLES** Copia y completa esta gráfica.

El océano

Idea principal
Un océano es una gran masa de **A** _____.
Los animales del océano viven donde pueden encontrar **B** _____.

detalle	detalle	detalle
Los **C** _____ viven cerca de la costa.	Los **D** _____, las **E** _____ y las tortugas marinas deben nadar para encontrar alimento.	Muchos animales del océano encuentran alimento y refugio en los **F** _____ de coral.

2. **RESUMIR** Escribe dos oraciones que resuman la lección.

3. **VOCABULARIO** Di algo sobre esta ilustración; usa la palabra **océano**.

Preparación para la prueba

4. ¿Por qué muchos animales viven en los arrecifes de coral?

Enlaces

Estudios Sociales

Los océanos del mundo

Mira un globo terráqueo o un mapa de la Tierra. Anota los nombres de los cuatro océanos que veas. ¿Qué observas sobre los océanos? ¿Qué otras masas de agua ves?

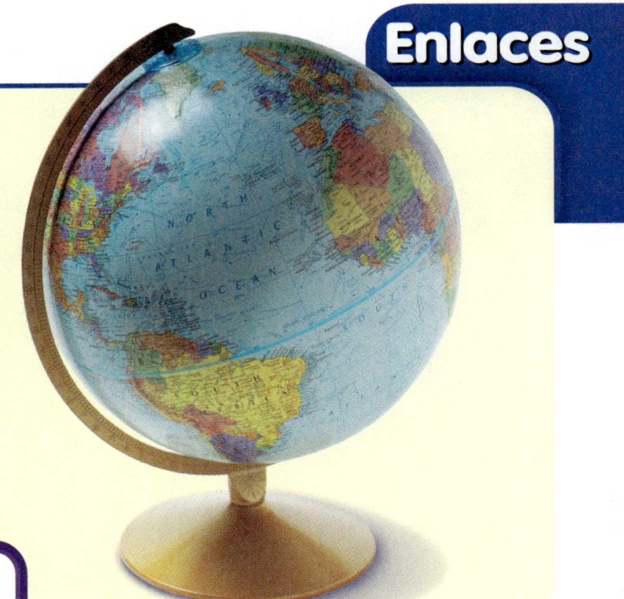

Para hallar otros enlaces y actividades, visita **www.hspscience.com**

Un nuevo avión para combatir incendios

Los incendios forestales queman grandes porciones de los bosques del oeste de Estados Unidos. Estos incendios se propagan rápidamente, lo que a veces pone en peligro la vida de los bomberos.

Ahora los bomberos tienen una nueva herramienta de ayuda: un avión robot llamado Altus II.

Un avión sin piloto

El Altus II tiene 17 metros (55 pies) de largo. Puede volar a unos 185 kilómetros (115 millas) por hora. El avión no tiene piloto. Lo dirigen las personas desde tierra.

El Altus II lleva cámaras a bordo para tomar fotos de los incendios. Las cámaras ven a través del humo. También ven otros lugares que podrían incendiarse.

El avión también puede usarse para que las personas sigan de cerca el rumbo de inundaciones o huracanes.

Una jornada completa

El Altus II es liviano. No necesita mucho combustible. Puede volar hasta 24 horas seguidas.

PIENSA

¿De qué forma ayuda el Altus II a los bomberos?

Una caminata por el bosque

¿Qué vive en el bosque? Andrew Seto lo descubrió cuando salió con su clase a caminar por el bosque que está cerca de su escuela.

Andrew sabe que en el bosque viven plantas. Vio un roble y un helecho.

Andrew sabe que las aves hacen sus casas en los árboles. Vio que las ardillas también hacen sus casas en los árboles.

Proyectos de Ciencias

para la casa o la escuela

¡Sí puedes!

Hábitat de peces

Materiales
- pecera con agua
- rocas para acuario
- peces

Qué hacer

1. Pon rocas en el fondo de una pecera o de un acuario. Llena el recipiente con agua. Agrega dos o más peces.
2. Alimenta los peces todos los días. Mantén limpio el hábitat.
3. Observa y anota lo que veas cada día.

Sacar conclusiones
¿En qué son diferentes este hábitat y un océano?

Los desiertos del mundo

Busca ilustraciones de desiertos de otras partes del mundo. Observa el terreno, las plantas y los animales que viven allí. ¿En qué son semejantes estos desiertos a los desiertos estadounidenses? ¿En qué son diferentes? Haz dibujos que muestren tus observaciones. Escribe algo sobre ellos.

Capítulo 4

Repaso y preparación para la prueba

Repaso del vocabulario

Usa las siguientes palabras para completar las oraciones.

bosque pág. 138
hábitat pág. 140
desierto pág. 144
océano pág. 150

1. Una gran masa de agua salada se llama ____.

2. Un lugar donde un animal encuentra alimento, agua y refugio es un ____.

3. Un terreno que está cubierto de árboles es un ____.

4. Un terreno donde llueve poco es un ____.

Comprueba lo que aprendiste

5. **Compara** estos hábitats de animales.

6. ¿Por qué un arrecife de coral es un buen hábitat para esta anguila?
   A. Un arrecife de coral es muy seco.
   B. La anguila puede vivir sin mucha agua.
   C. La anguila necesita sombra.
   D. La anguila puede encontrar alimento y refugio.

Razonamiento crítico

7. Lee las claves. Nombra la planta o el animal. Di dónde vive.

   La planta necesita lluvia y calor para crecer. Crece muy alto para que sus hojas puedan recibir luz.

8. Escribe claves sobre una planta o un animal de este capítulo. Pide a un compañero que nombre esa planta o ese animal.

UNIDAD C

CIENCIAS DE LA TIERRA

Nuestro planeta Tierra

El cañón del Colorado

PARA: daisy@hspscience.com

DE: oscar@hspscience.com

TEMA: El cañón del Colorado, Arizona

Querida Daisy:

Visité el cañón del Colorado. Es muy profundo. ¿Sabes cómo se formó?

Contéstame pronto,

Oscar

El suelo de Hazelton

PARA: maya@hspscience.com

DE: devon@hspscience.com

TEMA: Hazelton, Pennsylvania

Querida Maya:

Fui a visitar la granja de mi abuelo. Cavamos un hoyo profundo para plantar un árbol. El suelo tenía otro color en el fondo del hoyo.

Escríbeme pronto,

Devon

¡Experimenta!

Las plantas y el suelo

A medida que leas esta unidad, aprenderás sobre la Tierra. Planea y haz una prueba. Descubre si las plantas cambian la cantidad de suelo que el agua arrastra.

Capítulo

5 La Tierra

Lección 1 ¿Cuáles son algunos tipos de terreno?

Lección 2 ¿Cuáles son algunas masas de agua?

Lección 3 ¿Cómo cambia la Tierra?

Vocabulario

montaña	río
colina	lago
valle	océano
llanura	inundación
playa	sequía
arroyo	erosión

Me pregunto...
¿Cuánta agua cae por día en
las cataratas del Niágara?
¿Qué te preguntas tú?

Lección 1

¿Cuáles son algunos tipos de terreno?

Datos breves

El monte McKinley, en Alaska, es la montaña más alta de nuestro país. Puedes clasificar los terrenos según su altura, forma y ubicación.

Tipos de terreno

Materiales

- **tarjetas ilustradas de terrenos**

Paso 1

Observa las ilustraciones. Di en qué son semejantes y en qué son diferentes.

Paso 2

Clasifica las tarjetas ilustradas. Agrupa las ilustraciones según el tipo de terreno que muestran.

Paso 3

Habla sobre los grupos que formaste.

Destreza de examinación

Puedes clasificar los terrenos según su forma y ubicación.

VOCABULARIO

montaña
colina
valle
llanura
playa

DESTREZA DE LECTURA

COMPARAR Y CONTRASTAR Busca en la lectura las semejanzas y las diferencias entre los tipos de terreno.

Las montañas y las colinas

Hay diferentes formas de terreno en la Tierra. Una de ellas son las montañas. Una **montaña** es el terreno más elevado. Tiene laderas empinadas que terminan en una cima. Algunas montañas tienen cimas rocosas y puntiagudas. Otras tienen cimas redondeadas.

montaña

Una **colina** es un lugar elevado que es más pequeño que una montaña. La mayoría de las colinas tienen la cima redondeada.

Destreza clave **COMPARAR Y CONTRASTAR** **¿En qué son semejantes las montañas y las colinas?**

colinas

Los valles y las llanuras

Los valles y las llanuras son terrenos más bajos. Un **valle** es un terreno bajo ubicado entre montañas o colinas. Una **llanura** es una gran extensión de terreno plano.

COMPARAR Y CONTRASTAR **¿En qué son diferentes los valles y las llanuras?**

Minilab

Haz modelos de terrenos

Usa arcilla o arena húmeda para hacer modelos de los tipos de terreno. Trabaja con un compañero. Muestren una montaña, una colina, un valle y una llanura. Rotulen los modelos.

Las playas

En algunos lugares, los lagos y los océanos tienen una playa. Una **playa** es un terreno plano y arenoso a lo largo de la costa. Algunas playas son rocosas.

Destreza clave **COMPARAR Y CONTRASTAR** **¿Qué diferencias hay entre una playa y otros tipos de terreno?**

playa

1. **COMPARAR Y CONTRASTAR** Copia y completa esta gráfica.

Los terrenos de la Tierra

semejanzas	diferencias
Todos son terrenos elevados.	Una Ⓐ ______ es el tipo de terreno más elevado. Una Ⓑ ______ es un lugar elevado que es más pequeño que una montaña.
Todos son terrenos bajos.	Un Ⓒ ______ es un terreno bajo ubicado entre montañas. Una Ⓓ ______ es una gran extensión de terreno plano. Una Ⓔ ______ es un terreno plano y arenoso a lo largo de la costa.

2. **RESUMIR** Usa la gráfica para escribir un resumen de la lección.

3. **VOCABULARIO** Escribe una oración que diga en qué son diferentes las **llanuras** y las **montañas**.

Preparación para la prueba

4. ¿Cuál de estos es un terreno plano y arenoso a lo largo de la costa?

A. una playa
B. una colina
C. una montaña
D. un valle

Enlaces

Redacción

Composición

Elige un tipo de terreno que te gustaría visitar. Escribe sobre por qué quieres ir y qué harías allí. Luego, dibújate en ese lugar.

Para hallar otros enlaces y actividades, visita **www.hspscience.com**

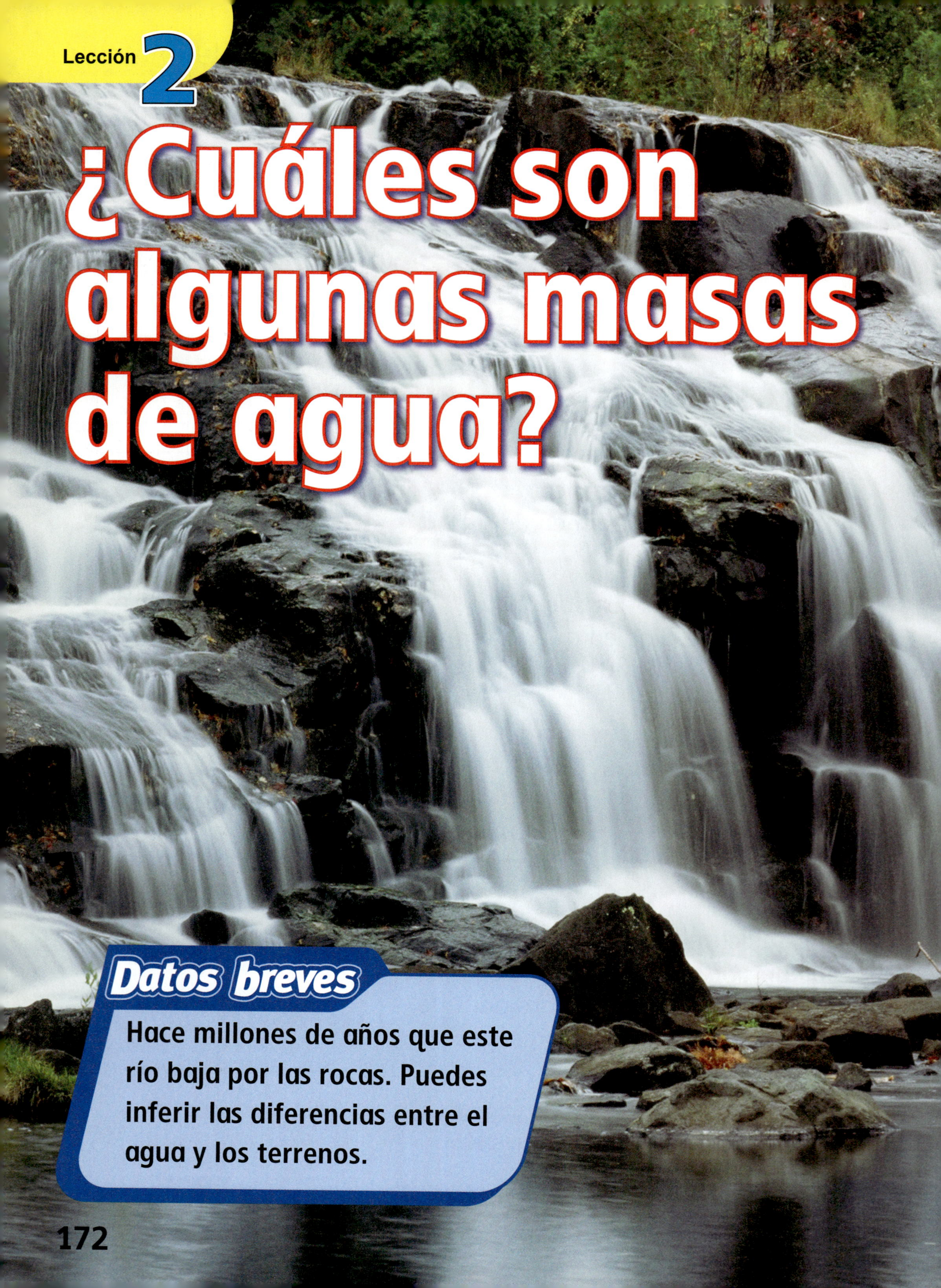

Lección 2

¿Cuáles son algunas masas de agua?

Datos breves

Hace millones de años que este río baja por las rocas. Puedes inferir las diferencias entre el agua y los terrenos.

Explorar los terrenos y el agua

Materiales

- **globo terráqueo**

Paso 1

Observa el globo terráqueo. ¿Qué ves?

Paso 2

Busca terrenos. Luego, busca agua. ¿Cómo sabes la diferencia?

Paso 3

Infiere en qué son diferentes los terrenos y el agua que cubren la Tierra.

Destreza de examinación

Usa lo que observaste para inferir las diferencias entre los terrenos y el agua.

VOCABULARIO
arroyo
río
lago
océano

DESTREZA DE LECTURA

COMPARAR Y CONTRASTAR Busca en la lectura las semejanzas y las diferencias entre las masas de agua.

Los arroyos, los ríos y los lagos

Los arroyos, los ríos y los lagos son masas de agua dulce. Un **arroyo** es una pequeña masa de agua en movimiento. Los arroyos pueden nacer en las montañas. Bajan por las laderas y desembocan en un río. Un **río** es una gran masa de agua en movimiento.

río

Los ríos pueden desembocar en lagos o en océanos. Un **lago** es una masa de agua estancada que está totalmente rodeada de terreno.

COMPARAR Y CONTRASTAR

Destreza clave

¿En qué son semejantes los ríos y los arroyos?

Minilab

Agua en movimiento

Corta un tubo de cartón a lo largo y por la mitad. Pon las mitades en una bandeja. Levanta un extremo de una de las mitades. Echa agua dentro de cada mitad. Observa. Infiere cómo la forma del terreno hace que los ríos corran rápido o lento.

Los océanos

Un **océano** es una gran masa de agua salada. La mayor parte del agua de la Tierra está en los océanos.

Destreza clave

COMPARAR Y CONTRASTAR ¿Qué diferencias hay entre los océanos y las otras masas de agua?

1. **COMPARAR Y CONTRASTAR** Copia y completa esta gráfica.

El agua de la Tierra

semejanzas	diferencias
Todos son masas de agua.	Un **A** _____ es una pequeña masa de agua en movimiento. Un **B** _____ es una gran masa de agua en movimiento. Un **C** _____ es una masa de agua estancada que está totalmente rodeada de terreno. Un **D** _____ es una gran masa de agua salada.

2. **SACAR CONCLUSIONES** Di por dónde baja más rápido un río: ¿por una colina con mucha o con poca inclinación?

3. **VOCABULARIO** Di cómo sabes que este es un **río**.

Preparación para la prueba

4. ¿En qué son semejantes los arroyos, los ríos y los lagos?

Enlaces

Matemáticas

Haz un modelo de fracciones

Dibuja un círculo. Divídelo en 4 partes iguales. Colorea 3 partes de azul y 1 parte de marrón. ¿Qué muestra esto sobre el agua y los terrenos de la Tierra? Escribe una fracción.

Para hallar otros enlaces y actividades, visita **www.hspscience.com**

Lección 3

¿Cómo cambia la Tierra?

Datos breves

El agua y el viento cambian la forma de estas rocas un poco todos los años. Puedes hacer modelos para aprender cómo el agua cambia la Tierra.

Modelar la erosión

Materiales

- tierra húmeda

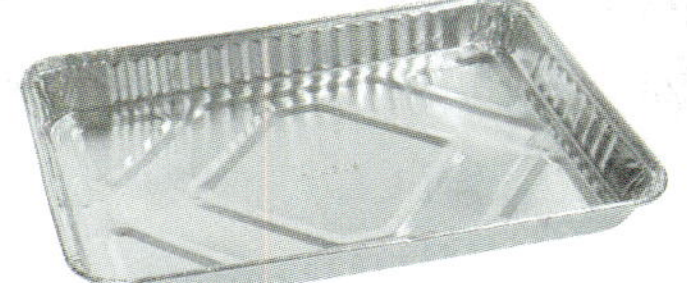

- bandeja

- agua

Paso 1

Usa la tierra para **hacer un modelo** de una montaña.

Paso 2

Echa agua lentamente sobre la cima de la montaña.

Paso 3

Observa. ¿Cómo cambia la montaña? Di de qué forma el **modelo** muestra que el agua cambia las montañas reales.

Destreza de examinación

Algunos cambios llevan mucho tiempo. Puedes **hacer un modelo** para ver cómo se producen los cambios.

VOCABULARIO

inundación
sequía
erosión

DESTREZA DE LECTURA

CAUSA Y EFECTO Busca en la lectura las formas en que el agua cambia la Tierra.

Las condiciones del tiempo cambian la Tierra

Las lluvias intensas pueden causar una inundación. Una **inundación** se produce cuando los ríos y los arroyos se llenan demasiado. Entonces, el agua desborda sobre el terreno. Una inundación puede arrastrar parte del suelo a otro lugar.

CAMINO CERRADO

AGUA EN LA CALZADA

35

inundación

Este es el mismo lugar durante una sequía.

El tiempo seco puede causar una sequía. Una **sequía** es un período largo de tiempo con menos lluvia de lo normal. El terreno se seca mucho. Las plantas pueden morir.

CAUSA Y EFECTO

Destreza clave

¿Qué pueden hacer las condiciones del tiempo a los terrenos?

Minilab

Inundaciones

Llena dos bandejas con tierra seca. Echa 1 vaso de agua lentamente en una bandeja. Luego, echa 1 vaso de agua rápidamente en la otra bandeja. ¿Qué sucede? Infiere por qué algunas lluvias causan inundaciones y otras no.

Míralo en detalle

El cañón del Colorado

El agua en movimiento cambia el terreno. Arrastra rocas y tierra hacia otros lugares. Esto se llama **erosión**. Millones de años de erosión formaron el cañón del Colorado.

1. Hace mucho tiempo, el agua comenzó a correr por el terreno.

2. El agua en movimiento arrastró tierra y rocas.

3. El camino del agua se hizo muy profundo. Con el tiempo, se formó el cañón del Colorado.

Para hallar otros enlaces y actividades, visita **www.hspscience.com**

1. CAUSA Y EFECTO Copia y completa esta gráfica.

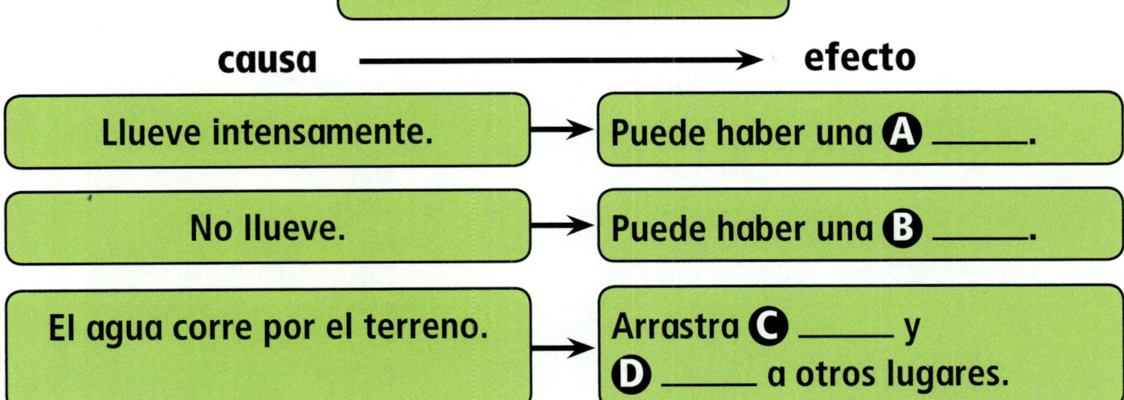

2. RESUMIR Usa la gráfica para escribir un resumen de la lección.

3. VOCABULARIO Di algo sobre esta ilustración; usa la palabra **erosión**.

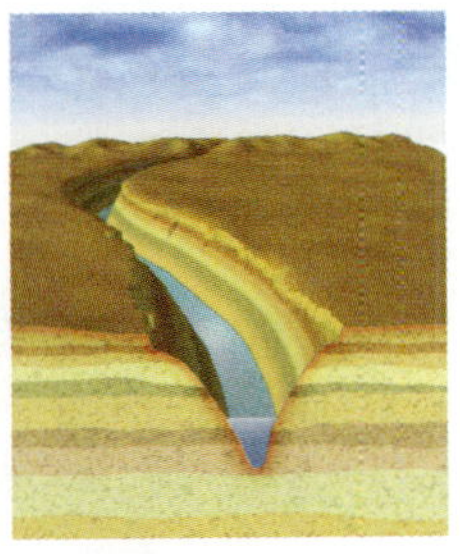

Preparación para la prueba

4. ¿Qué pueden causar las lluvias intensas?

A. una sequía
B. una inundación
C. el cañón del Colorado
D. las montañas

Enlaces

Redacción

De menor a mayor

Observa la tabla. Usa los datos para ordenar los cambios de menor a mayor según la cantidad de tiempo que tardan en producirse. Compara cuánto tiempo lleva cada cambio.

Con el tiempo, el agua cambia el terreno.

Tipo de cambio	Tiempo que tarda en producirse
inundación	algunas horas o algunos días
sequía	algunos meses
erosión	muchos años

Para hallar otros enlaces y actividades, visita **www.hspscience.com**

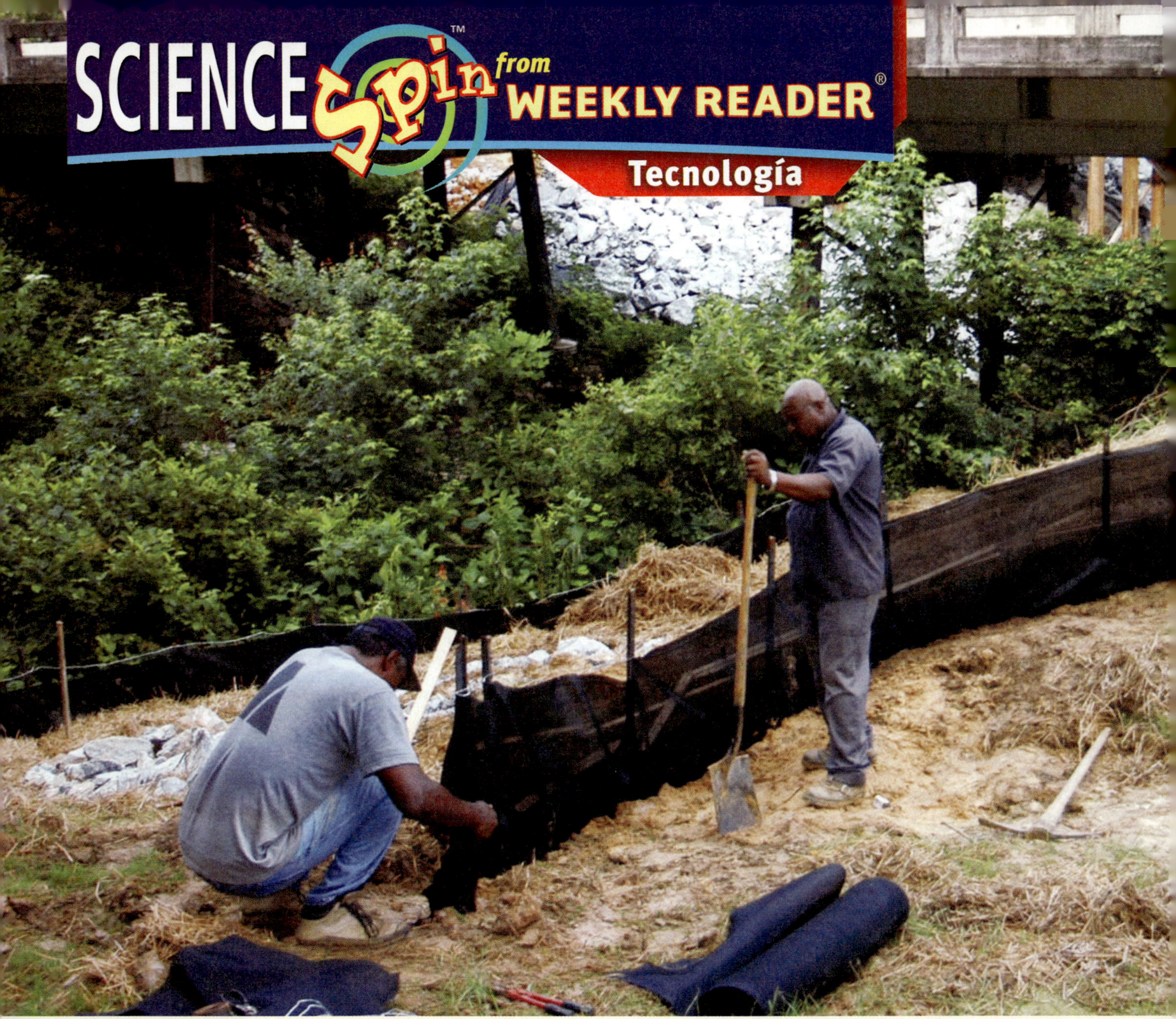

Mantener la tierra en su lugar

Presta atención la próxima vez que pases por una zona de obras. Fíjate en la tela baja y negra que parece una cerca.

Esa tela es una valla contra la erosión. Los obreros suelen levantar capas del suelo y desenterrar plantas cuando trabajan en los caminos. La lluvia podría arrastrar la tierra suelta. Las vallas contra la erosión mantienen la tierra suelta en su lugar.

Cuando el trabajo termina, los obreros ponen la tierra en lugares donde hace falta. De esa forma, conservan el suelo y evitan que se obstruyan los arroyos.

No me atrapen

Las vallas contra la erosión están hechas de una tela especial que filtra la tierra pero permite que el agua escurra.

PIENSA

¿Cómo evitan los árboles y las plantas que el agua arrastre la tierra?

Cómo detener la erosión

Nina Rojas sabe que los árboles dan sombra cuando hace calor. También sabe que los árboles evitan que el agua arrastre el suelo. "Plantar árboles y plantas ayuda a detener la erosión", pensó Nina. Así que plantó árboles cerca de un río en su ciudad.

Nina sabe que esos árboles ayudarán a mantener el suelo en su lugar. Además, harán que el parque sea un lugar más atractivo para visitar.

¡Sí puedes!

Analiza el agua salada

Materiales
- agua
- zanahoria
- sal

Qué hacer

1. ¿Qué les sucede a los objetos que se ponen en agua dulce? ¿Qué les sucede en agua salada? Haz predicciones.
2. Pon la zanahoria en el agua. Observa.
3. Agrega sal al agua. Detente cuando veas un cambio.

Sacar conclusiones
¿Qué les sucede a los objetos que se ponen en agua salada?

¿Qué arrastra el agua en movimiento?

¿Qué puede arrastrar el agua en movimiento? Con la ayuda de un adulto, consigue un vaso con agua de un arroyo o de un río. Echa el agua a través de un filtro de papel. Observa con una lupa pequeña. ¿Qué queda en el filtro?

Repaso y preparación para la prueba

Repaso del vocabulario

Di qué ilustración va con cada palabra.

1. **montaña** pág. 166
2. **llanura** pág. 168
3. **playa** pág. 170
4. **arroyo** pág. 174
5. **lago** pág. 175
6. **inundación** pág. 180

A. 

D. 

B. 

E. 

C. 

F. 

Comprueba lo que aprendiste

7. Copia y completa esta gráfica.

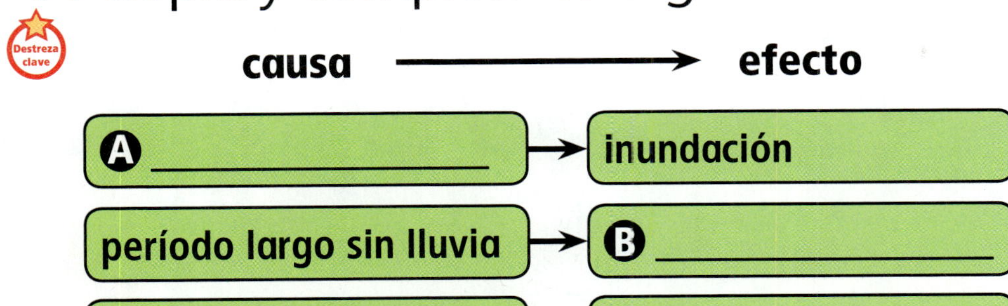

8. ¿Dónde está la mayor parte del agua de la Tierra?

A. en las inundaciones

B. en los lagos

C. en los océanos

D. en los ríos

Razonamiento crítico

9. Ordena estos tipos de terreno desde el más alto hasta el más bajo. Di cómo lo sabes.

A. 

B. 

C. 

10. Algunas personas trabajan para detener la erosión. ¿Por qué piensas que lo hacen?

Capítulo

Los recursos naturales

Lección 1 **¿Qué son los recursos naturales?**

Lección 2 **¿Qué podemos observar en las rocas y el suelo?**

Lección 3 **¿Cómo podemos proteger los recursos naturales?**

Vocabulario

recurso natural
roca
suelo
humus
contaminación
reducir
reutilizar
reciclar

Me pregunto...
¿De dónde viene el agua?
¿Qué te preguntas tú?

Lección 1

¿Qué son los recursos naturales?

Datos breves

Hace mucho tiempo, se usaba el aire en movimiento, o viento, para viajar en barcos de vela. Puedes observar cómo las personas usan los recursos naturales.

Todo lo que te rodea

Materiales

- crayolas

- cartulina

Paso 1

Haz una tabla como esta.

Lo que vi afuera	
animales	plantas
agua	terreno

Paso 2

Ve afuera. **Observa** todo lo que te rodea. Dibuja y rotula las cosas que vayan en la tabla.

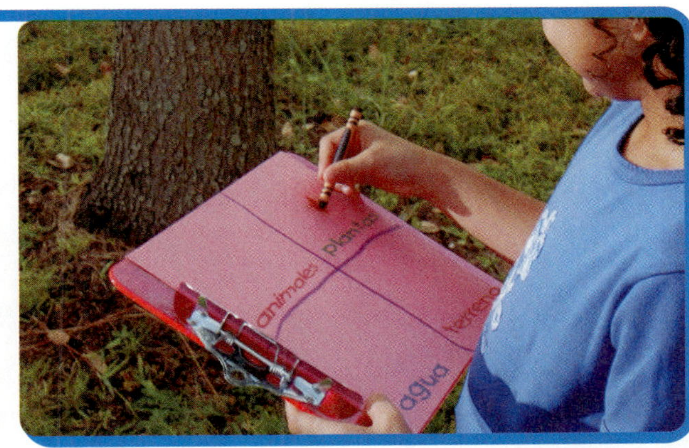

Paso 3

Muestra tu tabla a un compañero. ¿**Observaron** ambos las mismas cosas?

Destreza de examinación

Cuando observas, usas los sentidos para aprender sobre las cosas.

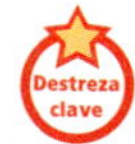

VOCABULARIO
recurso natural

Destreza clave **DESTREZA DE LECTURA**

IDEA PRINCIPAL Y DETALLES Busca en la lectura las ideas principales sobre los recursos naturales.

Los recursos naturales

Un **recurso natural** es algo que se encuentra en la naturaleza y que las personas pueden usar. El agua, el aire, las rocas y el suelo son recursos naturales. Las plantas y los animales son recursos naturales que viven en la tierra, en el agua y en el aire.

Destreza clave **IDEA PRINCIPAL Y DETALLES**
¿Qué es un recurso natural?

¿Qué recursos naturales ves en esta ilustración?

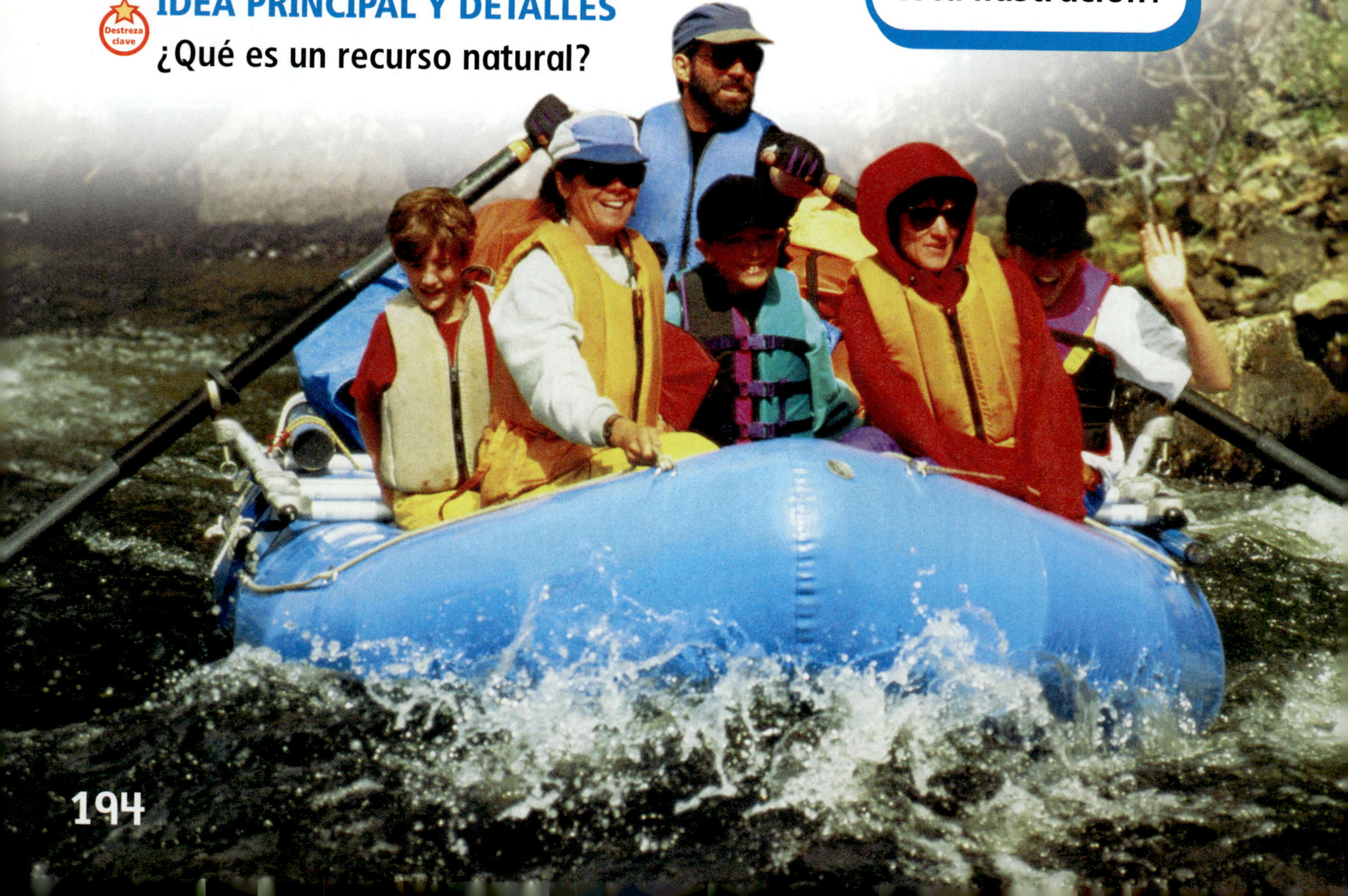

¿Cómo están usando el agua estas personas?

El agua

El agua es un recurso natural que todos los seres vivos necesitan. Las personas usan el agua para beber, limpiar y cocinar. Las personas también viajan por el agua.

IDEA PRINCIPAL Y DETALLES

Destreza clave

¿Para qué usan el agua las personas?

Minilab

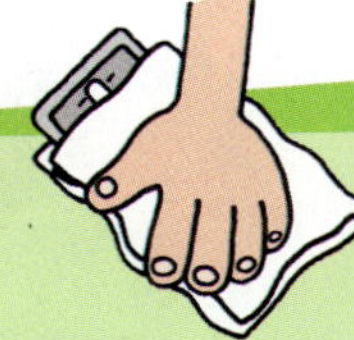

¿Te refresca el agua?

Envuelve un termómetro en una toalla húmeda. Envuelve otro termómetro en una toalla seca. Obsérvalos después de 10 minutos. ¿Cuál está más frío? ¿Cómo puedes usar el agua para refrescar el cuerpo?

El aire

El aire es un recurso natural. No se ve, pero está en todas partes. Muchos seres vivos necesitan el aire para vivir. Las personas y muchos animales lo necesitan para respirar. Las personas también usan el aire para inflar cosas, como los globos, y para hacer que las cosas se muevan.

Destreza clave **IDEA PRINCIPAL Y DETALLES** **¿Para qué usan el aire las personas?**

¿Cómo están usando el aire estas personas?

1. **IDEA PRINCIPAL Y DETALLES** Copia y completa esta gráfica.

Idea principal
Un Ⓐ _____ es algo que se encuentra en la naturaleza y que las personas pueden usar.

detalle	detalle	detalle
Las personas usan el Ⓑ _____ para beber, limpiar y cocinar.	Las personas y muchos animales necesitan el Ⓒ _____ para respirar.	Las plantas, los animales, las rocas y el suelo son algunos otros recursos naturales.

2. **SACAR CONCLUSIONES** Las personas usan muchas cosas. ¿Son todas ellas recursos naturales? Explica.

3. **VOCABULARIO** Habla sobre esta ilustración; usa las palabras **recurso natural**.

Preparación para la prueba

4. ¿Para qué usan el aire las personas?
   A. para beber
   B. para construir
   C. para limpiar
   D. para respirar

Enlaces

Redacción

Poema sobre el agua
Haz una lista de los sonidos que hace el agua. Usa la lista para escribir un poema sobre el agua. Haz un dibujo.

Para hallar otros enlaces y actividades, visita **www.hspscience.com**

Lección 2

¿Qué podemos observar en las rocas y el suelo?

Datos breves

Las cercas de las granjas suelen estar hechas con rocas recogidas de los campos. Una forma de clasificar las rocas es según el lugar donde se encuentren.

Clasificar rocas

Materiales

- **lupa pequeña**

- **rocas**

Paso 1

Observa cada roca con la lupa pequeña.

Paso 2

Agrupa las rocas. Pon las rocas iguales en un mismo grupo. Haz una tabla que muestre cómo **clasificaste** las rocas.

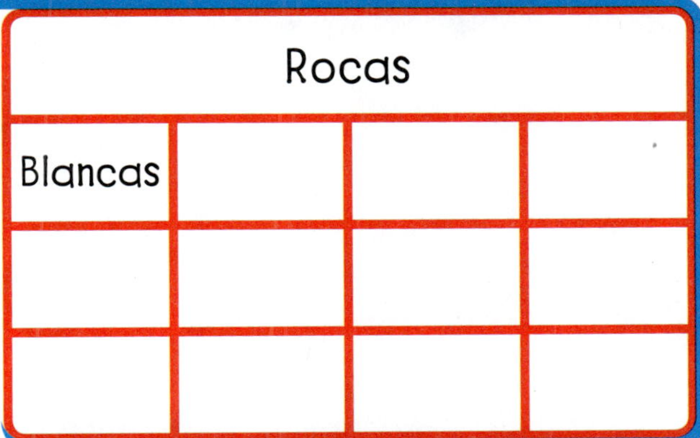

Rocas			
Blancas			

Paso 3

Usa la tabla para decir en qué son semejantes las rocas. Luego, di en qué son diferentes.

Destreza de examinación

Clasificas las cosas según las semejanzas que hay entre ellas.

VOCABULARIO
roca
suelo
humus

DESTREZA DE LECTURA

COMPARAR Y CONTRASTAR Busca en la lectura las semejanzas y las diferencias que hay entre las rocas y los tipos de suelo.

Las rocas

Una **roca** es un ser no vivo, muy duro, que es parte de la Tierra. Las rocas son un recurso natural.

Los muros de esta fortaleza están hechos con pedazos de roca.

Las personas usan las rocas de diferentes formas. Las usan para construir y también para esculpir estatuas. Además, de las rocas se obtiene la sal que está en tus alimentos.

Destreza clave

COMPARAR Y CONTRASTAR

Compara algunas de las formas en que las personas usan las rocas.

Los pretzels están cubiertos de sal. La sal se obtiene de las rocas.

Esta estatua está hecha con un tipo de roca llamada mármol.

El suelo

La capa superior de la Tierra es el **suelo**. El suelo está formado por arcilla, arena y humus. La arcilla y la arena son pedazos pequeños de roca. El **humus** tiene partes de plantas y animales muertos. El suelo de diferentes lugares puede tener diferentes cantidades de arena, humus y arcilla.

El suelo es un recurso natural. Algunos tipos de suelo retienen más agua que otros. Las personas usan el suelo para cultivar plantas para alimentarse. Las plantas absorben del suelo el agua y otras cosas que necesitan.

Una niña planta semillas en el suelo.

Destreza clave

COMPARAR Y CONTRASTAR

¿Qué semejanzas y diferencias hay entre los tipos de suelo?

Minilab

¡No la dejes pasar!

Pon un filtro para cafetera en un vaso. Sujétalo con una liga. Pon una muestra de suelo en el filtro. Echa $\frac{1}{2}$ taza de agua encima de la muestra. Mide el agua que pasa al vaso. ¿Cuánta agua retuvo el suelo?

¿Qué más hay en el suelo?

En el suelo puede haber diferentes cosas. Allí viven gusanos y otros animales, y crecen las raíces de las plantas. En el suelo puede haber partes de plantas y animales muertos. También puede haber rocas pequeñas.

Destreza clave **COMPARAR Y CONTRASTAR** **Compara algunas de las diferentes cosas que se encuentran en el suelo.**

1. COMPARAR Y CONTRASTAR Copia y completa esta gráfica.

Las rocas y el suelo

semejanzas	diferencias
Son seres no vivos, duros, que son parte de la Ⓐ _____.	Las personas usan las rocas para construir y para esculpir Ⓑ _____. También las usan en los alimentos.
El suelo esta formado por arena, Ⓒ _____ y arcilla.	En el suelo puede haber diferentes cosas, como raíces y rocas.

2. RESUMIR Usa la gráfica para escribir un resumen de la lección.

3. VOCABULARIO Di algo sobre esta ilustración; usa las palabras **roca** y **suelo**.

Preparación para la prueba

4. ¿Por qué son recursos naturales las rocas y el suelo?

Enlaces

Matemáticas

Compara la masa de las rocas y del suelo

Consigue $\frac{1}{2}$ taza con tierra y $\frac{1}{2}$ taza con rocas pequeñas. Usa una balanza para comparar sus masas. Luego, haz dibujos y escribe >, < o = para mostrar lo que descubriste.

Para hallar otros enlaces y actividades, visita **www.hspscience.com**

Lección 3

¿Cómo podemos proteger los recursos naturales?

Datos breves

¡Algunas de las cosas de los parques de juegos están hechas con jarras de plástico recicladas! Puedes sacar una conclusión sobre por qué las personas deben reciclar las cosas.

¿Qué sucede con la basura?

Materiales

- lechuga
- servilleta
- pedazo de vaso de poliestireno
- molde con tierra

Paso 1

Entierra la lechuga, la servilleta y el pedazo de vaso de poliestireno en el molde con tierra.

Paso 2

Riega la tierra cada tres días. Después de dos semanas, desentierra las cosas. ¿Qué observas?

Paso 3

Saca una conclusión.
¿Cómo puede la basura dañar el suelo? ¿Por qué?

Destreza de examinación

Usa lo que observas y lo que sabes para sacar conclusiones.

VOCABULARIO

contaminación
reducir
reutilizar
reciclar

DESTREZA DE LECTURA

CAUSA Y EFECTO Busca en la lectura las formas en que las personas pueden cuidar los recursos naturales.

Cómo cuidar los recursos

La contaminación daña nuestros recursos naturales. La **contaminación** es la acumulación de desechos que dañan el suelo, el agua y el aire. La contaminación también daña las plantas y los animales.

Las personas pueden recoger la basura del suelo.

Las personas pueden ayudar a cuidar los recursos naturales. Pueden poner la basura en su lugar. Pueden recoger la basura. También pueden caminar o usar bicicletas en lugar de carros. Los carros y los camiones contaminan el aire y usan recursos naturales.

Destreza clave **CAUSA Y EFECTO** **¿Qué efectos tiene la contaminación?**

Las personas pueden caminar en lugar de ir en carro.

Las personas pueden recoger la basura del agua.

Reducir, reutilizar, reciclar

Las personas pueden ayudar a cuidar los recursos naturales. Pueden reducir, reutilizar y reciclar. Esto produce menos basura y ahorra recursos naturales.

Reducir significa usar algo menos. Las personas pueden llevar bolsas de tela para hacer las compras. Esto reduce la cantidad de bolsas de papel y de plástico que se usan.

Reutilizar significa volver a usar algo. Las personas pueden reutilizar los frascos de alimento. En los frascos se pueden guardar lápices y otras cosas.

Reciclar significa utilizar cosas usadas para hacer otras nuevas. Las personas pueden reciclar los periódicos. El papel usado sirve para hacer papel nuevo.

Destreza clave **CAUSA Y EFECTO** **¿Qué efecto tiene el reciclaje sobre la cantidad de basura?**

Minilab

Reutilizar un envase de huevos

Decora un envase de huevos. Úsalo para guardar cosas que colecciones. Puedes poner algo diferente en cada hoyo.

Formas de ahorrar recursos

Esta familia está ahorrando recursos. ¿Cómo ayuda cada miembro de la familia?

Para hallar otros enlaces y actividades, visita www.hspscience.com

1. **CAUSA Y EFECTO** Copia y completa esta gráfica.

Los recursos naturales

causa	→ efecto
Las personas producen contaminación.	La contaminación daña **A** ______.
Las personas pueden recoger la **B** ______.	Las personas cuidan los recursos.
Las personas pueden **C** ______, reutilizar y reciclar.	Las personas producen menos **D** ______.

2. **SACAR CONCLUSIONES** ¿Cómo puedes cuidar los recursos en tu casa?

3. **VOCABULARIO** Habla sobre esta ilustración; usa la palabra **contaminación**.

Preparación para la prueba

4. ¿Cómo ayudan las personas al reducir, reutilizar y reciclar?
   A. Producen contaminación.
   B. Dañan el suelo, el agua y el aire.
   C. Ahorran recursos naturales.
   D. Dañan las plantas y los animales.

Enlaces

Matemáticas

De cuatro en cuatro

Cada persona produce unas 4 libras de basura por día. ¿Cuánta basura producirías en 2 días? ¿En 5 días? ¿Y en 1 semana? Usa una recta numérica o fichas para contar de cuatro en cuatro. Muestra tu trabajo en una tabla.

¿Cuánta basura?

días	libras de basura
1	4
2	8
5	
7	

Para hallar otros enlaces y actividades, visita **www.hspscience.com**

Sé amigo de la Tierra

El Día de la Tierra es una ocasión para que las personas piensen en cómo cuidar la Tierra. Las personas pueden ayudar a las plantas y los animales a permanecer sanos. También pueden ayudar a mantener limpia la Tierra.

1. Reduce.

En Estados Unidos, ¡cada persona produce unos 2 kilogramos (4 libras) de basura por día! Por eso, los vertederos, o lugares donde se bota la basura, están comenzando a llenarse.

Las personas deberían reducir la cantidad de basura que producen.

2. Reutiliza.

¡Parte de la basura que va a los vertederos podría usarse para otras cosas! Las personas deberían encontrar otras formas de reutilizar la basura.

3. Recicla.

El papel es lo que más espacio ocupa en la mayoría de los vertederos. Es fácil reciclar papel.

Las personas pueden reciclar papel llevando los periódicos viejos a un centro de reciclaje.

4. Respeta.

Muchas veces las personas olvidan respetar, o cuidar, la Tierra. Una forma de mostrar respeto por la Tierra es usar menos recursos.

Respeta la Tierra cerrando el grifo del agua mientras te cepillas los dientes.

PIENSA

¿Qué enseña el Día de la Tierra a las personas sobre los recursos naturales?

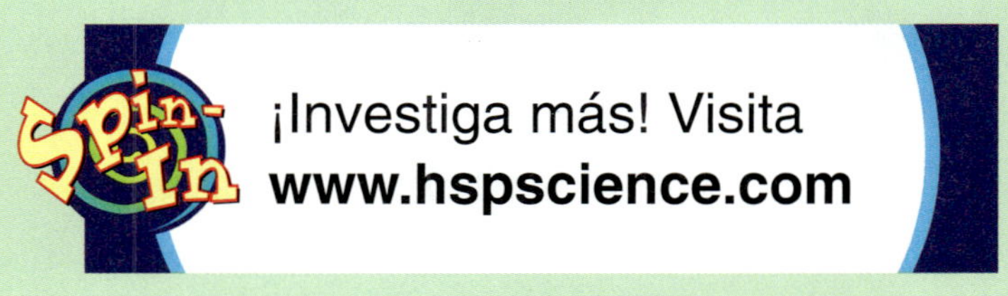

El estudio de los ríos

La Dra. Ruth Patrick es una científica de la naturaleza. Su padre le enseñó a amar las plantas, los arroyos y los ríos.

La Dra. Patrick observa cómo la contaminación puede dañar un río. La Dra. Patrick estudia las plantas y los animales que viven en los ríos. Hace una lista de cosas que los científicos pueden analizar para saber si un río está contaminado. La Dra. Patrick ayuda a mantener limpios nuestros ríos.

¡Sí puedes!

Cómo limpiar el agua

Qué hacer

1. Agrega sal al agua. Prueba el agua. Échala en la tina.
2. Pon el otro vaso dentro de la tina. Cubre la tina. Usa la liga para sujetar el plástico. Pon las canicas encima.
3. Deja la tina al sol durante dos horas. Luego, retira el vaso. Prueba el agua.

Materiales

- sal
- 2 vasos
- agua
- cuchara
- tina con arena
- plástico para envolver alimentos
- liga
- 3 canicas

Sacar conclusiones

¿Qué piensas que le sucedió al agua?

Demasiado envoltorio

Algunos alimentos vienen en envoltorios que producen mucha basura. Observa los alimentos en tu cocina. Dibuja aquellos que tienen demasiado envoltorio. Luego, haz un dibujo que muestre cómo esos alimentos podrían tener menos envoltorio.

Las cajitas de jugo tienen mucho envoltorio. Podríamos comprar jugo en botellas.

Capítulo 6

Repaso y preparación para la prueba

Repaso del vocabulario

Di qué ilustración va con cada palabra o palabras.

1. **recurso natural** pág. 194

2. **roca** pág. 200

3. **humus** pág. 202

4. **reciclar** pág. 211

A. 

B. 

C. 

D. 

Comprueba lo que aprendiste

5. Da **detalles** sobre los recursos naturales de esta ilustración.

6. ¿Qué parte del suelo está formada por partes de plantas y animales muertos?

A. la arcilla

B. el humus

C. la roca

D. el suelo

7. ¿Cuál de estas opciones daña los recursos naturales?

F. el aire

G. el humus

H. la contaminación

J. reciclar

Razonamiento crítico

8. Quieres cuidar los recursos en tu escuela. Redacta un plan. Di qué cosas harías. Explica cómo ayudaría cada cosa a cuidar los recursos.

UNIDAD D

CIENCIAS DE LA TIERRA

El tiempo, las estaciones y el cielo

Fiesta primaveral del almíbar de arce

PARA: colton@hspscience.com

DE: emily@hspscience.com

TEMA: Massachusetts

Querido Colton:

Vi cómo se hace el jarabe de arce. En primavera, la savia se extrae de los árboles y luego se hierve. ¡Es delicioso para acompañar los panqueques!

Emily

Planetario North Country

PARA: stan@hspscience.com
DE: mike@hspscience.com
TEMA: Universidad Estatal de Plattsburgh

Querido Stan:

Vi la Luna y las estrellas. ¡Y no estaba afuera! Estaba dentro de un planetario. ¿Te gusta buscar objetos en el cielo?

Tu amigo,

Mike

¡Experimenta!

Estrellita, ¿dónde estás?

A medida que leas esta unidad, aprenderás sobre los objetos que hay en el cielo. Planea y haz una prueba. Descubre qué diferencias hay entre el cielo diurno y el cielo nocturno.

Capítulo 7

Cómo medimos las condiciones del tiempo

Vocabulario

tiempo
temperatura
termómetro
ciclo del agua
evaporar
vapor de agua
condensar

Me pregunto...
¿Cómo se forma un arco iris?
¿Qué te preguntas tú?

Lección 1

¿Qué es el tiempo?

Datos breves

Unos 25 centímetros (10 pulgadas) de nieve equivalen a unos 3 centímetros (1 pulgada) de lluvia. Puedes comparar la nieve con otras condiciones del tiempo.

¿Qué tiempo hace?

Materiales

• **papel**

• **marcadores**

Paso 1

Observa las condiciones del tiempo todos los días durante dos semanas.

Paso 2

Haz una tabla. Dibuja lo que veas.

¿Qué tiempo hace?				
Lun.	Mar.	Mié.	Jue.	Vie.

Paso 3

Compara qué tiempo hizo cada día. ¿Ves algún patrón? Predice las condiciones del tiempo para la próxima semana.

Destreza de examinación

Puedes comparar explicando las semejanzas y las diferencias que hay entre las cosas.

VOCABULARIO
tiempo

DESTREZA DE LECTURA
COMPARAR Y CONTRASTAR Busca en la lectura cómo pueden cambiar las condiciones del tiempo de un día a otro.

El tiempo

El **tiempo** es cómo está el aire afuera. Puedes ver y sentir el tiempo. Puede estar cálido o fresco. Puede estar nevoso, ventoso, lluvioso, nublado o soleado.

¿Qué tiempo hace aquí?

El tiempo puede cambiar. Un día puede hacer sol y al día siguiente estar nublado. Puede hacer frío durante muchos días y luego empezar a hacer calor. Un día puede haber mucho viento y al otro estar calmo.

Destreza clave

COMPARAR Y CONTRASTAR
¿Cómo pueden cambiar las condiciones del tiempo de un día a otro?

Minilab

Observa el tiempo

Asómate a la ventana. Mira el cielo. Observa cómo están vestidas las personas. ¿Qué puedes decir del tiempo? Repite esta actividad todos los días durante una semana. Haz una tabla para mostrar los datos del tiempo.

El tiempo y tú

Cuando hace frío, te pones ropa gruesa. Cuando hace calor, te pones ropa liviana. Cuando llueve, usas ropa que ayuda a evitar que te mojes. Según qué tiempo hace, también puedes elegir qué actividades practicar.

Destreza clave **COMPARAR Y CONTRASTAR ¿En qué son diferentes la ropa para el tiempo frío y la ropa para el tiempo cálido?**

¿Qué actividades están practicando estas personas?

1. **COMPARAR Y CONTRASTAR** Copia y completa esta gráfica.

El tiempo

semejanzas	diferencias
El tiempo es cómo está el **A** _____ afuera.	cálido, templado, fresco, **B** _____
Puedes ver y **C** _____ el tiempo.	soleado, **D** _____, lluvioso, nevoso, ventoso

2. **RESUMIR** Escribe un resumen de las partes más importantes de la lección.

3. **VOCABULARIO** Escribe una oración sobre el **tiempo**.

Preparación para la prueba

4. ¿Qué tiempo hace cuando las personas usan ropa liviana?
   A. Hace frío.
   B. Llueve.
   C. Nieva.
   D. Está cálido.

Enlaces

Redacción

Poema sobre el tiempo

Piensa en la condición del tiempo que más te gusta. Escribe un poema. Comienza cada verso con una letra de la palabra que nombra ese tipo de tiempo. Di por qué te gusta que el tiempo esté así.

Para hallar otros enlaces y actividades, visita **www.hspscience.com**

Lección 2

¿Cómo podemos medir las condiciones del tiempo?

Datos breves

Esta herramienta muestra la dirección del viento. ¿De qué otras formas se pueden medir las condiciones del tiempo?

Medir la temperatura

Materiales

- **termómetro**

- **crayola roja**

Paso 1

Dibuja dos termómetros. Rotula uno **adentro** y el otro **afuera**.

Paso 2

Mide la temperatura dentro y fuera del salón de clases. Anota las temperaturas en los termómetros que dibujaste.

Paso 3

¿Cómo te ayudan las **mediciones** a saber dónde hace más calor?

Destreza de examinación

Cuando mides con un termómetro, averiguas la temperatura.

VOCABULARIO
temperatura
termómetro

Destreza clave **DESTREZA DE LECTURA**

IDEA PRINCIPAL Y DETALLES Busca en la lectura las ideas principales sobre cómo medir las condiciones del tiempo.

Cómo medir la temperatura

Una forma de medir las condiciones del tiempo es averiguar la temperatura. La **temperatura** es la medida de lo caliente o frío que está algo. Un **termómetro** es una herramienta para medir la temperatura.

termómetro

Destreza clave **IDEA PRINCIPAL Y DETALLES** **¿Cómo puedes averiguar cuánto calor hace afuera?**

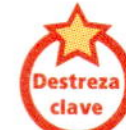

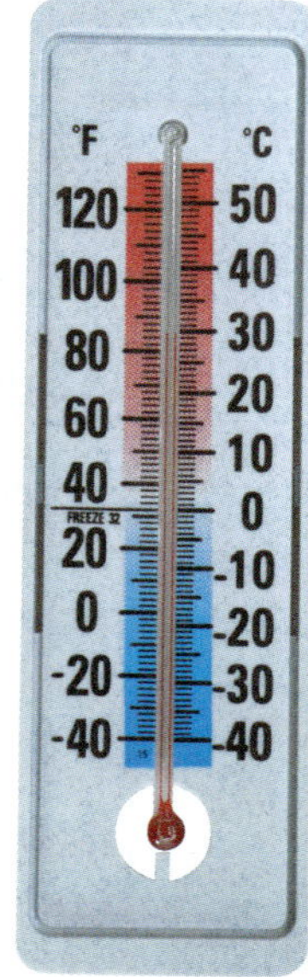

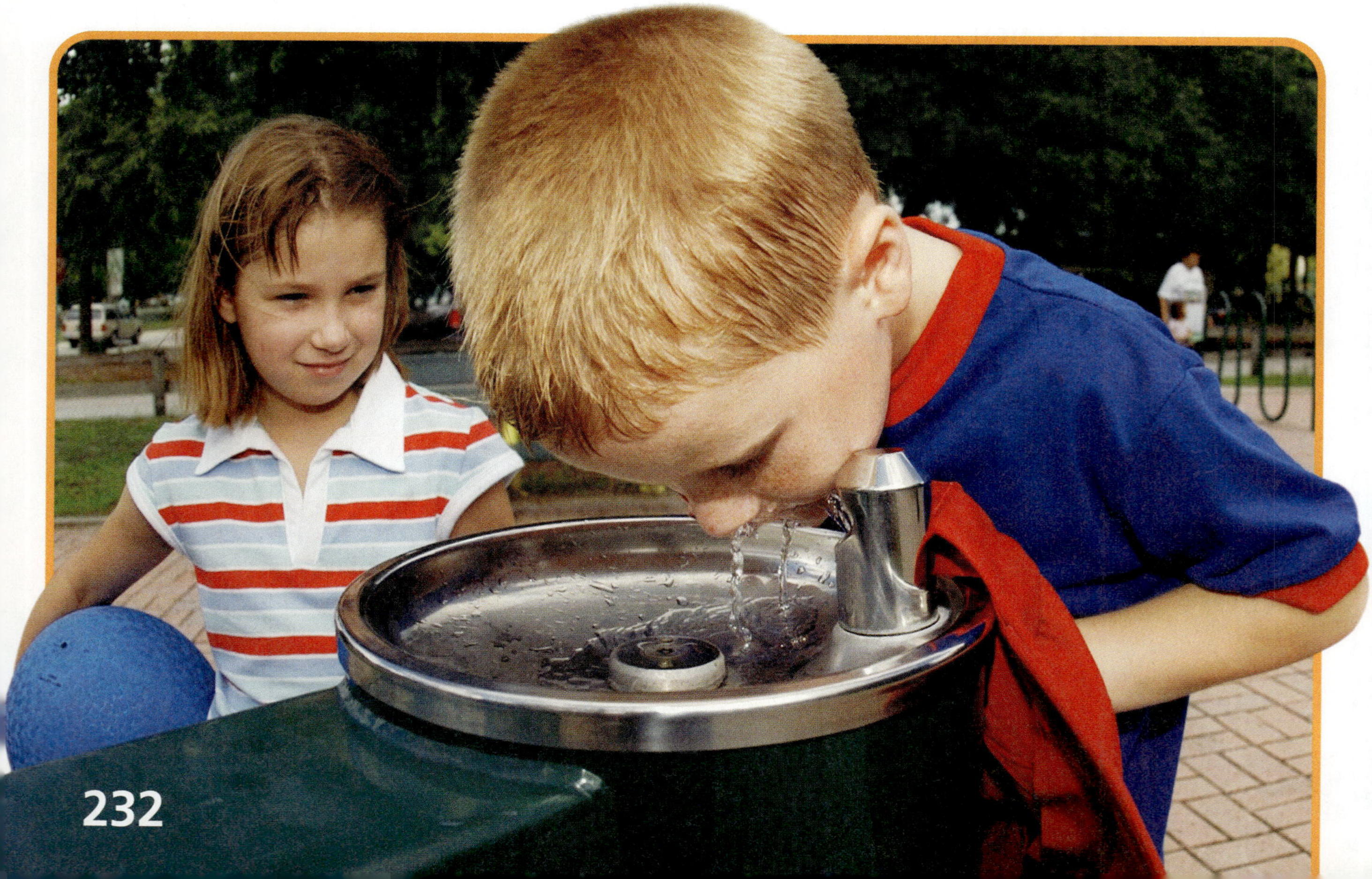

Cómo medir la lluvia

También puedes medir la cantidad de lluvia que cae. Esta herramienta es un pluviómetro. Muestra cuánta lluvia ha caído.

IDEA PRINCIPAL Y DETALLES
¿Cómo puedes medir la lluvia?

Minilab

¿Dónde está el calor?

Encuentra el lugar más cálido de tu salón de clases. Usa un termómetro. Mide la temperatura en diferentes lugares. Di qué descubriste.

Cómo medir el viento

También puedes medir el viento. Un anemómetro mide la velocidad del viento. Una veleta muestra la dirección del viento. Una manga de viento también muestra la dirección del viento.

veleta

IDEA PRINCIPAL Y DETALLES

Destreza clave

¿Qué dos herramientas miden la dirección del viento?

1. IDEA PRINCIPAL Y DETALLES Copia y completa esta gráfica.

Cómo medimos las condiciones del tiempo

Idea principal
Es posible medir las condiciones del tiempo de muchas formas.

detalle	detalle	detalle
Puedes medir la **A** _____, que es lo caliente o frío que está algo.	Puedes medir cuánta **B** _____ ha caído.	Puedes medir la **C** _____ y la **D** _____ del viento.

2. SACAR CONCLUSIONES ¿Para qué nos sirve medir las condiciones del tiempo?

3. VOCABULARIO Di algo sobre esta ilustración; usa las palabras **temperatura** y **termómetro**.

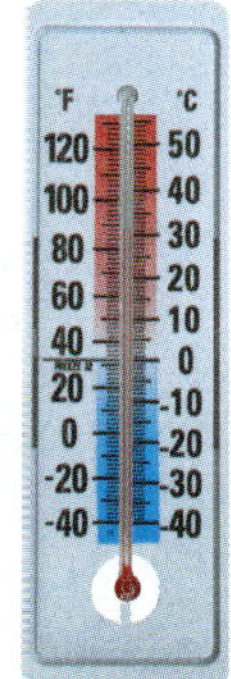

Preparación para la prueba

4. Menciona tres formas de medir las condiciones del tiempo.

Enlaces

Matemáticas

Resuelve problemas

Juan controló su pluviómetro. El lunes encontró 5 centímetros de lluvia. El martes encontró 3 centímetros más de lluvia. ¿Cuánta lluvia cayó en total?

Para hallar otros enlaces y actividades, visita **www.hspscience.com**

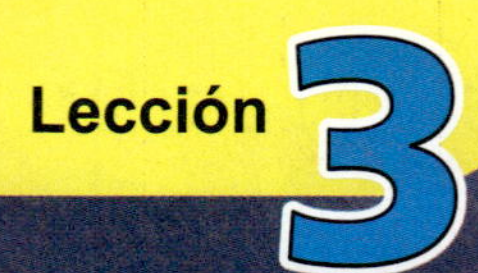

¿Cómo se forman las nubes y la lluvia?

Datos breves

Las nubes de lluvia se ven oscuras porque son espesas y tapan el Sol. ¿Qué puedes inferir sobre la lluvia y las nubes?

Formar nubes

Materiales

- frasco con tapa
- agua caliente
- cubitos de hielo

Paso 1

Deja que tu maestra ponga el agua caliente en el frasco. Espera un minuto. Luego, vacía la mayor parte. **CUIDADO:** ¡El agua está caliente!

Paso 2

Da vuelta la tapa del frasco. Colócala sobre el frasco. Observa.

Paso 3

Coloca hielo sobre la tapa. Observa. **Infiere** cómo se forman las nubes.

Destreza de examinación

Para **inferir** lo que sucede, observa con atención. Luego, saca una conclusión.

VOCABULARIO
ciclo del agua
evaporar
vapor de agua
condensar

DESTREZA DE LECTURA

CAUSA Y EFECTO Busca en la lectura qué causa que se formen las nubes y la lluvia.

El ciclo del agua

Las nubes y la lluvia son parte del ciclo del agua. El **ciclo del agua**, es el movimiento del agua desde la Tierra hasta el aire y de regreso a la Tierra.

Míralo en detalle

El ciclo del agua

1 El sol calienta el agua. Esto **evapora**, o convierte en vapor, el agua . El **vapor de agua** es el agua que hay en el aire y que no puedes ver.

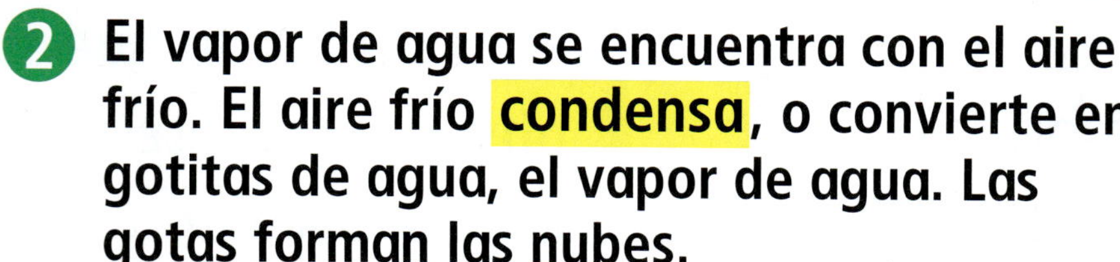

2 El vapor de agua se encuentra con el aire frío. El aire frío **condensa**, o convierte en gotitas de agua, el vapor de agua. Las gotas forman las nubes.

3 Las gotas de agua se juntan. Se vuelven más grandes y pesadas. Luego caen en forma de lluvia o de nieve.

4 Parte de la lluvia y de la nieve cae en los ríos, los lagos y los océanos. Otra parte llega a ellos por tierra.

Las nubes

Las nubes dan pistas sobre cómo pueden cambiar las condiciones del tiempo.

Destreza clave **CAUSA Y EFECTO** **¿Qué tipo de nubes traen lluvia o nieve?**

Diario de nubes

Lleva un diario sobre las nubes y las condiciones del tiempo. Todas las mañanas, dibuja las nubes que veas. Predice qué tiempo hará. Luego, comprueba si tus predicciones eran correctas.

 Nubes	El tiempo
 cúmulos	**Algunas nubes parecen bolas esponjosas de algodón. A menudo son señal de buen tiempo.**
 estratos	**Otras nubes son grises, planas y de baja altura. Pueden traer lluvia o nieve.**
 cirros	**Estas nubes parecen plumas delgadas y blancas. Suelen anunciar tiempo soleado.**

1. CAUSA Y EFECTO Copia y completa esta gráfica.

El ciclo del agua	
causa	**efecto**
El sol calienta el agua.	El agua se Ⓐ _____.
El vapor de agua se encuentra con el aire frío.	El aire frío Ⓑ _____ el vapor de agua.
Las gotas de agua se vuelven más grandes y pesadas.	Luego caen en forma de Ⓒ _____ o de Ⓓ _____.

2. RESUMIR Escribe una oración que resuma la idea principal de la lección.

3. VOCABULARIO Di algo sobre esta ilustración; usa la palabra **condensar**.

Preparación para la prueba

4. ¿Dónde se produce el movimiento de agua desde la Tierra hasta el aire y de regreso a la Tierra?

A. en el ciclo del agua
B. en el océano
C. en las nubes
D. en la lluvia

Enlaces

Matemáticas

Usa números ordinales

Con un compañero, dibujen el ciclo del agua. Escriban algo sobre cada paso. Comiencen con la oración: “Primero, el sol calienta el agua”. Usen “segundo”, “tercero” y “cuarto” para explicar los otros pasos.

Para hallar otros enlaces y actividades, visita **www.hspscience.com**

¿Está empeorando el clima?

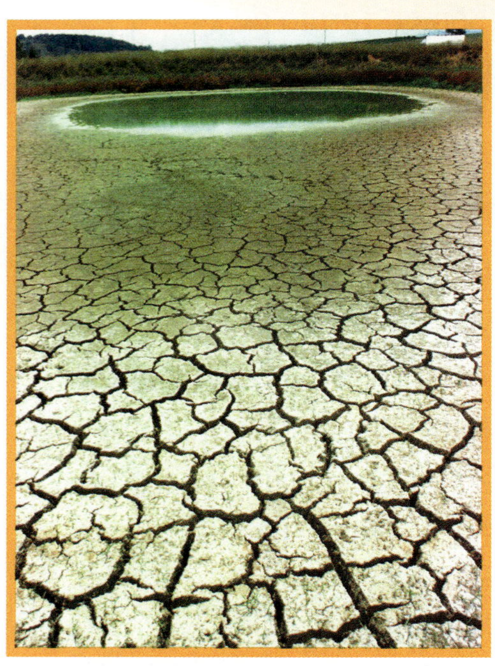

El tiempo en la Tierra puede ser muy cambiante y los científicos dicen que se volverá aun peor. Esto se debe a que la temperatura de la Tierra va en aumento.

Herramientas poderosas

Para estudiar el clima, o condiciones del tiempo de un lugar, los expertos usan satélites. Los satélites se lanzan al espacio con cámaras. Las fotografías que toman muestran las condiciones del tiempo en la Tierra.

Las fotografías se envían a los expertos. Ellos las estudian con computadoras que ayudan a predecir las condiciones futuras del tiempo.

Una mirada al pasado

Los expertos en clima observaron las condiciones del tiempo del pasado y las compararon con las condiciones actuales. El estudio mostró que el clima está cambiando en todo el mundo.

Según los científicos, el cambio se debe a que la temperatura de la Tierra es cada vez más alta. A causa de este cambio, podría haber menos lluvias o veranos más largos en el futuro.

¡Alarma de calentamiento!

Los científicos dicen que el clima continuará empeorando en todo el mundo si no se detiene el calentamiento global.

PIENSA

¿Cómo ayudan los satélites a los expertos en clima?

Observador del tiempo

Bob Stokes es una clase especial de científico. Él estudia el tiempo y sabe cuándo cambiará.

Stokes también sabe cuándo puede producirse una tormenta eléctrica. Durante una tormenta eléctrica, soplan fuertes vientos y caen lluvias torrenciales. Las personas y sus casas pueden resultar dañadas. Si las personas conocen las condiciones del tiempo que se avecina, pueden intentar protegerse. Stokes las ayuda a hacerlo.

¡Sí puedes!

Estudia la evaporación

Qué hacer

1. Echa la misma cantidad de agua en cada vaso. Pon cinta adhesiva en cada vaso para marcar el nivel del agua. Tapa bien uno de los vasos con el plástico para envolver alimentos.
2. Pon ambos vasos en un lugar cálido.
3. Espera un día. Compara el agua de los vasos. Di qué ves.

Materiales

- 2 vasos de plástico
- agua
- cinta adhesiva
- plástico para envolver alimentos

Sacar conclusiones

¿Qué sucedió con el agua de cada vaso? ¿Por qué piensas que sucedió eso?

Protección contra el tiempo

Haz un cartel que muestre cómo protegerse de las diferentes condiciones del tiempo. Describe formas de protegerse del sol, de las tormentas de nieve y de los temporales de lluvia. Comparte tu cartel con la clase.

Capítulo 7

Repaso y preparación para la prueba

Repaso del vocabulario

Usa las siguientes palabras para completar las oraciones.

tiempo pág. 226
termómetro pág. 232
evaporar pág. 238
vapor de agua pág. 238

1. Una herramienta que mide la temperatura es un ____.
2. El calor puede ____ el agua.
3. El agua que hay en el aire es el ____.
4. El ____ es cómo está el aire afuera.

Comprueba lo que aprendiste

5. ¿Cuál es la **causa** de cada **efecto** rotulado con una flecha en el ciclo del agua?

Destreza clave

6. ¿Qué herramienta usarías para averiguar la velocidad del viento?

A. anemómetro

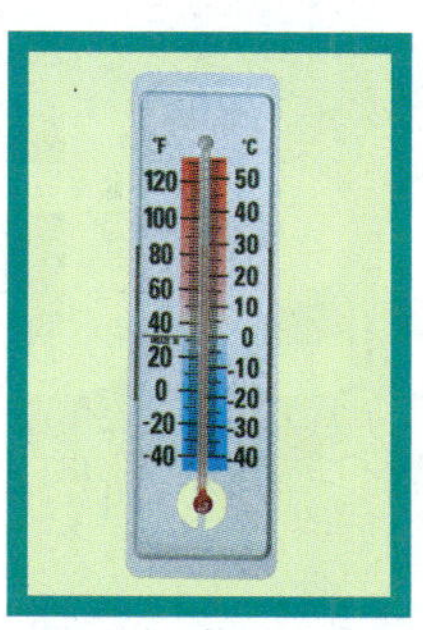

C. termómetro

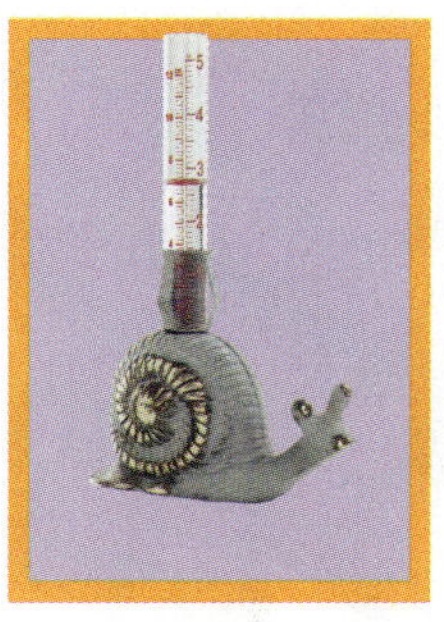

B. pluviómetro

D. veleta

7. ¿Sobre qué dan pistas las nubes?
   - **F.** sobre la temperatura
   - **G.** sobre la fuerza del viento
   - **H.** sobre la cantidad de lluvia
   - **J.** sobre qué tiempo hará

Razonamiento crítico

8. Te estás vistiendo para ir a la escuela. ¿Cómo puedes asegurarte de que te estás poniendo la ropa correcta para el tiempo que hace hoy?

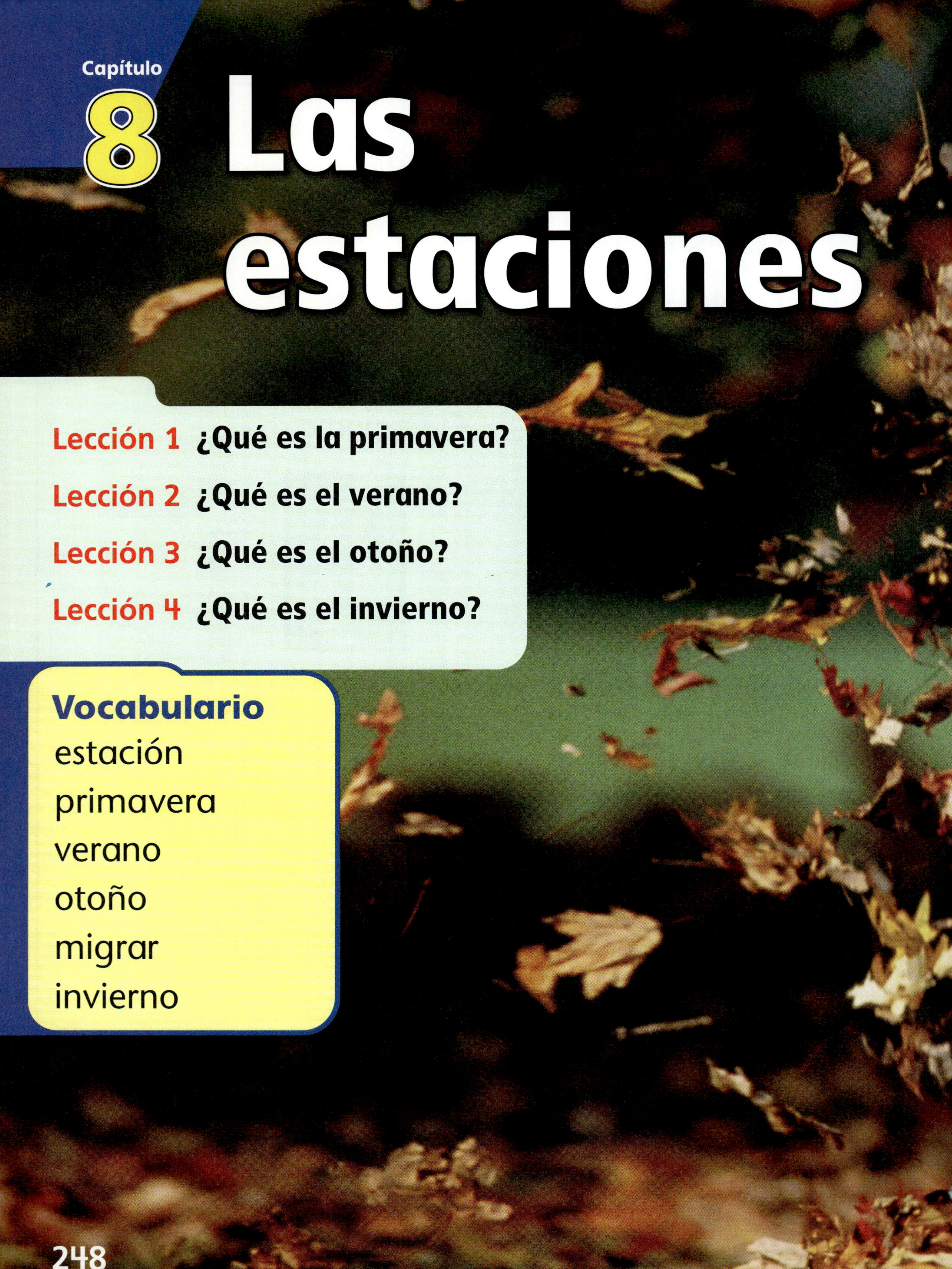

Capítulo 8

Las estaciones

Vocabulario

estación

primavera

verano

otoño

migrar

invierno

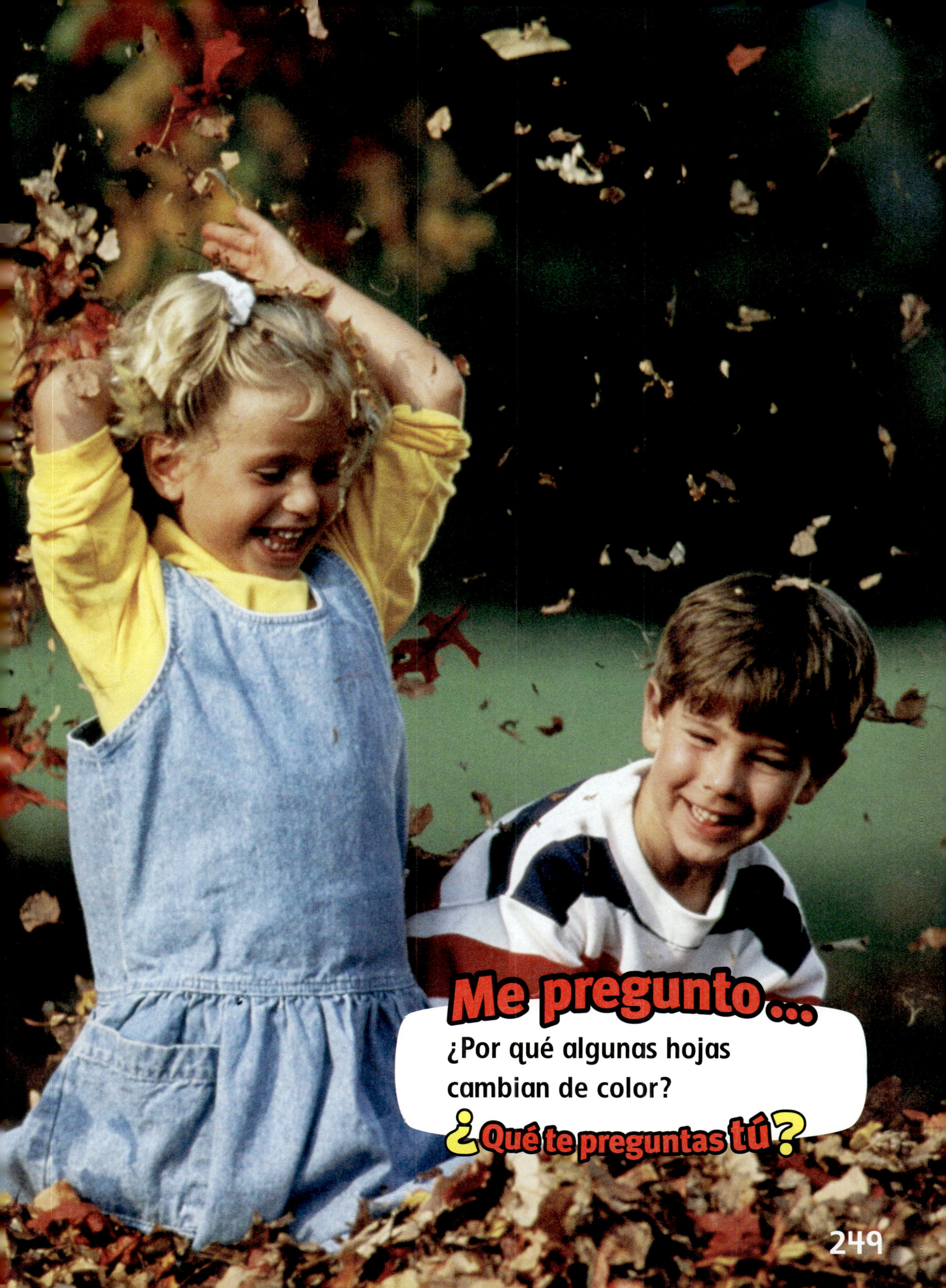
Me pregunto...
¿Por qué algunas hojas cambian de color?
¿Qué te preguntas tú?

Lección 1

¿Qué es la primavera?

Datos breves

La mejor época para cultivar un huerto es a comienzos de la primavera. Puedes formular una hipótesis sobre qué ayuda a las plantas a crecer en primavera.

Las plantas y la luz

Materiales

- planta joven
- caja de zapatos con agujero
- botella rociadora

Paso 1

Pon la planta dentro de la caja. Tapa la caja.

Paso 2

Coloca la caja de forma que el agujero esté frente a una ventana. **Formula una hipótesis** sobre qué le sucederá a la planta.

Paso 3

Rocía la planta con agua todos los días. Después de una semana, ¿qué sucede? ¿Era correcta tu **hipótesis**?

Destreza de examinación

Cuando **formulas una hipótesis**, piensas en una idea.

VOCABULARIO
estación
primavera

DESTREZA DE LECTURA

IDEA PRINCIPAL Y DETALLES Busca en la lectura las ideas principales sobre la primavera.

Las estaciones

Una **estación** es una época del año. Un año tiene cuatro estaciones: primavera, verano, otoño e invierno. Las estaciones siguen un patrón. Después de cada invierno, llega la primavera.

Míralo en detalle

Las estaciones

La primavera comienza en el mes de marzo.

Para hallar otros enlaces y actividades, visita
www.hspscience.com

La primavera

La **primavera** es la estación que sigue al invierno. En primavera, el tiempo es más cálido. Puede haber muchos días lluviosos. En primavera hay más horas de luz natural que en invierno. Las personas pueden pasar más tiempo afuera.

lluvia

¿Cómo sabes que es primavera?

Destreza clave

IDEA PRINCIPAL Y DETALLES

¿Qué tiempo hace en primavera?

Las plantas en primavera

Muchas plantas comienzan a crecer en primavera. Reciben más calor, luz y lluvia en primavera que en invierno. A las plantas les salen hojas y flores nuevas.

Destreza clave **IDEA PRINCIPAL Y DETALLES**

¿Por qué muchas plantas crecen bien en primavera?

Hojas nuevas

Mira las hojas nuevas de cerca. Usa una lupa pequeña para observar el tallo o la rama de una planta. Usa también una cinta métrica. Observa el tamaño, la forma y el color de las hojas nuevas. Habla sobre cómo cambiarán las hojas a medida que crezcan.

flores

árbol florecido

Los animales en primavera

La primavera es una buena época para que muchos animales tengan sus crías. Las plantas nuevas sirven de alimento para las crías. Algunos animales nacen del cuerpo de su madre. Otros salen de un cascarón. Es fácil para todos ellos encontrar alimento.

gansos y gansitos

IDEA PRINCIPAL Y DETALLES
¿Por qué la primavera es una buena época para que los animales tengan sus crías?

oveja y corderos

1. IDEA PRINCIPAL Y DETALLES Copia y completa esta gráfica.

La primavera

Idea principal
La primavera es una de las cuatro estaciones.

detalle	detalle	detalle	detalle
El tiempo es más **A** _____ en primavera.	Hay más horas de **B** _____.	Muchas plantas comienzan a **C** _____.	Muchos animales tienen sus **D** _____.

2. RESUMIR Usa la gráfica para escribir un resumen de la lección.

3. VOCABULARIO Di algo sobre la **estación** de esta ilustración.

Preparación para la prueba

4. ¿Qué ayuda a las plantas a crecer en primavera?

A. las temperaturas bajo cero
B. las estaciones
C. el calor, la luz y la lluvia
D. las crías de los animales

Enlaces

Redacción

Cuentos de primavera

Redacta un cuento sobre un animal que nació en primavera. Explica qué ve y qué hace el animal. Usa lo que sabes sobre los animales en primavera para redactar tu cuento.

Para hallar otros enlaces y actividades, visita **www.hspscience.com**

Lección 2

¿Qué es el verano?

Datos breves

Hay más tipos de conchas de mar de las que te imaginas. Muchas personas las recogen en verano. Puedes inferir por qué las personas hacen actividades diferentes según la estación del año.

Actividades de verano

Materiales

- **tarjetas ilustradas de las estaciones**

Paso 1

Trabaja con un compañero. Hablen sobre qué hacen las personas en verano.

Paso 2

Miren cada tarjeta. Busquen claves que digan algo sobre la estación. **Infieran** qué ilustraciones muestran el verano.

Paso 3

Comparen sus ideas con las de otros compañeros. ¿Cómo saben qué ilustraciones muestran el verano?

Destreza de examinación

Para inferir, usas lo que ya sabes para comprender algo.

VOCABULARIO
verano

DESTREZA DE LECTURA
IDEA PRINCIPAL Y DETALLES Busca en la lectura las ideas principales sobre el verano.

El verano

EL **verano** es la estación que sigue a la primavera. En verano también hay muchas horas de luz natural. El tiempo es caluroso. Las personas usan ropa liviana. En algunos lugares puede haber tormentas eléctricas.

IDEA PRINCIPAL Y DETALLES
¿Qué es el verano?

tiempo caluroso

¿Cómo sabes que es verano?

Las plantas en verano

En verano, las condiciones del tiempo ayudan a muchas plantas a crecer. Los árboles se llenan de hojas verdes. Algunas plantas producen frutos.

Destreza clave

IDEA PRINCIPAL Y DETALLES

¿Cómo cambian las plantas en verano?

Representa actividades de verano

Piensa en las cosas que te gusta hacer en verano. Represéntalas. Pide a los demás que adivinen lo que haces. ¿Por qué es el verano una buena época para hacer cada una de esas cosas?

árbol con hojas

tomatera

Los animales en verano

Los animales tienen formas de estar frescos en verano. Algunos se refrescan en el barro o en el agua. Otros cambian su pelaje por otro más liviano.

cerdo refrescándose en el barro

En verano, los animales jóvenes encuentran plantas y otros alimentos que los ayudan a crecer.

IDEA PRINCIPAL Y DETALLES

Destreza clave

¿Cuál es una forma en que los animales están frescos en verano?

bisonte cambiando su pelaje

1. IDEA PRINCIPAL Y DETALLES Copia y completa esta gráfica.

El verano

Idea principal
El verano es la estación que sigue a la primavera.

detalle	detalle	detalle
El tiempo es Ⓐ _____.	Algunas plantas producen Ⓑ _____.	Los animales tienen formas de estar Ⓒ _____.

2. SACAR CONCLUSIONES ¿Por qué a algunas personas les gustan las bebidas frías en verano?

3. VOCABULARIO Di algo sobre esta ilustración; usa la palabra **verano**.

Preparación para la prueba

4. Escribe un párrafo sobre cómo cambian las plantas de la primavera al verano.

Enlaces

Matemáticas

Usa un calendario

Usa un calendario para contestar estas preguntas. ¿Cuántos meses hay en un año? ¿Cómo se llaman? ¿Cuáles son los meses del verano? ¿Cuándo comienza el verano? ¿Cuándo termina?

Junio

Dom.	Lun.	Mar.	Mié.	Jue.	Vie.	Sáb.
			1	2	3	4
5	6	7	8	9	10	11
12	13	14	15	16	17	18
19	20	21	22	23	24	25
26	27	28	29	30		

Para hallar otros enlaces y actividades, visita **www.hspscience.com**

Lección 3

¿Qué es el otoño?

Datos breves

Las manzanas maduran en otoño. Las personas las recogen y las usan para preparar alimentos que comen a lo largo del año. Puedes comparar frutos de muchas formas.

Comparar semillas

Materiales

- **frutos con semillas**

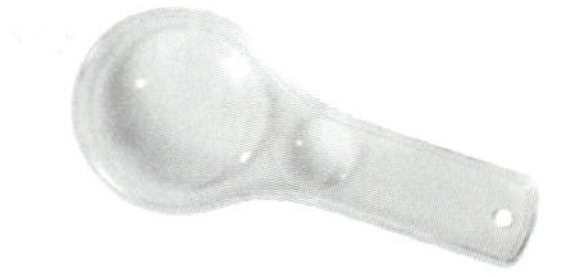

- **lupa pequeña**

Paso 1

Observa los frutos con la lupa pequeña. Busca las semillas y **compáralas**. ¿En qué son semejantes? ¿En qué son diferentes?

Paso 2

Haz dibujos de los frutos y de las semillas. Rotúlalos.

Paso 3

Habla sobre las semejanzas que hay entre las semillas. Luego habla sobre las diferencias.

Destreza de examinación

Observa el tamaño, la forma y el color de las semillas para compararlas.

VOCABULARIO
otoño
migrar

DESTREZA DE LECTURA

CAUSA Y EFECTO Busca en la lectura las razones por las que las plantas y los animales cambian en otoño.

El otoño

El **otoño** es la estación que sigue al verano. En otoño hay menos horas de luz natural. La temperatura baja y está más fresco. Las personas usan ropa más abrigada.

CAUSA Y EFECTO **¿Por qué las personas usan ropa más abrigada en otoño?**

¿Cómo sabes que es otoño?

recogiendo hojas

Las plantas en otoño

En muchos lugares, las hojas cambian de color y caen de los árboles. Esto sucede porque no reciben tanta luz como en verano.

Algunos frutos maduran en otoño. Es entonces que están listos para que las personas los recojan y los coman.

¡A nadar!

¿Por qué nadas en verano y no en otoño? Pon un vaso con agua debajo de una lámpara. **CUIDADO:** ¡La lámpara puede estar caliente! Pon otro vaso con agua a la sombra. ¿Qué vaso con agua se calienta más rápido?

Destreza clave **CAUSA Y EFECTO** **¿Por qué recogemos algunos frutos en otoño?**

calabazas

árboles de arce

Los animales en otoño

A medida que hace más frío, es más difícil para los animales encontrar alimento. Algunos animales almacenan alimento para comerlo más adelante. Otros deben **migrar**, o ir a vivir a otros lugares, para buscar alimento.

ardilla llevando alimento

CAUSA Y EFECTO

Destreza clave

¿Por qué algunos animales almacenan alimento en otoño?

gansos migrando

1. **CAUSA Y EFECTO** Copia y completa esta gráfica.

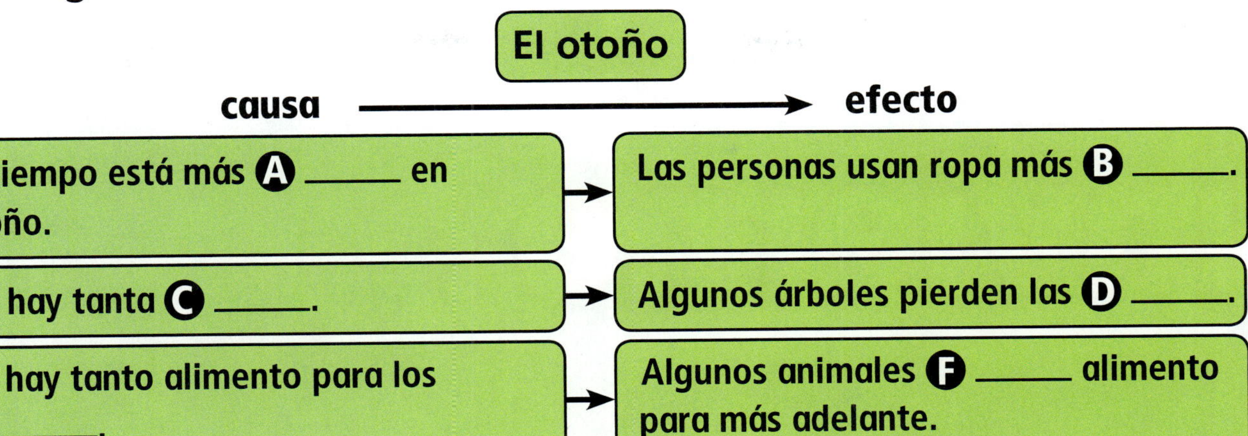

2. **RESUMIR** Usa la gráfica para resumir lo que sucede en otoño.

3. **VOCABULARIO** Di algo sobre estas plantas; usa la palabra **otoño**.

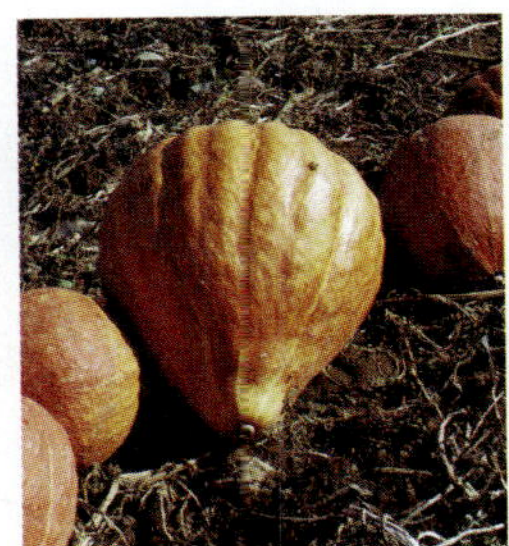

Preparación para la prueba

4. ¿Por qué algunos animales se van a vivir a otros lugares en otoño?
   A. para estar frescos
   B. para buscar alimento
   C. para producir semillas
   D. para tener sus crías

Enlaces

Redacción

El libro de las manzanas

Con un compañero, dibujen bocadillos nutritivos que estén hechos con manzanas. Redacten una oración para cada dibujo. Hagan un libro con los dibujos.

Para hallar otros enlaces y actividades, visita **www.hspscience.com**

Lección 4

¿Qué es el invierno?

Datos breves

Algunos árboles permanecen verdes todo el año, aun en invierno. Saca una conclusión sobre qué les sucede a las plantas y los animales en invierno.

Cómo protegerse del frío

Materiales

- bolsa de plástico
- agua con hielo
- mitón

Paso 1

Pon la mano dentro de la bolsa. Sumerge la bolsa en el agua. ¿Qué sientes en la mano?

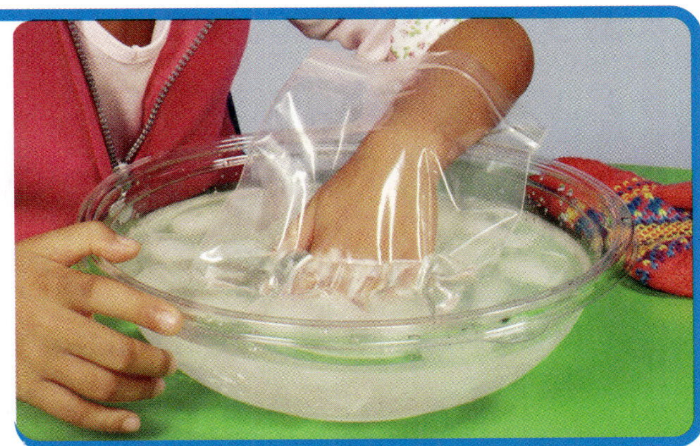

Paso 2

Ponte el mitón. Pon la mano dentro de la bolsa y sumerge la bolsa en el agua. ¿Qué sientes en la mano?

Paso 3

Saca una conclusión sobre lo que puede ayudarte a no tener frío en invierno.

Destreza de examinación

Para **sacar una conclusión**, usa lo que observaste para decidir el significado de algo.

VOCABULARIO
invierno

DESTREZA DE LECTURA

IDEA PRINCIPAL Y DETALLES Busca en la lectura las ideas principales sobre el invierno.

El invierno

El **invierno** es la estación que sigue al otoño. En invierno hay menos horas de luz natural. En algunos lugares, el aire es frío. Puede caer nieve. Las personas de estos lugares usan ropa muy abrigada. En otros lugares, el aire se vuelve apenas más frío.

¿Cómo sabes que es invierno?

IDEA PRINCIPAL Y DETALLES
¿Qué diferencias hay entre el invierno y el otoño?

Las plantas en invierno

Muchas plantas no tienen hojas en invierno. Otras plantas permanecen verdes.

Algunas plantas descansan. No crecen hasta que el tiempo vuelve a ser cálido. Otras plantas mueren.

IDEA PRINCIPAL Y DETALLES

Destreza clave

¿Qué puede sucederles a las plantas en invierno?

Ropa para el frío

Dibújate en un día muy frío. Rotula cada una de las cosas que te pones para no tener frío. Luego, muestra tu trabajo a un compañero. Di cómo te abriga cada prenda.

acebo

árbol sin hojas

Los animales en invierno

En invierno es difícil encontrar alimento. Algunos animales comen el alimento que almacenaron en otoño. Otros duermen hasta la primavera.

Algunos animales cambian de color para protegerse. A otros les crece un pelaje grueso que los ayuda a no tener frío.

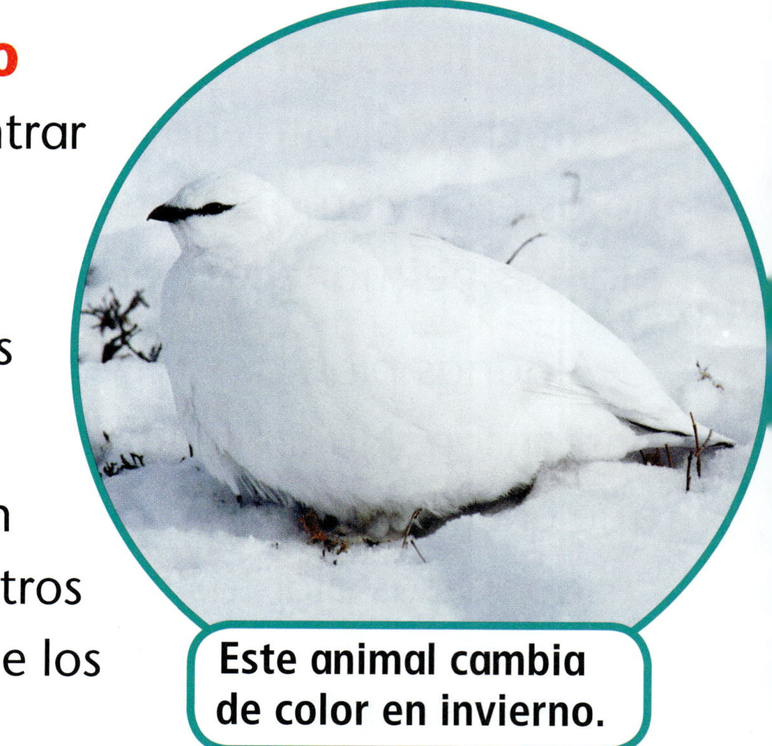

Este animal cambia de color en invierno.

Destreza clave **IDEA PRINCIPAL Y DETALLES** **¿Cómo cambian algunos animales en invierno?**

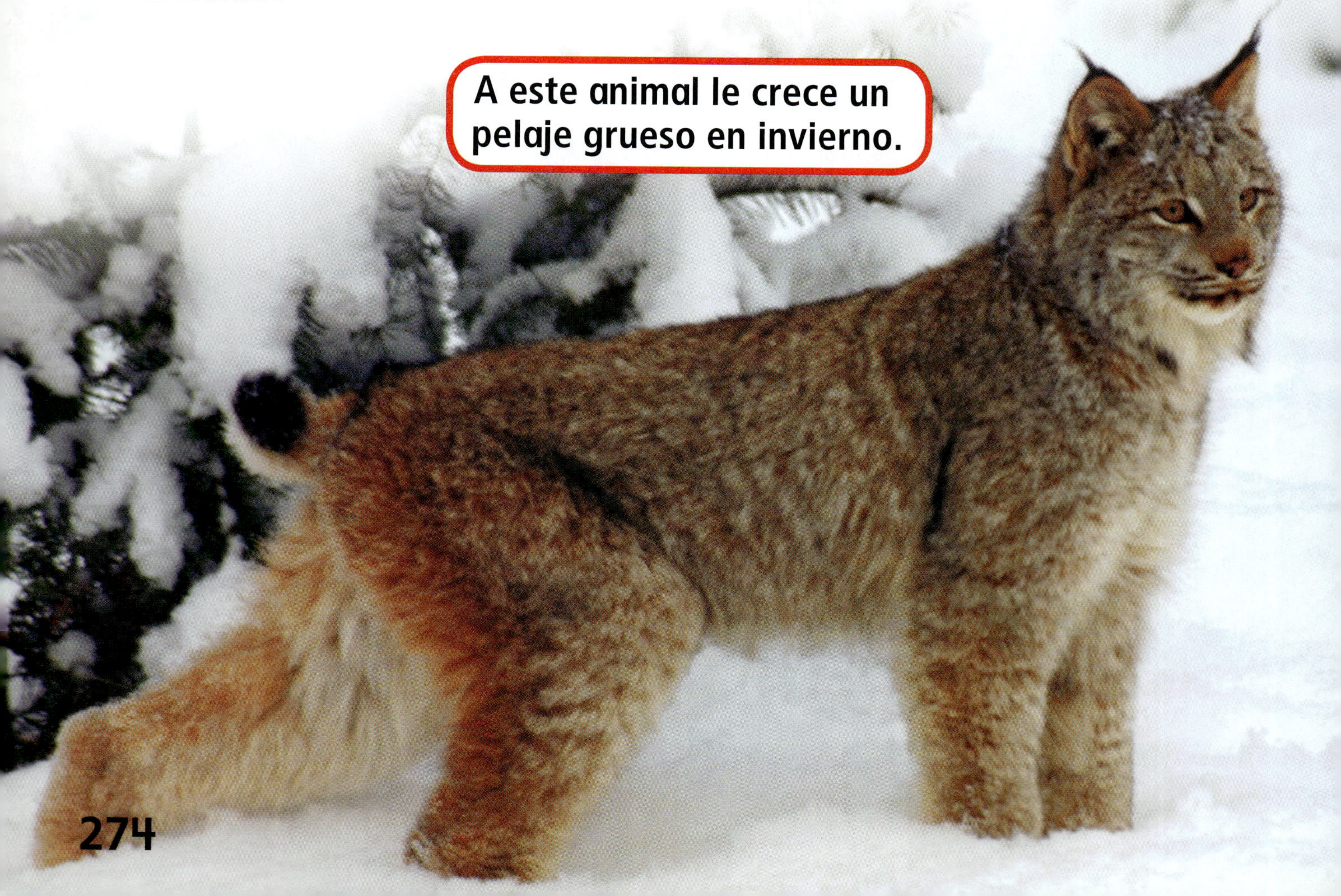

A este animal le crece un pelaje grueso en invierno.

1. **IDEA PRINCIPAL Y DETALLES** Copia y completa esta gráfica.

El invierno

Idea principal
El invierno es la estación que sigue al otoño.

detalle	detalle	detalle	detalle
El tiempo es **A** ______.	En algunos lugares cae **B** ______.	Las plantas pueden descansar o **C** ______.	A algunos animales les crece un **D** ______ grueso que los abriga.

2. **SACAR CONCLUSIONES** ¿Por qué piensas que es difícil para los animales encontrar alimento en invierno?

3. **VOCABULARIO** Di cómo sabes que esta ilustración muestra el **invierno**.

Preparación para la prueba

4. ¿En qué es diferente el invierno según el lugar?

Enlaces

Estudios Sociales

Lugares nevados

Observa un mapa de Estados Unidos. Busca los lugares donde nieva en invierno. ¿Dónde están esos lugares? Haz una lista. Di en qué son semejantes los lugares.

Nieva en:
1. New York
2. Maine
3. Montana

Para hallar otros enlaces y actividades, visita **www.hspscience.com**

Tecnología

La nieve es útil

Los copos de nieve son blandos y esponjosos al caer. Con el tiempo, se acumulan y se endurecen.

La nieve sólida retiene bien el calor. Algunas personas construyen casas con ella. Esas casas se llaman iglúes.

Los inuit

Canadá es un país que está al norte de Estados Unidos. En Canadá, vive un grupo de personas llamadas inuit. A veces, los inuit deben viajar durante el invierno. Atraviesan extensas zonas cubiertas de nieve y de hielo.

Allí haría mucho frío dentro de una carpa. Por eso, los inuit usan la nieve para construir un iglú.

Los inuit cortan la nieve en bloques. Luego, apilan los bloques dándoles una forma curva que se parece a la parte de arriba de tu cabeza. También construyen un túnel angosto por el que entran al iglú. El túnel evita que ingrese el viento.

PIENSA

¿Por qué piensas que los iglúes se construyen sólo en invierno?

Datos en copos

- El copo de nieve más grande del mundo medía casi un pie de ancho.
- No hay dos copos de nieve semejantes.
- Todos los copos de nieve tienen seis lados.
- ¡Stampede Pass, en Washington, es la capital de la nieve en Estados Unidos!

Ivy, la inventora

Durante el otoño y el invierno oscurece más temprano. Por eso resulta más difícil ver algunas cosas, como los buzones. A Ivy Lumpkin se le ocurrió una idea que ayuda a las personas a ver mejor los buzones.

Ivy puso dos luces de noche dentro de un tubo transparente. Las luces funcionan con pilas. Luego, colocó un buzón encima del tubo. Cuando afuera está oscuro, las luces de noche alumbran el buzón y las personas pueden verlo. ¡Qué idea brillante, Ivy!

Proyectos de Ciencias

para la casa o la escuela

¡Sí puedes!

Colores frescos

Qué hacer

1. Pon un termómetro dentro de cada camiseta.
2. Pon las camisetas en un lugar soleado. Anota la temperatura de cada una.
3. Espera una hora. Anota las temperaturas. ¿Qué colores se mantuvieron más frescos? ¿Qué colores absorbieron más el calor?

Materiales

- 3 termómetros
- 3 camisetas

Sacar conclusiones

¿Qué clase de colores te ayudan a sentirte más fresco?

Gráficas de la estación favorita

Haz una encuesta. Averigua qué estación le gusta más a tu clase. Haz una gráfica de barras para mostrar lo que descubras. Comenta la gráfica con tus compañeros.

Capítulo 8

Repaso y preparación para la prueba

Repaso del vocabulario

Une la palabra con su ilustración.

1. **primavera** pág. 254
2. **verano** pág. 260
3. **otoño** pág. 266
4. **invierno** pág. 272

A. 

C. 

B. 

D. 

Comprueba lo que aprendiste

5. ¿Qué es una estación? Da **detalles** sobre una estación.

Destreza clave

6. ¿En qué estación verías árboles con muchas hojas verdes? Di por qué.

7. ¿Por qué algunos animales cambian su pelaje en verano?

A. para no tener frío

B. para esconderse

C. para buscar alimento

D. para estar frescos

Razonamiento crítico

8. Di cómo cambia el árbol en cada estación.

Capítulo 9

Objetos en el cielo

Vocabulario

Sol
estrella
Luna
rotar
cráter

Me pregunto...
¿Por qué la Luna a veces se ve de día?
¿Qué te preguntas tú?

Lección 1

¿Qué podemos ver en el cielo?

Datos breves

El aire en movimiento hace que parte de la luz de las estrellas se desvíe. Por eso nos parece que las estrellas titilan. Puedes comunicar lo que ves en el cielo.

El cielo diurno

Materiales

- **papel de colores**
- **crayolas**

Paso 1

Asómate a la ventana.
Observa el cielo diurno.

Paso 2

Haz dibujos de lo que veas. Escribe algo sobre eso.

Paso 3

Comparte tu trabajo con un compañero. Úsalo como ayuda para **comunicar** lo que observaste.

Destreza de examinación

Puedes escribir y dibujar algo para comunicar lo que observas.

VOCABULARIO
Sol
estrella
Luna

DESTREZA DE LECTURA

COMPARAR Y CONTRASTAR Busca en la lectura las semejanzas y las diferencias entre el cielo diurno y el cielo nocturno.

Observar el cielo

En el cielo diurno, puedes ver las nubes y el Sol. El **Sol** es la estrella más cercana a la Tierra. Una **estrella** es un objeto en el cielo que emite luz propia. El Sol ilumina la Tierra durante el día.

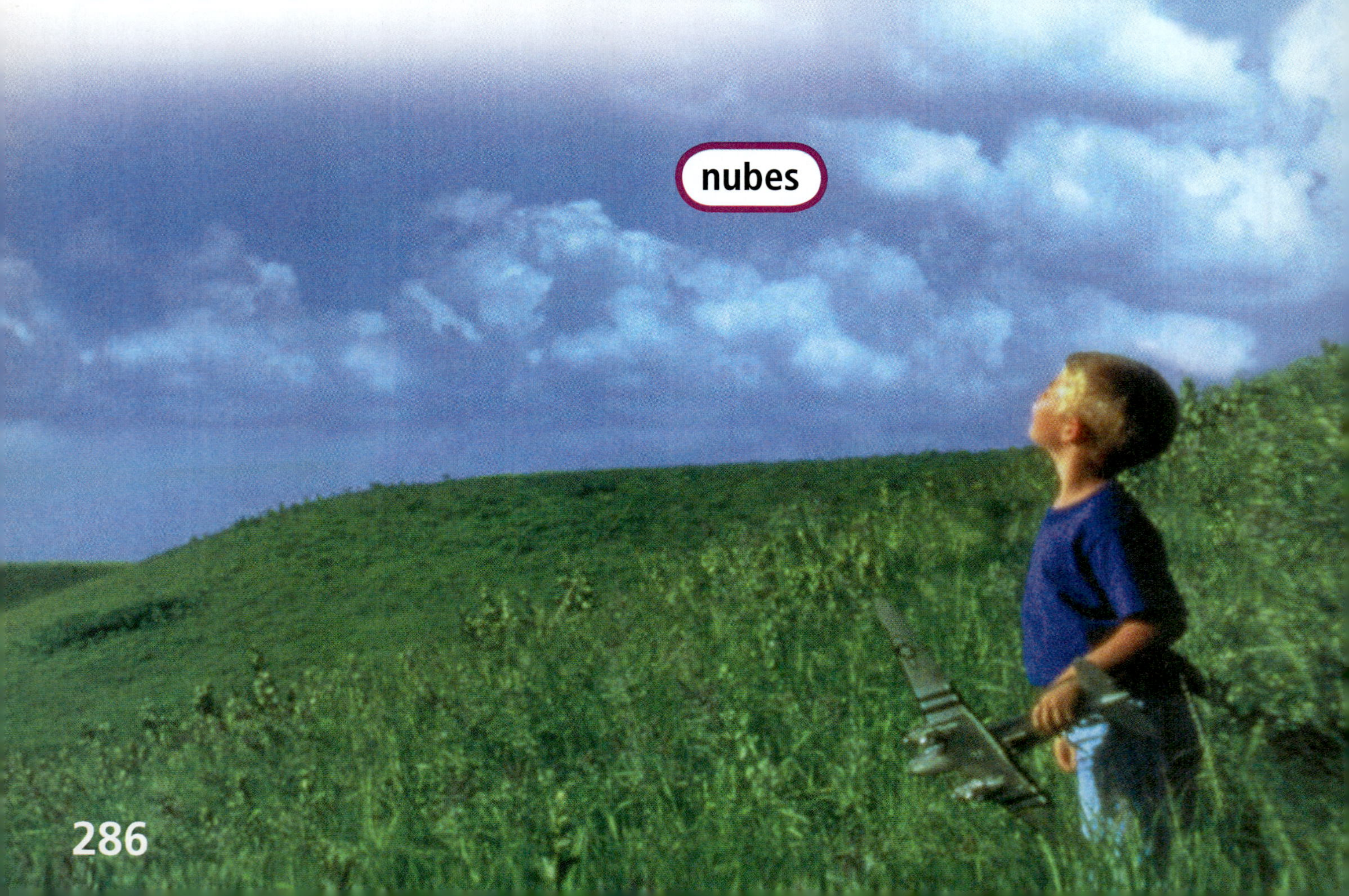

nubes

En el cielo nocturno, puedes ver las estrellas, los planetas y la Luna. La **Luna** es una enorme bola de roca. No emite luz propia. Su luz viene del Sol.

Destreza clave **COMPARAR Y CONTRASTAR** **¿En qué son diferentes el cielo diurno y el cielo nocturno?**

planeta

estrellas

Minilab

Luz de luna

Envuelve una pelota en papel de aluminio. Pide a un compañero que ilumine la pelota con una linterna. ¿Parece brillar más la pelota al estar iluminada? ¿En qué son semejantes la pelota y la Luna? ¿Y la linterna y el Sol?

Míralo en detalle

Los telescopios

Puedes usar un telescopio para mirar el cielo. Un telescopio es una herramienta que hace que las cosas lejanas parezcan más cercanas. Te ayuda a ver mejor la Luna, las estrellas y los planetas.

Mira el planeta Marte usando sólo la vista. Así es como se ve.

Mira Marte con un telescopio. Así es como se ve. ¿Qué cosas ves ahora que antes no veías?

Para hallar otros enlaces y actividades, visita **www.hspscience.com**

1. COMPARAR Y CONTRASTAR Copia y completa esta gráfica.

semejanzas	diferencias
En el cielo diurno y en el cielo nocturno a veces puedes ver las nubes y la Luna.	En el cielo diurno puedes ver las Ⓐ _____ y el Sol.
	En el cielo nocturno puedes ver las Ⓑ _____, los planetas y la Luna.
	De día, el Ⓒ _____ emite luz propia.
	De noche, las estrellas emiten luz propia, pero la Ⓓ _____ no.

2. SACAR CONCLUSIONES ¿Por qué piensas que el Sol brilla mucho más que la Luna?

3. VOCABULARIO Habla sobre esta ilustración; usa las palabras **Sol** y **estrella**.

Preparación para la prueba

4. ¿Qué hace un telescopio?

A. Hace que algo lejano se vea más cercano.

B. Hace que algo cercano se vea más lejano.

C. Hace que algo muy grande se vea más lejano.

D. Hace que algo muy grande se vea pequeño.

Enlaces

Redacción

Cuentos sobre el cielo

Hace mucho tiempo, las personas inventaban cuentos sobre lo que veían en el cielo. Redacta tu propio cuento sobre algún objeto en el cielo. Luego, haz un dibujo que lo ilustre.

Para hallar otros enlaces y actividades, visita **www.hspscience.com**

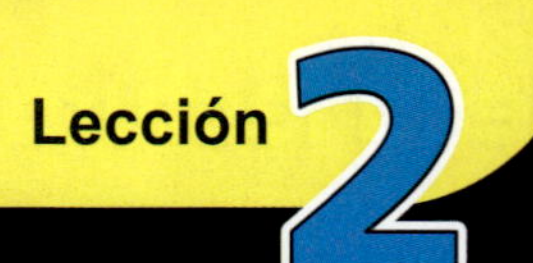

¿Qué causa el día y la noche?

Datos breves

Cuando en Estados Unidos es de día, en China es de noche. Puedes hacer un modelo para ver por qué sucede esto.

Modelo del día y la noche

Materiales

Sol
Tierra

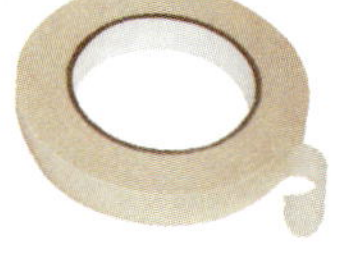

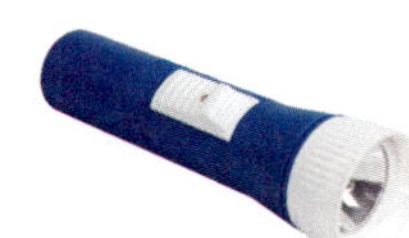

- etiquetas
- cinta adhesiva
- globo terráqueo
- linterna

Paso 1

Rotula el globo terráqueo con la etiqueta “Tierra” y la linterna con la etiqueta “Sol”. **Haz un modelo** de la Tierra y del Sol.

Paso 2

Oscurece la habitación. Pide a un compañero que sostenga el globo terráqueo. Ilumina el globo con la linterna.

Paso 3

¿De qué forma el **modelo** te ayuda a ver por qué existen el día y la noche en la Tierra?

Destreza de examinación

Para ver por qué sucede algo, haz un modelo.

VOCABULARIO
rotar

DESTREZA DE LECTURA

CAUSA Y EFECTO Busca en la lectura la causa del día y de la noche.

El día y la noche

Todos los días, el Sol parece moverse en el cielo. Pero no es el Sol el que se mueve. ¡Es la Tierra! La Tierra rota. **Rotar** es girar como un trompo.

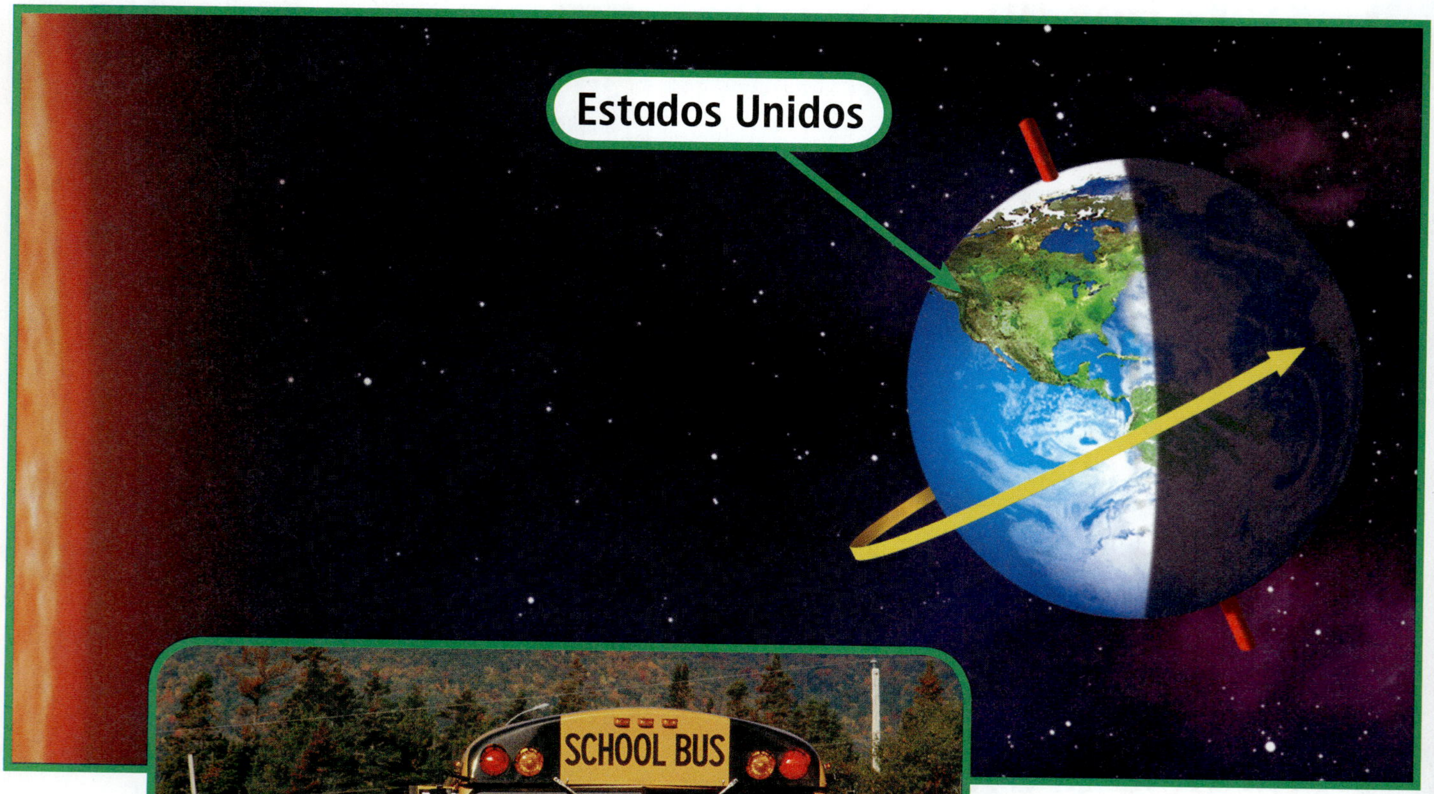

Estados Unidos

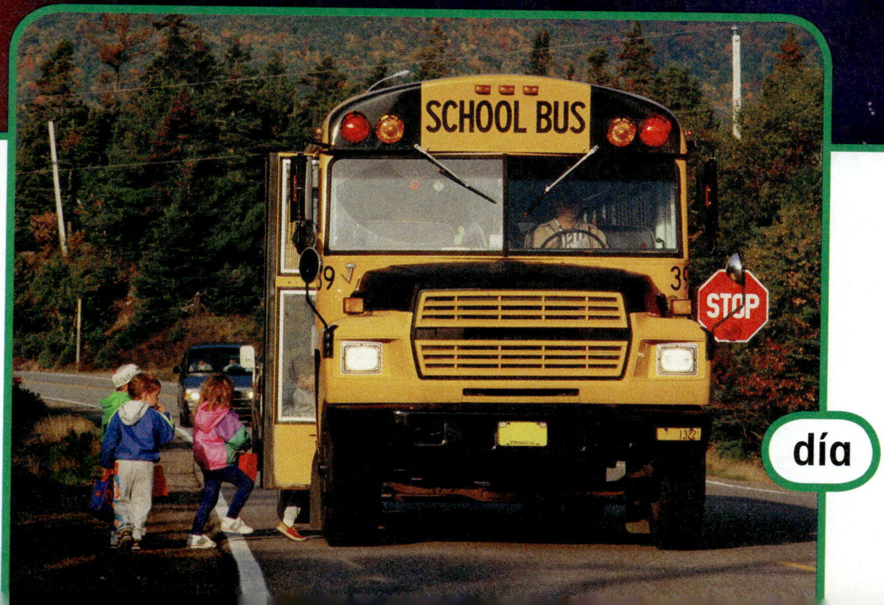

SCHOOL BUS

STOP

día

A medida que la Tierra rota, el lado en el que vivimos gira hacia el Sol. El Sol ilumina el cielo y es de día. A medida que la Tierra sigue rotando, nuestro lado se aleja del Sol. El cielo se oscurece y es de noche.

Destreza clave

CAUSA Y EFECTO **¿Qué sucede cuando el lado de la Tierra en el que vivimos gira hacia el Sol? ¿Por qué?**

Los objetos en el cielo parecen moverse

El Sol, la Luna y las estrellas parecen moverse en el cielo. A medida que la Tierra gira, nos acercamos y nos alejamos del Sol, la Luna y las estrellas. Como no sentimos que nos estemos moviendo, nos parece que son ellos los que se mueven.

Destreza clave **CAUSA Y EFECTO** **¿Por qué el Sol parece moverse en el cielo?**

Las cosas parecen moverse

Párate en un espacio abierto. Gira en círculos. ¿Parecen moverse las cosas que te rodean? ¿En qué es esto semejante a la forma en que el Sol y las estrellas parecen moverse alrededor de la Tierra?

mañana

mediodía

atardecer

1. **CAUSA Y EFECTO** Copia y completa esta gráfica.

El día y la noche

causa → **efecto**

causa		efecto
A medida que la Tierra Ⓐ ______, el lado en el que vivimos gira hacia el Sol.	→	El Ⓑ ______ ilumina el cielo y es de Ⓒ ______.
El lado en el que vivimos se aleja del Ⓓ ______.	→	Es de Ⓔ ______.

2. **RESUMIR** Usa la gráfica para redactar un resumen de la lección.

3. **VOCABULARIO** Habla sobre esta ilustración; usa la palabra **rotar**.

Preparación para la prueba

4. ¿Por qué aquí es de día cuando en China es de noche?

Enlaces

Matemáticas

La hora y el Sol

Mira el Sol a las 8:00 a.m., al mediodía y a las 7:00 p.m. Dibuja y escribe algo sobre lo que veas. Luego, formula una predicción. ¿Estará el Sol casi en el mismo lugar mañana a esas horas? Di por qué. Al día siguiente, comprueba si tu predicción era correcta.

Para hallar otros enlaces y actividades, visita **www.hspscience.com**

Lección 3

¿Qué podemos observar en la Luna?

Datos breves

Gran parte de la Luna está cubierta de polvo. Su superficie tiene muchos cráteres. Puedes usar lo que sabes para inferir cómo se formaron esos cráteres.

La superficie de la Luna

Materiales

- **molde con arena**
- **botella rociadora con agua**
- **canicas**

Paso 1

Rocía la arena con un poco de agua.

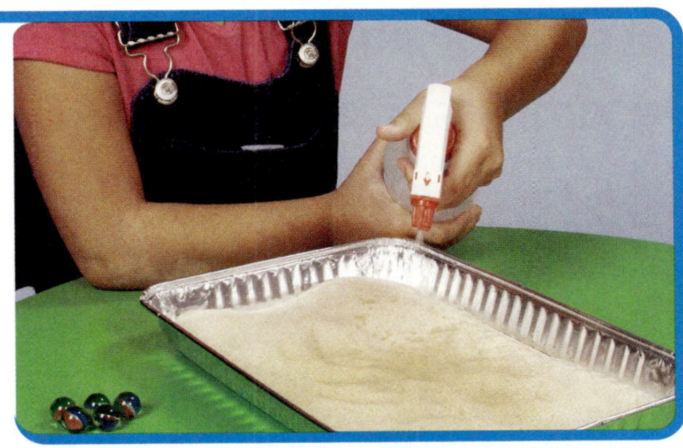

Paso 2

Sostén las canicas por encima de la arena. Suéltalas de a una por vez. Observa.

Paso 3

Infiere cómo se formaron los cráteres de la Luna. Compara tus ideas con las de los demás.

Destreza de examinación

Para inferir, primero observa. Luego, piensa sobre lo que veas.

VOCABULARIO
cráter

DESTREZA DE LECTURA
ORDENAR EN SECUENCIA Busca en la lectura el orden en que la Luna parece cambiar.

Cambios en la forma de la Luna

La forma de la Luna parece cambiar un poco cada noche. Los cambios siguen un patrón que dura alrededor de 29 días.

Hay noches en que no puedes ver la Luna. Luego, comienzas a ver una pequeña parte de ella. Después de unos 15 días, ves la Luna como un círculo completo. Luego, ves un poco menos cada noche. Después de unos 14 días más, otra vez no puedes verla.

Día 22
cuarto menguante

ORDENAR EN SECUENCIA **¿Qué sucede con la Luna después de que la ves como un círculo completo?**

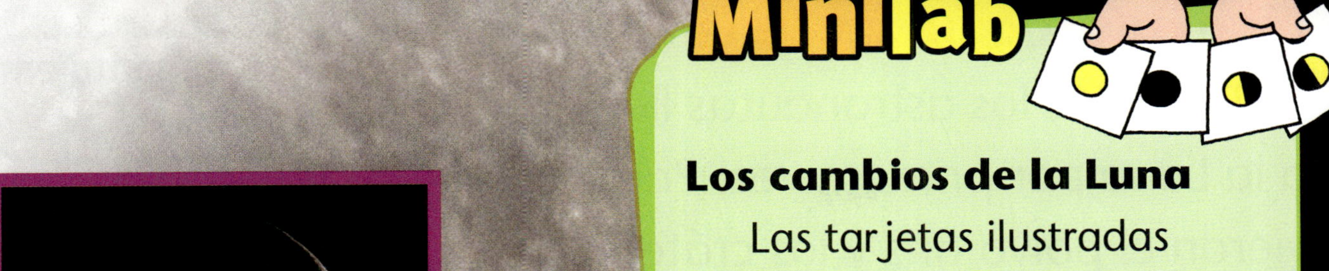

Los cambios de la Luna

Las tarjetas ilustradas muestran diferentes formas de la Luna. Ponlas en orden. Comienza con la Luna nueva. Luego, usa las ilustraciones para describir cómo parece cambiar la Luna.

Día 1
Luna nueva

Día 8
cuarto creciente

Día 15
Luna llena

La exploración de la Luna

En 1969, los astronautas llegaron a la Luna por primera vez. Primero, vieron el polvo gris y los cráteres de la Luna. Un **cráter** es un hoyo con forma de tazón que se forma en una superficie. Después, los astronautas exploraron la Luna. Luego, trajeron rocas lunares cuando regresaron a la Tierra.

Destreza clave **ORDENAR EN SECUENCIA** **¿Qué hicieron los astronautas después de llegar a la Luna?**

 **1. ORDENAR EN SECUENCIA** Copia y completa esta gráfica.

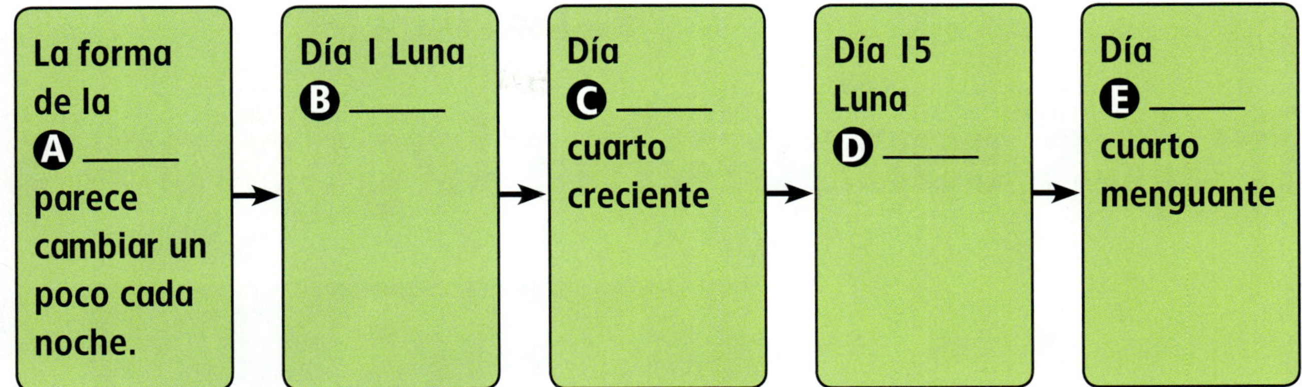

2. RESUMIR Escribe oraciones para resumir la lección.

3. VOCABULARIO Habla sobre esta ilustración; usa la palabra **cráter**.

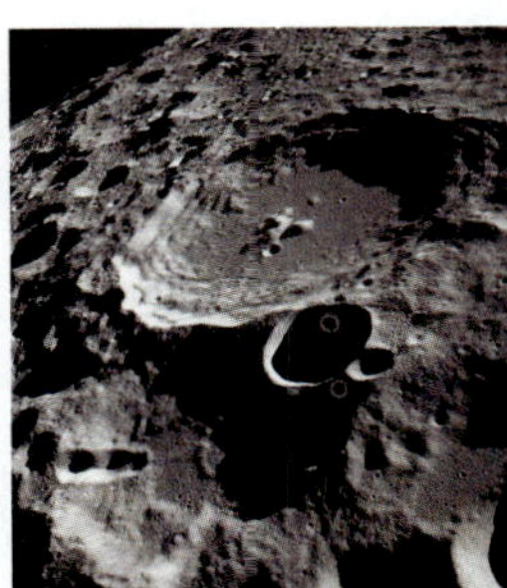

Preparación para la prueba

4. ¿Cuántos días pasan entre una Luna nueva y la siguiente Luna nueva?

A. 8
B. 15
C. 22
D. 29

Enlaces

Redacción

Redacción sobre la Luna

Investiga cómo es la Luna. Luego, redacta oraciones para explicar cómo la explorarías. ¿Qué harías allí? ¿Qué te gustaría averiguar? Haz dibujos que ilustren tus oraciones.

Para hallar otros enlaces y actividades, visita **www.hspscience.com**

Trajes espaciales ingeniosos

En este mismo momento, hay personas viviendo y trabajando en la estación espacial. Esas personas se llaman astronautas.

Los astronautas usan trajes espaciales que los protegen del frío. Estos trajes deben permitirles mover los brazos y las manos cómodamente. De esa forma, los astronautas pueden colocar piezas o reparar cosas.

Dato que te deja sin aliento

Los astronautas usan trajes especiales para salir al espacio exterior. Eso se debe a que en el espacio hace mucho frío y no hay aire para respirar.

Los científicos han mejorado el diseño de los trajes espaciales. Les agregaron una computadora que va cosida al traje. La computadora ayudará a los astronautas a hacer su trabajo.

Los científicos también mejoraron los guantes. Ahora es mucho más fácil mover los dedos de las manos. Además, como los guantes son térmicos, los astronautas pueden trabajar afuera durante más tiempo.

PIENSA

¿Por qué piensas que los astronautas deben usar trajes especiales?

El estudio de Marte

A Joy Crisp le encantan las rocas y los volcanes. Ahora está estudiando las rocas y los volcanes de Marte. Marte es un planeta en el espacio.

Crisp usa máquinas que le permiten observar desde la Tierra cómo dos robots exploran Marte. Los robots son como pequeños vehículos dirigidos por radio. Tienen herramientas especiales para estudiar las rocas y el polvo.

Los científicos quieren saber si alguna vez hubo agua en Marte. De ser así, dicen que algún día las personas podrían vivir en Marte.

¡Sí puedes!

Proyectos de Ciencias

para la casa o la escuela

Cálido o fresco

Qué hacer

1. ¿Cuándo hace más calor afuera? Haz una tabla. Predice lo que descubrirás.
2. Con un termómetro, mide la temperatura en tres momentos diferentes del día.
3. Anota las temperaturas en la tabla. ¿Eran correctas tus predicciones?

Materiales

- termómetro

Sacar conclusiones

¿Por qué la temperatura es diferente según el momento del día? ¿Qué le hace el Sol a la Tierra?

Diario de la Luna

Lleva un diario de la Luna. Ve afuera con un miembro de la familia todas las noches durante un mes. Busca la Luna. Dibuja lo que observes. Escribe la fecha en cada dibujo. Después de un mes, haz un libro con tus dibujos. Muéstraselo a la clase.

Capítulo 9

Repaso y preparación para la prueba

Repaso del vocabulario

Elige la mejor palabra para completar cada oración.

Sol pág. 286
Luna pág. 287
rotar pág. 292
cráter pág. 300

1. Girar es lo mismo que ____.

2. Una bola de roca cuya luz viene del Sol es la ____.

3. La estrella más cercana a la Tierra es el ____.

4. Un hoyo con forma de tazón en la superficie de la Luna es un ____.

Comprueba lo que aprendiste

5. Destreza clave Explica el **efecto** que se produce cuando nuestro lado de la Tierra gira hacia el Sol. Usa esta ilustración como ayuda.

6. ¿Qué objeto en el cielo emite luz propia?

A. una nube **C.** la Luna

B. la Tierra **D.** una estrella

7. Cada ilustración es parte de una **secuencia**.
Destreza clave
¿Cuál muestra la Luna ocho días después de una luna nueva?

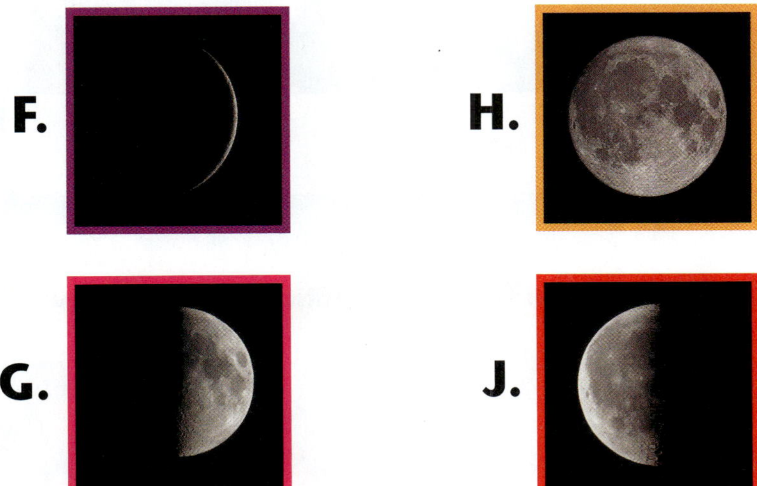

Razonamiento crítico

8. Al observar el cielo, Juan ve lo que muestra esta ilustración. Di lo que sabes sobre cada objeto que él ve.

UNIDAD E

La investigación de la materia

CIENCIAS FÍSICAS

Festival Internacional del Globo Aerostático de Albuquerque

PARA: carmen@hspscience.com

DE: louisa@hspscience.com

TEMA: Albuquerque, New Mexico

Querida Carmen:

Marta y yo fuimos a un festival. Había muchos globos aerostáticos multicolores flotando en el cielo. Las personas subían a las barquillas para dar un paseo. ¡Yo también subí a dar una vuelta!

Louisa

Museo de los Niños de Louisiana

PARA: ed@hspscience.com

DE: erica@hspscience.com

TEMA: New Orleans, Louisiana

Querido Ed:

Mi tía me llevó al museo de ciencias. ¡Estuve dentro de una burbuja que era más grande que yo! Nos divertimos mucho.

Erica

¡Experimenta!

Soluciones con agua

A medida que leas esta unidad, aprenderás sobre las cosas que te rodean. Planea y haz una prueba. Descubre qué sucede con la sal cuando se mezcla con agua tibia o fría.

Capítulo

10 La materia

Vocabulario

materia
sólido
mezcla
longitud
masa
líquido
disolver
flotar
hundirse
gas
vapor

Me pregunto...
¿Por qué las cosas infladas
con aire flotan en el agua?
¿Qué te preguntas tú?

¿Qué es la materia?

Datos breves

El oso de peluche más grande del mundo medía 32 pies de altura. Puedes clasificar juguetes según su tamaño, forma y color.

Clasificar la materia

Materiales

- **objetos**

Paso 1

Observa los objetos. Compara su tamaño, forma y color.

Paso 2

Clasifica los objetos de tres maneras diferentes.

Paso 3

Haz dibujos de los grupos que formaste.

Destreza de examinación

Cuando clasificas objetos, los agrupas según las semejanzas que hay entre ellos.

VOCABULARIO
materia

DESTREZA DE LECTURA

COMPARAR Y CONTRASTAR Busca en la lectura en qué son semejantes y en qué son diferentes las cosas hechas de diferente materia.

La materia

Todo lo que te rodea es **materia**. Los juguetes son materia. Los globos son materia. El agua también es materia. A veces es muy difícil ver la materia.

¿Qué materia ves aquí?

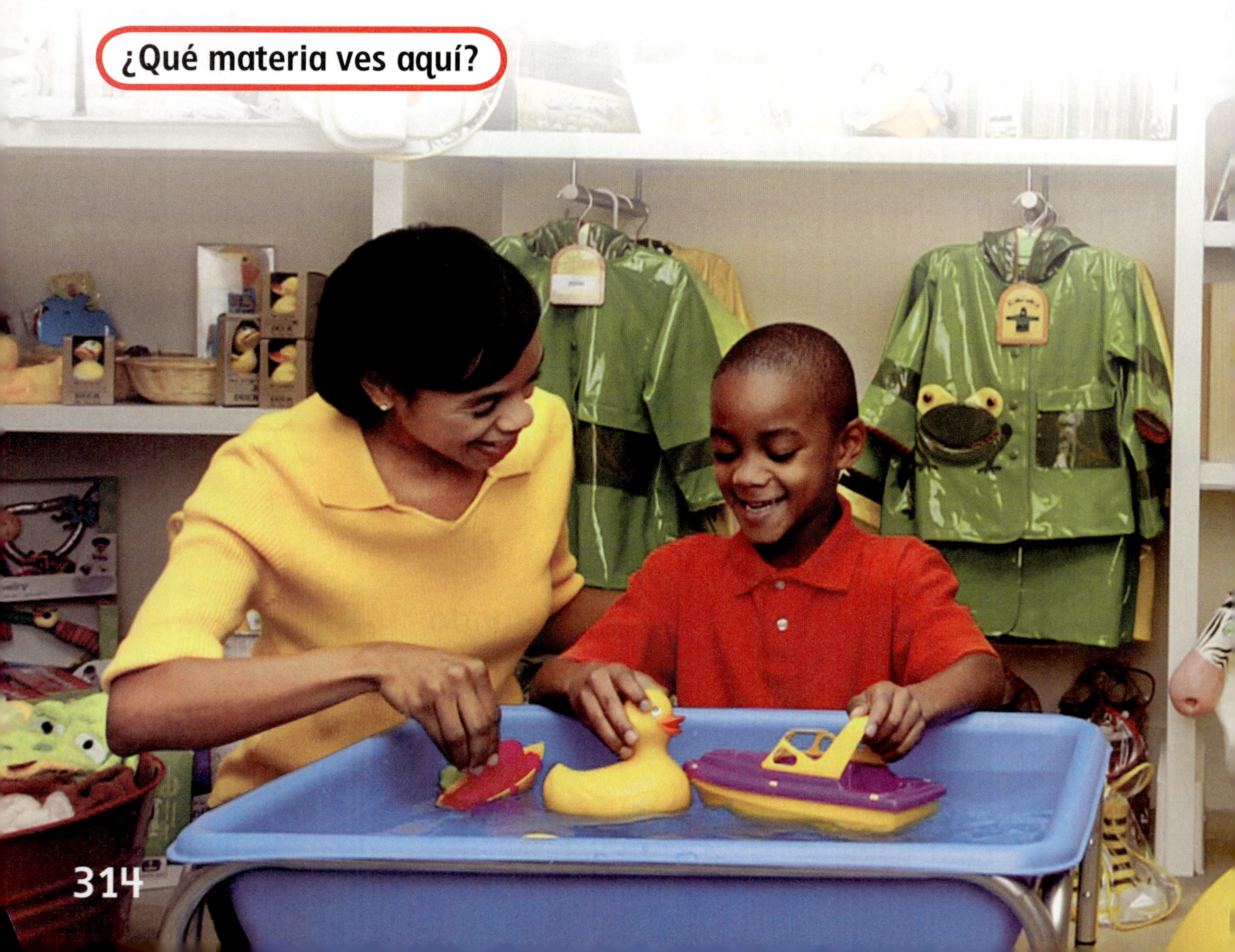

No toda la materia es igual. La materia puede ser dura o blanda. Puede ser grande o pequeña.

Destreza clave

COMPARAR Y CONTRASTAR

¿En qué son semejantes el juguete de peluche y los globos? ¿En qué son diferentes?

Minilab

La materia de cerca

Observa un poco de arena y de tierra con una lupa pequeña. ¿En qué son semejantes? ¿En qué son diferentes? ¿Qué te permite ver mejor la lupa pequeña? Habla con un compañero sobre lo que veas.

Cómo agrupar la materia

Puedes agrupar la materia. Puedes agrupar estos objetos según su color. También puedes agruparlos según su forma. ¿Se te ocurre otra manera de agruparlos?

Destreza clave

COMPARAR Y CONTRASTAR

¿Cómo podrías agrupar estos objetos según su color?

1. **COMPARAR Y CONTRASTAR** Copia y completa esta gráfica.

La materia

semejanzas	diferencias
A _____ es materia.	La materia puede ser de diferentes **B** _____, como rojo y amarillo.
	La materia puede ser de diferentes tamaños, como **C** _____ y **D** _____.
	La materia puede ser de diferentes **E** _____, como redonda y cuadrada.

2. **RESUMIR** Escribe dos oraciones. Explica en qué son semejantes y en qué son diferentes las materias entre sí.

3. **VOCABULARIO** Di algo sobre la **materia** que ves en esta ilustración.

Preparación para la prueba

4. ¿Qué es cierto sobre la materia?
   A. Es toda del mismo color.
   B. Es toda del mismo tamaño.
   C. La materia es sólo blanda.
   D. Todo es materia.

Enlaces

Redacción

Rotula la materia

Usa notas autoadhesivas para rotular la materia de tu salón de clases. En cada rótulo, nombra la materia. Luego, escribe tres palabras que la describan.

Para hallar otros enlaces y actividades, visita **www.hspscience.com**

Lección 2

¿Qué podemos observar en un sólido?

Datos breves

Estos animales de juguete están hechos con millones de bloques. Puedes comparar juguetes de muchas maneras.

Medir la masa

Materiales

- 2 bloques

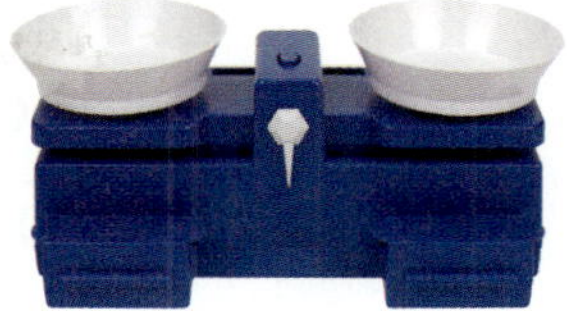

- balanza

Paso 1

Pon un bloque en cada lado de la balanza.

Paso 2

Observa los bloques en la balanza. **Compara.**

Paso 3

¿Qué bloque tiene más masa? ¿Cuál tiene menos masa?

Destreza de examinación

Cuando usas una balanza para comparar, ves cuánta masa tienen las cosas.

VOCABULARIO

sólido
mezcla
longitud
masa

DESTREZA DE LECTURA

IDEA PRINCIPAL Y DETALLES Busca en la lectura las ideas principales sobre los sólidos.

Observar sólidos

¿En qué son semejantes el papel, las tijeras y un globo terráqueo? Todos son sólidos.

Un **sólido** es materia que mantiene su forma. No cambia de forma ni siquiera cuando lo mueves.

Destreza clave

IDEA PRINCIPAL Y DETALLES

¿Cómo sabes que los instrumentos musicales son sólidos?

Mezclar sólidos

Cuando juntas diferentes materiales, formas una **mezcla**. Una mezcla está formada por dos o más cosas. Estos materiales de dibujo son una mezcla de sólidos.

Las cosas que forman una mezcla no cambian. Puedes separarlas de la mezcla y volver a agruparlas como estaban antes.

Destreza clave

IDEA PRINCIPAL Y DETALLES

¿De qué está formada una mezcla?

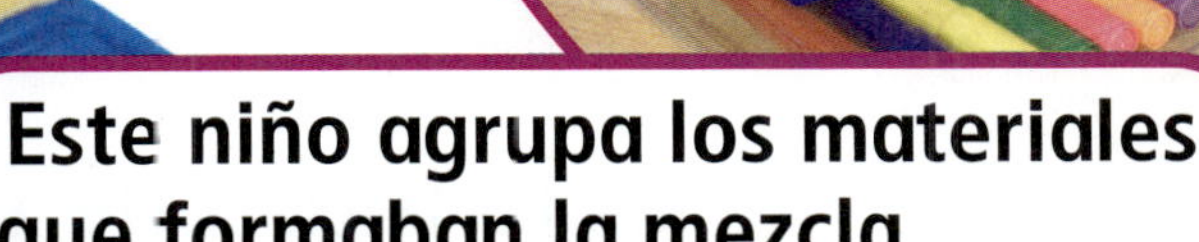

Este niño agrupa los materiales que formaban la mezcla.

Forma una mezcla

Busca cosas pequeñas de tu salón de clases. Mézclalas. Luego, intercambien mezclas con un compañero. Separen las cosas que forman cada mezcla.

Cómo medir los sólidos

Puedes medir los sólidos. Puedes medir el largo de un sólido. Esa es su **longitud**. La longitud se mide con una regla.

También puedes medir la masa de un sólido. La **masa** es la cantidad de materia que tiene un sólido. La masa se mide con una balanza.

Destreza clave **IDEA PRINCIPAL Y DETALLES** **¿De qué dos maneras puedes medir los sólidos?**

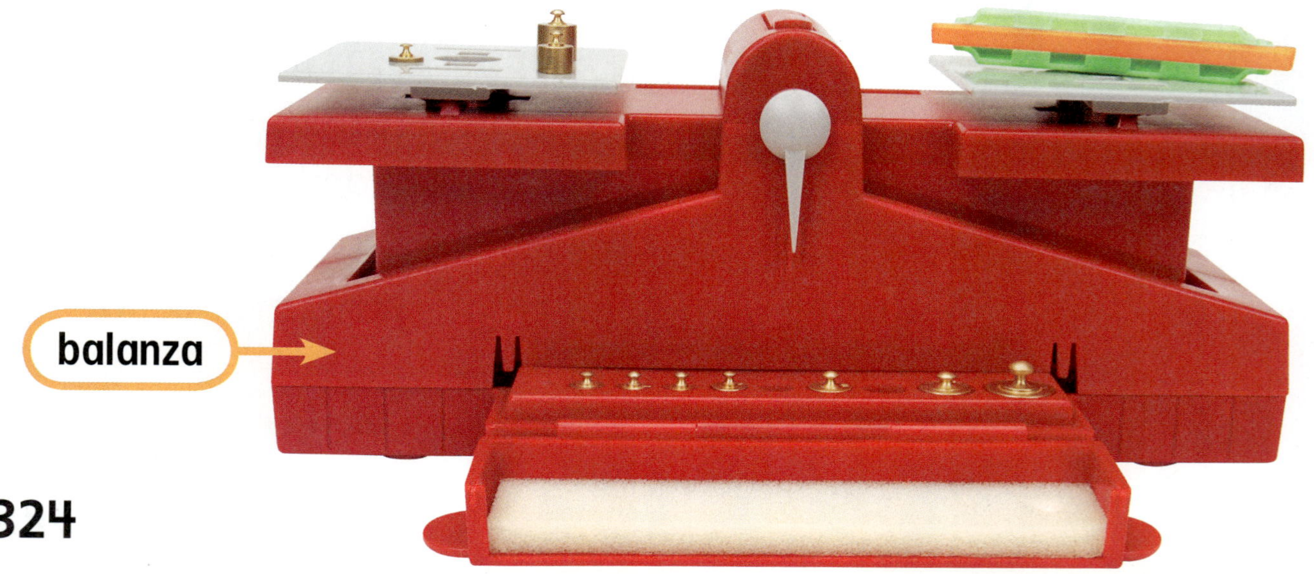

Repaso de la lectura

1. **IDEA PRINCIPAL Y DETALLES** Copia y completa esta gráfica.

Los sólidos

Idea principal
Un sólido es materia que mantiene su forma.

detalle	**detalle**
Puedes mezclar los sólidos.	Puedes Ⓐ _____ los sólidos.

2. **SACAR CONCLUSIONES** ¿Cómo sabes que un lápiz es un sólido?

3. **VOCABULARIO** Di algo sobre la **masa** de estos bloques.

Preparación para la prueba

4. Escribe una oración sobre dos sólidos que veas. Di en qué son semejantes.

Enlaces

Matemáticas

Mide la longitud

Elige tres objetos pequeños de tu salón de clases. Usa clips para medir su longitud. Anota las longitudes en una gráfica de barras. ¿Qué objeto es el más largo?

Para hallar otros enlaces y actividades, visita **www.hspscience.com**

Lección 3

¿Qué podemos observar en un líquido?

Datos breves

El agua está en todas partes. ¡Más de la mitad de tu cuerpo es agua! Puedes medir el agua con herramientas.

La forma de los líquidos

Materiales

- 3 recipientes con agua
- taza de medir

Paso 1

Observa los recipientes. Dibuja sus formas.

Paso 2

Predice qué recipiente llevará más agua.

Paso 3

Mide el agua de cada recipiente. ¿Era correcta tu predicción?

Destreza de examinación

Cuando mides, usas herramientas para saber más sobre algo.

VOCABULARIO
líquido
disolver
flotar
hundirse

DESTREZA DE LECTURA

IDEA PRINCIPAL Y DETALLES Busca en la lectura las ideas principales sobre los líquidos.

Observar líquidos

¿En qué son semejantes el jabón y el agua? Ambos son líquidos.

Un **líquido** es materia que fluye. No tiene forma propia. Toma la forma del recipiente que lo contiene.

IDEA PRINCIPAL Y DETALLES
¿Qué es un líquido?

jabón líquido

agua

Mezclas con líquidos

Puedes formar mezclas con los líquidos. Si mezclas polvo para preparar bebidas o sal con agua, se disuelven. **Disolver** es mezclar completamente con un líquido.

Si mezclas tierra o aceite con agua, no se disuelven.

Destreza clave **IDEA PRINCIPAL Y DETALLES** **¿Cómo sabes si algo se disuelve?**

Flotar y hundirse

¿Flota o se hunde la materia? Puedes hacer la prueba para averiguarlo.

Algunos objetos **flotan**, o permanecen sobre un líquido.

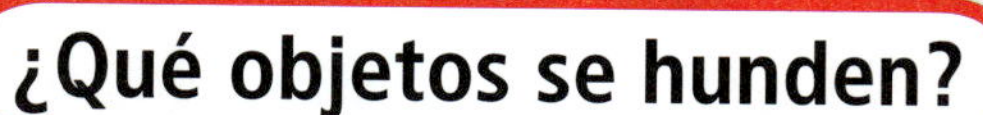

Algunos objetos **se hunden**, o caen al fondo de un líquido.

IDEA PRINCIPAL Y DETALLES **¿Cómo puedes averiguar si la materia flota o se hunde?**

Minilab

¿Cuál flota?

Consigue una moneda, un lápiz y otros objetos del salón de clases. Predice cuáles flotan. Luego, llena un tazón grande con agua. Pon cada objeto en el agua. ¿Eran correctas tus predicciones?

Cómo medir los líquidos

Puedes medir los líquidos. Para saber cuánto espacio ocupa un líquido, puedes usar una taza de medir. Para medir su masa, puedes usar una balanza.

Destreza clave **IDEA PRINCIPAL Y DETALLES** **¿Cómo puedes medir los líquidos?**

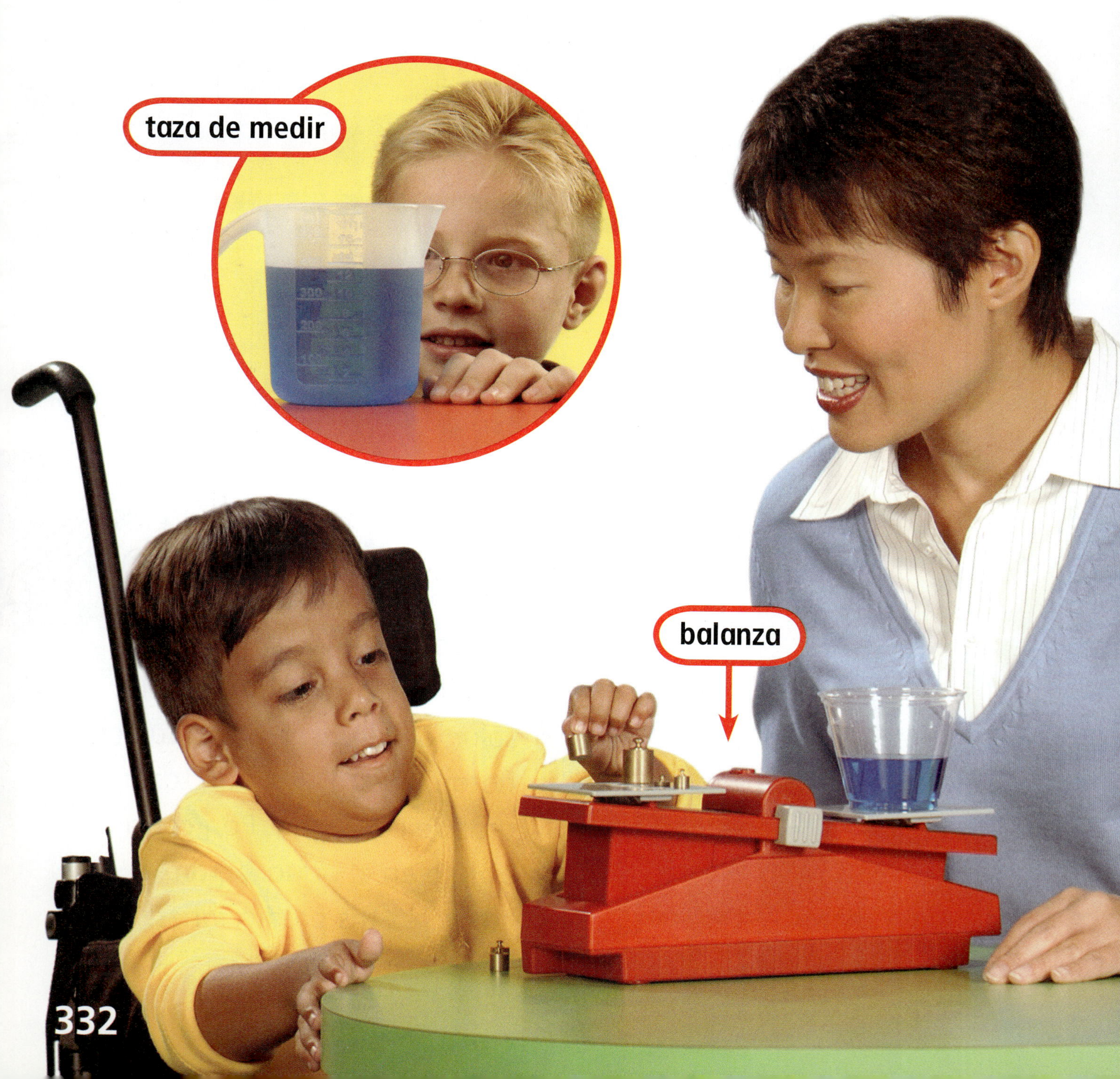

1. **IDEA PRINCIPAL Y DETALLES** Copia y completa esta gráfica.

Los líquidos

Idea principal
Un líquido es materia que **A** ______. **B** ______ forma propia.

detalle
Algunos materiales se disuelven en un líquido.

detalle
Algunos materiales **C** ______ y otros flotan.

2. **RESUMIR** Usa la gráfica para redactar un resumen de la lección.

3. **VOCABULARIO** Habla sobre esta ilustración; usa **flotar** y **hundirse**.

Preparación para la prueba

4. ¿Qué herramienta usarías para medir la masa de un líquido?
   - **A.** una balanza
   - **B.** una lupa pequeña
   - **C.** una pluma
   - **D.** una regla

Enlaces

Salud

Líquidos sanos

Haz dibujos de líquidos que las personas beban. Ponlos en dos grupos: los que te hacen bien y los que no te hacen bien. Explica por qué los agrupaste de esa forma.

Para hallar otros enlaces y actividades, visita **www.hspscience.com**

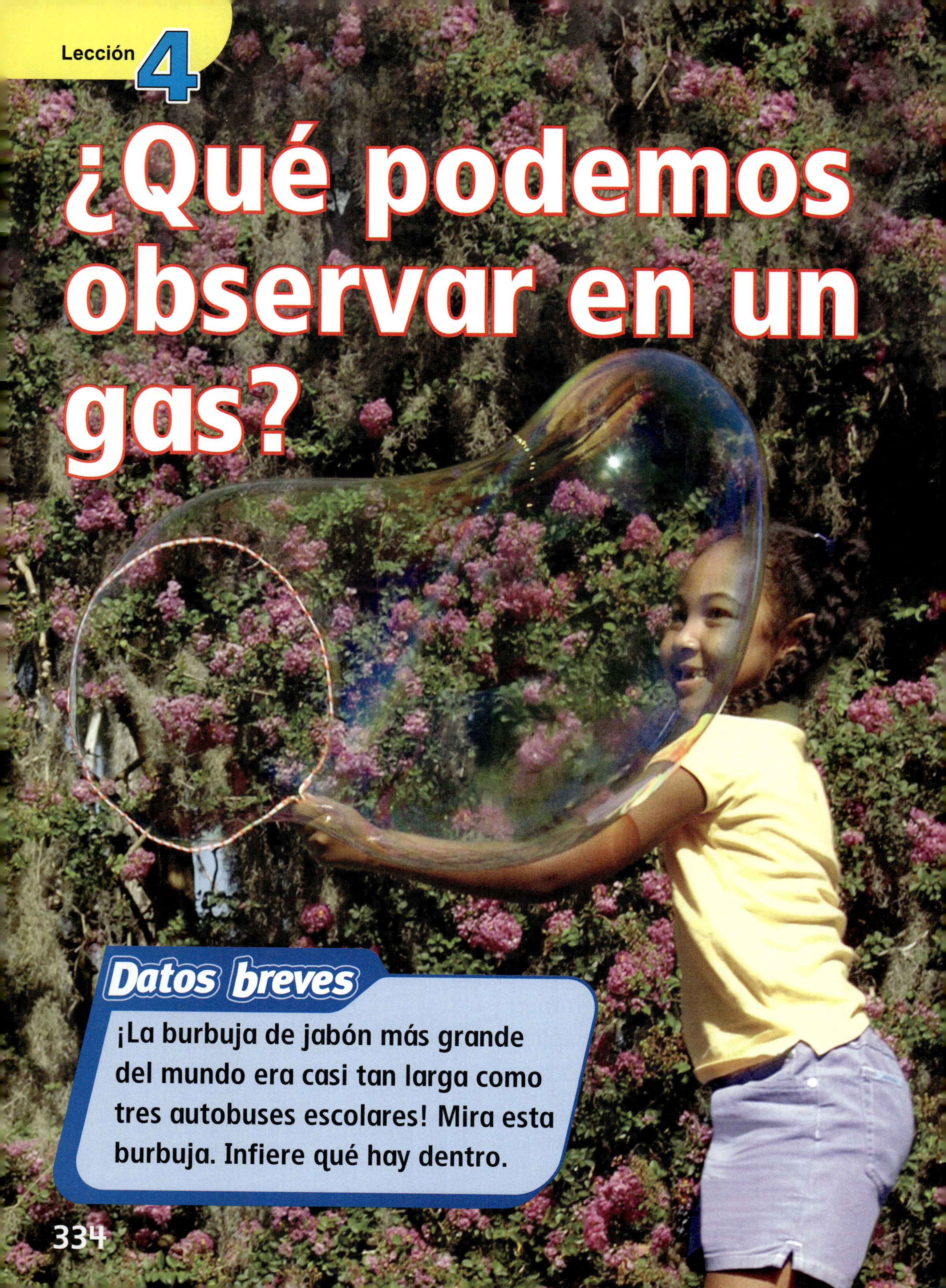

Lección 4

¿Qué podemos observar en un gas?

Datos breves

¡La burbuja de jabón más grande del mundo era casi tan larga como tres autobuses escolares! Mira esta burbuja. Infiere qué hay dentro.

Materia en una botella

Materiales

- **botella de plástico limpia**
- **globo**

Paso 1

Aprieta la botella. Infla el globo. Observa cómo sale el aire de cada uno.

Paso 2

Pon el globo dentro de la botella con la boquilla del globo alrededor del pico de la botella. Intenta inflar el globo.

Paso 3

¿Qué sucedió? **Infiere** qué más hay dentro de la botella.

Destreza de examinación

Cuando infieres, usas lo que observaste para explicar por qué sucedió algo.

VOCABULARIO
gas
vapor

DESTREZA DE LECTURA

CAUSA Y EFECTO Piensa en cómo y por qué puede cambiar la materia.

Observar gases

El aire está formado por gases. Los gases son materia. La mayoría de los gases no se pueden ver.

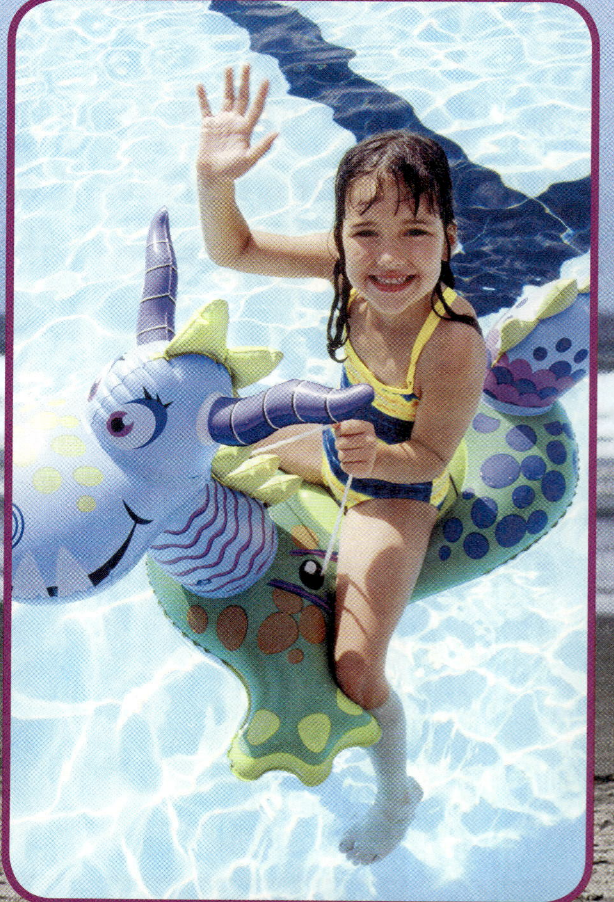

¿Dónde está el aire en estas ilustraciones?

Un **gas** es materia que no tiene forma propia. Se expande hasta llenar el recipiente que lo contiene. Toma la forma del recipiente.

Destreza clave **CAUSA Y EFECTO** **¿Qué sucedería si soplaras aire dentro de una bolsa? ¿Por qué?**

Minilab

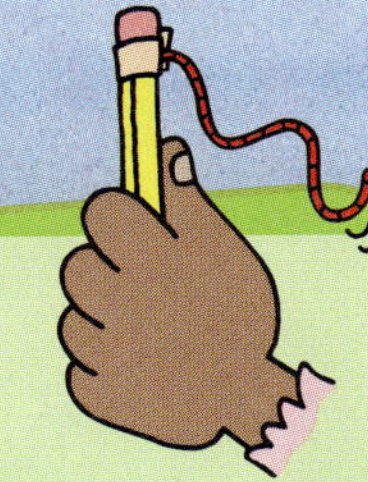

En busca del viento

¿Sabías que el viento es aire en movimiento? Sal en busca del aire. Con cinta adhesiva, pega hilo al extremo de un lápiz. Acerca el lápiz a calentadores, ventanas y puertas. Observa el hilo. ¿Qué lo hace mover?

El calor, el frío y la materia

El calor y el frío pueden cambiar la materia. Observa el agua para ver cómo cambia la materia.

En verano, el agua de este arroyo está tibia. Por eso es líquida.

En invierno, el agua del arroyo se enfría. Cuando el agua se enfría mucho, se convierte en hielo. El hielo es agua sólida.

En primavera, el agua volverá a estar tibia. Se convertirá en líquido otra vez.

Destreza clave **CAUSA Y EFECTO** **¿Qué hace que el agua líquida se convierta en agua sólida?**

Míralo en detalle

¿Qué es el vapor?

Cuando el agua hierve, se convierte en un gas. Ese gas se llama **vapor**.

Para hallar otros enlaces y actividades, visita **www.hspscience.com**

1. CAUSA Y EFECTO Copia y completa esta gráfica.

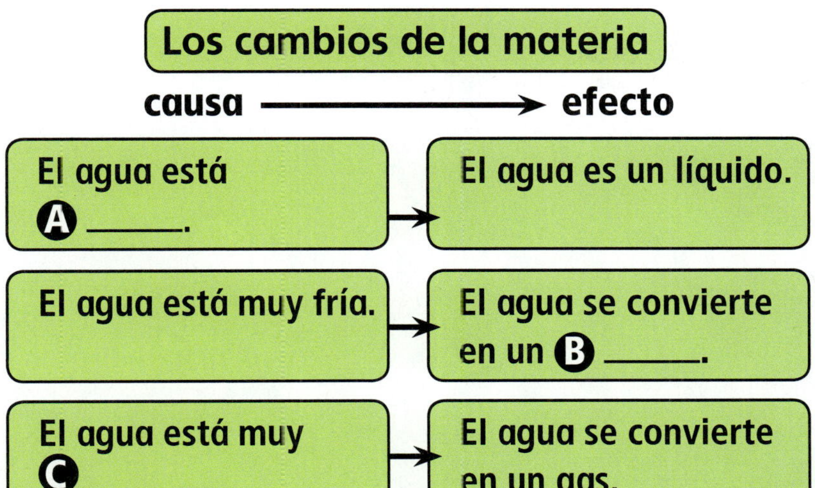

2. SACAR CONCLUSIONES ¿Es el hielo un gas? ¿Cómo lo sabes?

3. VOCABULARIO Di algo sobre esta ilustración; usa la palabra **vapor**.

Preparación para la prueba

4. Escribe oraciones que expliquen cómo cambia la materia.

Enlaces

Arte

Haz un móvil

Haz un móvil con materiales artísticos, hilo y un gancho de ropa de plástico. Cuélgalo cerca de una ventana o una puerta. Mira cómo el aire mueve los objetos del móvil.

Para hallar otros enlaces y actividades, visita **www.hspscience.com**

Cómo limpiar petróleo derramado

Cuando un buque que transporta petróleo choca contra algo, se puede producir un derrame de petróleo. El petróleo es un líquido que no se mezcla con el agua, sino que flota sobre ella.

El petróleo contamina el agua de los océanos, los lagos o los ríos. También daña los animales. Los científicos han tratado de encontrar formas de limpiar los derrames de petróleo.

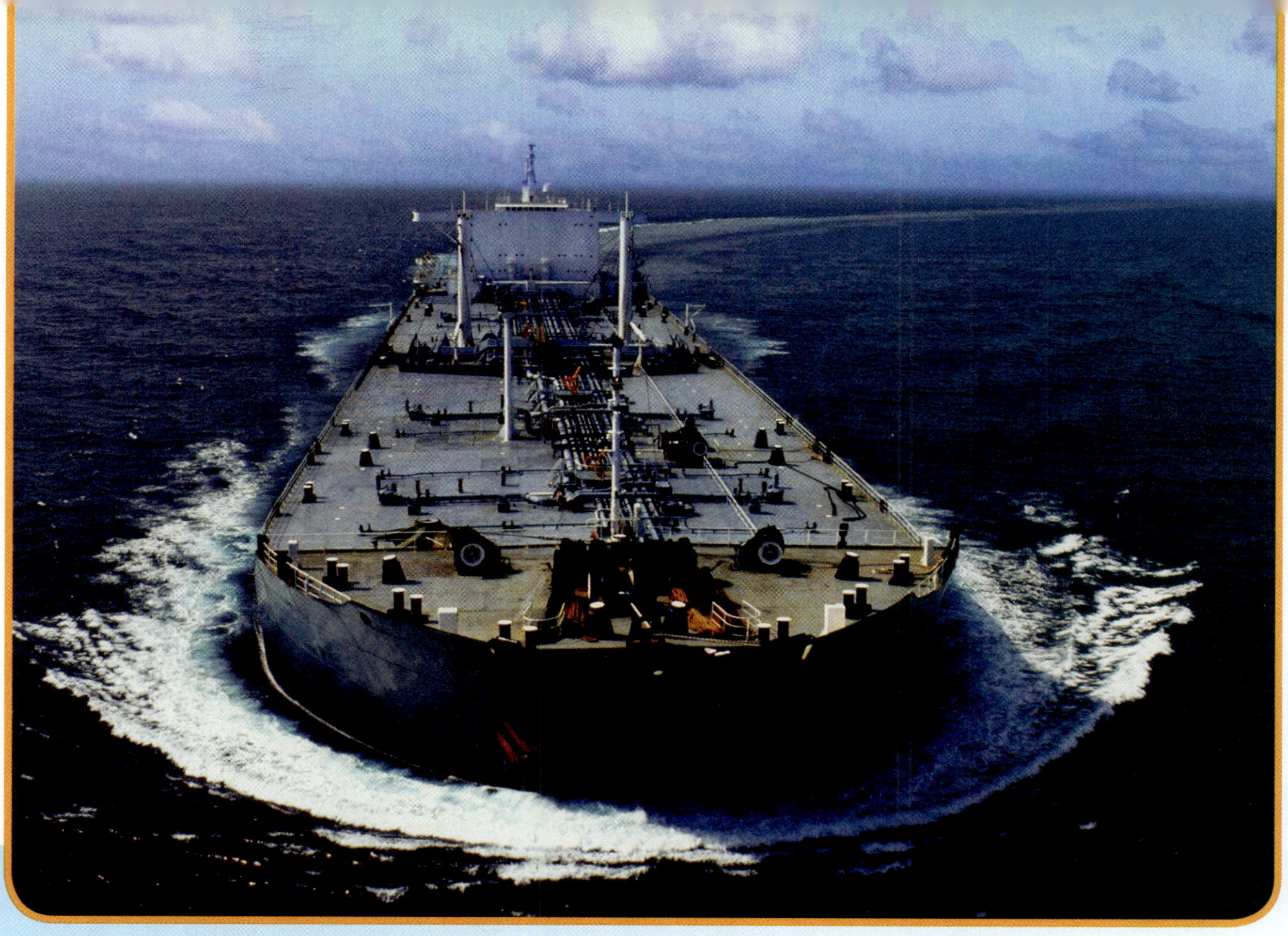

Es muy difícil limpiar el petróleo cuando se derrama en el océano. Los trabajadores deben usar esponjas y jabón especiales para removerlo del agua.

PIENSA

¿Cómo pueden dañar el medio ambiente los derrames de petróleo?

Espeso y pegajoso

El petróleo es un líquido espeso y pegajoso. Se puede usar para calentar las casas.

Spin-In ¡Investiga más! Visita **www.hspscience.com**

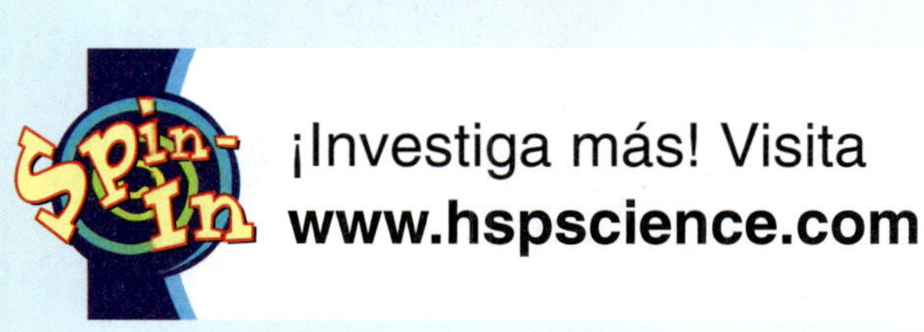

La fabricación de envases protectores

¿Alguna vez has sentido un olor feo al abrir un cartón de leche? Seguramente la leche estaba cortada. La leche se corta después de unos 14 días.

Manuel Márquez Sánchez es un científico que inventó un nuevo envase de cartón para la leche. Este nuevo envase cambia de color cuando la leche que contiene se corta. Márquez Sánchez también está tratando de mejorar otros envases para alimentos.

Investiga la congelación

Materiales
- agua
- 2 cubeteras
- congelador

Qué hacer

1. Llena ambas cubeteras con agua.
2. Pon una cubetera en un congelador y la otra sobre una mesa.
3. Espera unas horas. Luego, observa las cubeteras. ¿Qué sucedió?

Sacar conclusiones
¿Cómo cambió el agua líquida en el congelador? ¿Por qué?

Mezclas aquí y allá

Hay muchas cosas que son mezclas. Elige una mezcla de tu salón de clases. Dibújala. Luego, identifica la materia que la forma. Rotula la materia. Compara tu dibujo con el de un compañero.

Capítulo 10

Repaso y preparación para la prueba

Repaso del vocabulario

Di qué ilustración va con cada palabra.

1. **sólido** pág. 321
2. **masa** pág. 324
3. **líquido** pág. 328
4. **flotar** pág. 330

A. 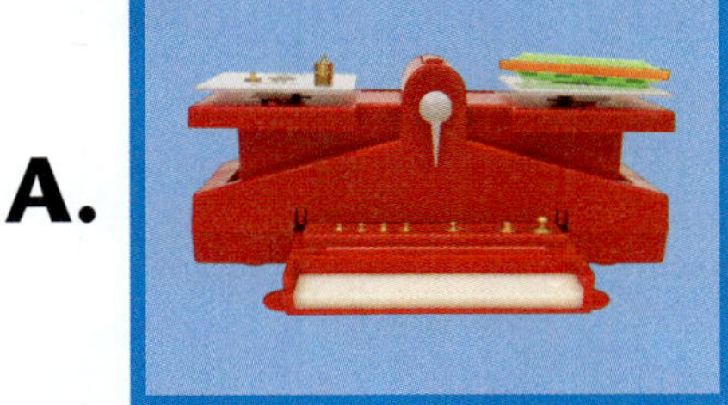

C. 

B. 

D. 

Comprueba lo que aprendiste

5. Di por qué esto es una mezcla.

6. ¿Cuál es un líquido?

A. el aire

B. la arcilla

C. la leche

D. el papel

Razonamiento crítico

7. ¿Qué **causa** que el arroyo cambie de sólido a líquido?

Destreza clave

8. Piensa en un objeto sólido. ¿Cómo podrías medirlo? Redacta un plan.

UNIDAD F

La energía en nuestro mundo

CIENCIAS FÍSICAS

Museo Louisville Slugger

PARA: drew@hspscience.com

DE: harper@hspscience.com

TEMA: Louisville, Kentucky

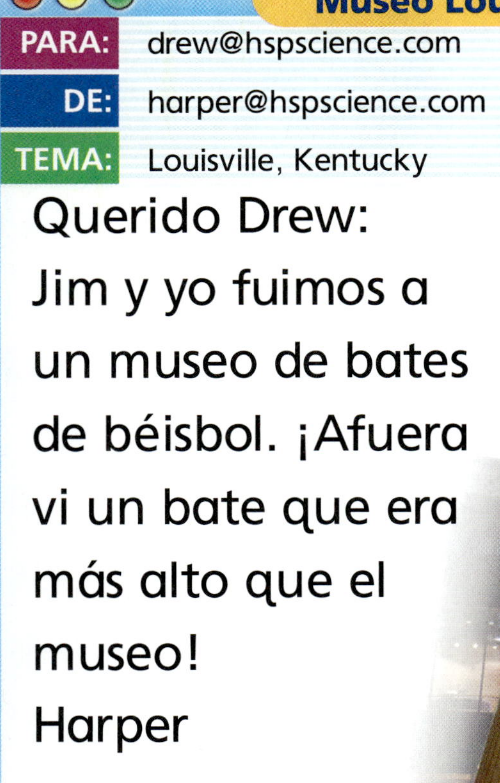

Querido Drew:
Jim y yo fuimos a un museo de bates de béisbol. ¡Afuera vi un bate que era más alto que el museo!
Harper

Centro de Entrenamiento Olímpico de EE.UU.

PARA: carly@hspscience.com

DE: scott@hspscience.com

TEMA: Colorado Springs, Colorado

Querida Carly:

¿Todavía te gusta correr carreras de bicicletas? Visité el Centro de Entrenamiento Olímpico. ¡Quizás algún día logres entrenar allí!

Tu hermano mayor,

Scott

¡Experimenta!

La gravedad

A medida que leas esta unidad, aprenderás cómo se mueven las cosas. Planea y haz una prueba. Descubre cómo hacer que un camión de juguete recorra una mayor distancia.

Capítulo 11

Calor, luz y sonido

Vocabulario

calor
luz
sombra
sonido
vibrar
intensidad
tono

Me pregunto...
¿Por qué los instrumentos musicales producen diferentes sonidos?
¿Qué te preguntas tú?

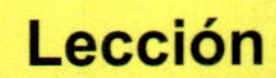
Lección 1

¿Qué es el calor?

Datos breves

El Sol es una bola de gases a altas temperaturas que calienta la Tierra. Puedes planear una investigación para averiguar cómo el Sol calienta la Tierra.

El calor del Sol

Materiales

- vaso con tierra

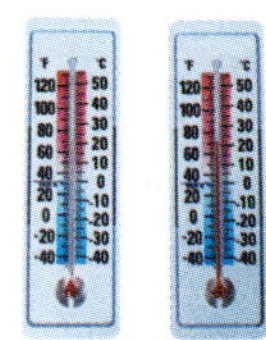

- 2 termómetros

Paso 1

¿Calienta el Sol la tierra más rápido de lo que calienta el aire? **Planea una investigación** para averiguarlo. Escribe un **plan**.

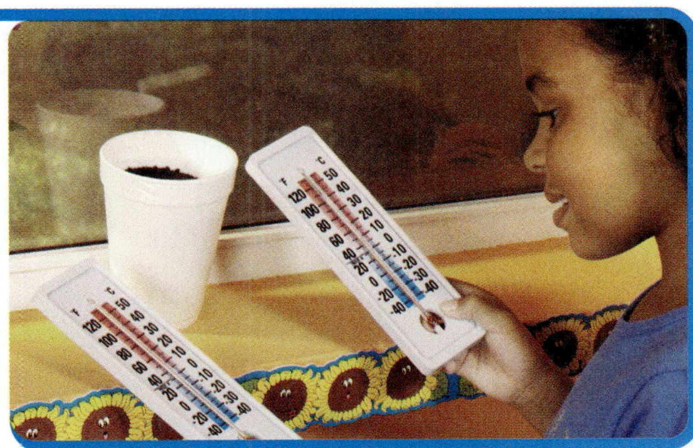

Paso 2

Sigue el **plan** para **investigar** tus ideas.

Paso 3

Comenta a tus compañeros lo que aprendiste.

Destreza de examinación

Cuando **planeas una investigación**, piensas ideas y las compruebas.

VOCABULARIO
calor

DESTREZA DE LECTURA

CAUSA Y EFECTO Busca en la lectura todos los efectos que el calor tiene sobre las cosas.

El calor

El **calor** es la energía que calienta las cosas. El calor del Sol calienta el suelo, el aire y el agua que te rodean.

El Sol calienta el suelo, el aire y el agua.

Algunas cosas se calientan más rápido que otras. Las cosas de color oscuro se calientan rápido al sol. Las cosas de color claro tardan más en calentarse.

Destreza clave

CAUSA Y EFECTO

¿Qué puede causar que algo se caliente rápido?

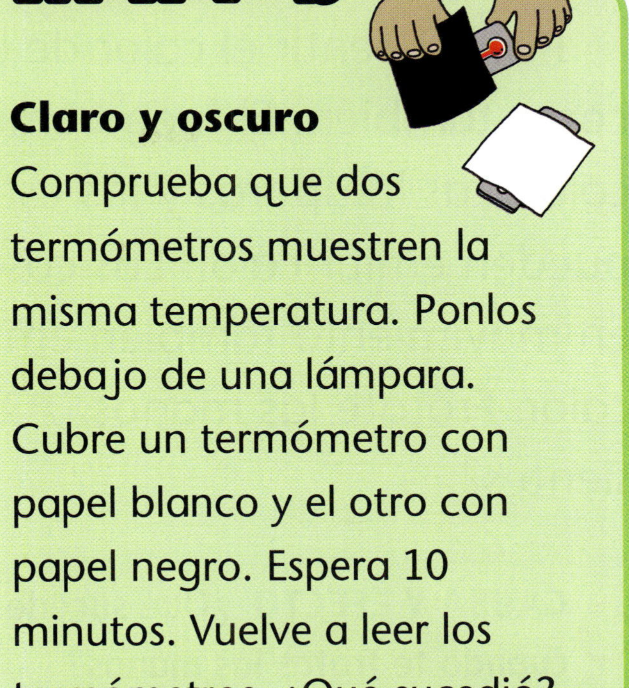

Minilab

Claro y oscuro

Comprueba que dos termómetros muestren la misma temperatura. Ponlos debajo de una lámpara. Cubre un termómetro con papel blanco y el otro con papel negro. Espera 10 minutos. Vuelve a leer los termómetros. ¿Qué sucedió?

¿Qué parte de la calle se calienta más rápido?

Otras fuentes de calor

Puedes sentir el calor de otras cosas también. El fuego emite calor. Las lámparas y las estufas pueden emitir calor. Las cosas en movimiento también emiten calor. Frótate las manos. ¿Qué sientes?

Destreza clave **CAUSA Y EFECTO** **¿Qué sucede cuando te frotas las manos?**

1. **CAUSA Y EFECTO** Copia y completa esta gráfica.

causa	efecto
El Sol calienta las cosas.	El suelo, el **A** _____ y el agua se calientan.
Algo es de color oscuro.	Se calienta **B** _____.
Algo es de color **C** _____.	Se calienta lentamente.
Te frotas las manos.	Las sientes **D** _____.

2. **RESUMIR** Usa la gráfica para resumir la lección.

3. **VOCABULARIO** Di algo sobre esta ilustración; usa la palabra **calor**.

Preparación para la prueba

4. ¿Qué cosas se calientan más rápido?
   A. las cosas grandes
   B. las cosas frías
   C. las cosas de color oscuro
   D. las cosas de color claro

Enlaces

Redacción

Informe

Lee sobre el Sol. Luego, escribe un informe breve sobre él. Di qué es y dónde está. Di de qué está formado el Sol y qué hace. Haz dibujos que ilustren tu informe.

Para hallar otros enlaces y actividades, visita **www.hspscience.com**

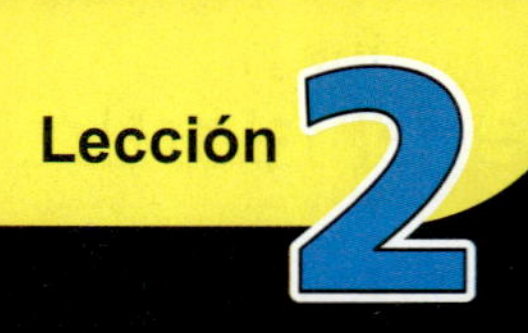
Lección 2

¿Qué puede hacer la luz?

Datos breves

Una sombra tiene la forma del objeto o del cuerpo que la produce. Saca una conclusión sobre cómo se forman las sombras.

Mirar las sombras

Materiales

- lápiz

- arcilla

- papel

- crayola

Paso 1

Pon la punta de un lápiz en una bola de arcilla. Coloca la bola sobre el papel. Pon todo en un lugar soleado.

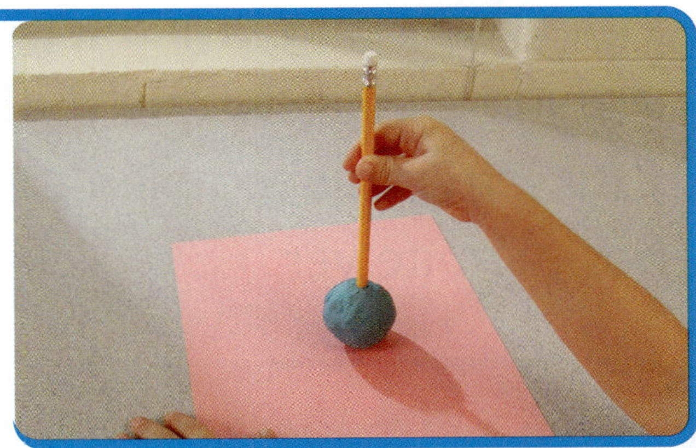

Paso 2

Marca el contorno de la sombra que veas en el papel. Repite el paso dos veces a diferentes horas del día.

Paso 3

Saca una conclusión sobre por qué cambió la sombra.

Destreza de examinación

Para **sacar una conclusión**, usa lo que observaste y lo que ya sabes.

VOCABULARIO
luz
sombra

DESTREZA DE LECTURA

IDEA PRINCIPAL Y DETALLES Busca en la lectura las ideas principales sobre la luz y lo que hace.

La luz

La **luz** es energía. La luz del Sol ilumina el mundo que nos rodea. El fuego y las lámparas también emiten luz. La luz nos permite ver.

luz solar

cortinas cerradas

puerta de vidrio

La luz se mueve. Atraviesa los objetos transparentes, como el vidrio. La luz no atraviesa todos los objetos. Los objetos que no son transparentes bloquean la luz.

Destreza clave

IDEA PRINCIPAL Y DETALLES

¿Cuál es la principal cosa qué nos permite hacer la luz?

¿Qué cosas atraviesa la luz?

Consigue materiales artísticos. Predice cuáles dejarán pasar la luz. ¿Cuáles bloquearán la luz? Comprueba tus ideas al sol o con una lámpara. **CUIDADO:** La lámpara puede calentarse.

Las sombras

Una **sombra** es un lugar oscuro que se produce cuando un objeto o un cuerpo bloquean la luz. Puedes ver muchas sombras en un día soleado.

Destreza clave

IDEA PRINCIPAL Y DETALLES

¿Qué produce las sombras?

1. **IDEA PRINCIPAL Y DETALLES** Copia y completa esta gráfica.

La luz

Idea principal
La luz es energía.

detalle	detalle	detalle	detalle
La luz nos permite A _____.	La luz atraviesa los objetos B _____.	Los objetos que no son transparentes C _____ la luz.	Cuando algo bloquea la luz, ves una D _____ oscura.

2. **SACAR CONCLUSIONES** ¿Piensas que todas las cosas pueden producir sombras? Explica tu respuesta.

3. **VOCABULARIO** Di algo sobre esta ilustración; usa las palabras **luz** y **sombra.**

Preparación para la prueba

4. Nombra algo que la luz podría atravesar. Di por qué piensas que eso sería posible.

Enlaces

Matemáticas

Mide una sombra

Mide tu altura. Anota el número. Luego, sal al patio. Pide a un compañero que mida la sombra que el sol produce de tu cuerpo. Anota el número. Compara los números. ¿Son iguales?

Para hallar otros enlaces y actividades, visita **www.hspscience.com**

Lección 3

¿Qué es el sonido?

Datos breves

El sonido viaja de un lugar a otro. Puedes formular una hipótesis sobre qué ayuda al sonido a viajar.

Observar el sonido

Materiales

- arroz
- tazón con papel de aluminio
- molde
- cuchara

Paso 1

Pon un poco de arroz sobre el papel de aluminio. **Formula una hipótesis.** ¿Qué sucederá con el arroz si haces un sonido fuerte?

Paso 2

Sostén el molde junto al tazón. Golpéalo una vez con la cuchara. Observa el arroz.

Paso 3

¿Era correcta tu **hipótesis**? Habla sobre ella.

Destreza de examinación

Para **formular una hipótesis**, explica lo que piensas que sucederá. Luego, comprueba tu idea.

VOCABULARIO

sonido
vibrar
intensidad
tono

DESTREZA DE LECTURA

COMPARAR Y CONTRASTAR Busca en la lectura las semejanzas y las diferencias entre los sonidos.

Cómo se producen los sonidos

El **sonido** es la energía que oyes. Se produce cuando algo vibra. **Vibrar** es moverse rápidamente hacia atrás y hacia adelante.

¿Qué sonidos piensas que oirías en esta calle?

Cuando rasgueas las cuerdas de una guitarra, cada una de ellas vibra. Esto produce un sonido que puedes oír.

guitarra casera

Destreza clave

COMPARAR Y CONTRASTAR

¿En qué son semejantes todos los sonidos?

cuerdas vibrando

guitarra

Los sonidos son diferentes

Algunos sonidos son suaves y otros son fuertes. La **intensidad** es lo fuerte o suave que es un sonido. El avión a chorro produce un sonido fuerte. ¿Qué otra cosa produce un sonido fuerte?

Los aviones a chorro producen sonidos fuertes.

Algunos sonidos son agudos y otros son graves. El **tono** es lo agudo o grave que es un sonido. La campana grande tiene un tono grave. ¿Qué otra cosa tiene un tono grave?

COMPARAR Y CONTRASTAR
Destreza clave
¿De qué forma pueden ser diferentes los sonidos?

Minilab

Instrumento de pajita

Corta un extremo de una pajita en forma de V. Apriétalo con los labios. Sopla muy fuerte. Escucha. Luego, corta parte del otro extremo de la pajita. Vuelve a soplar. ¿Cómo cambia el sonido?

Algunos carillones tienen un tono agudo.

Una campana grande tiene un tono grave.

Los instrumentos musicales

Los instrumentos musicales son objetos con los que las personas hacen música. Cada tipo de instrumento hace que el aire vibre y produzca sonidos.

Cuando soplas una trompeta, el aire vibra en los tubos de metal.

Un saxofón tiene una parte de madera llamada lengüeta. La lengüeta vibra, igual que el aire dentro del instrumento.

Un violín tiene cuerdas que vibran.

Un tambor tiene un parche tirante que vibra.

Para hallar otros enlaces y actividades, visita
www.hspscience.com

1. **COMPARAR Y CONTRASTAR** Copia y completa esta gráfica.

El sonido

semejanzas	diferencias
Todos los sonidos se producen cuando algo **A** _____.	La intensidad de un sonido puede ser fuerte o **B** _____.
	El tono de un sonido puede ser agudo o **C** _____.

2. **RESUMIR** Usa la gráfica para escribir un resumen de la lección.

3. **VOCABULARIO** Di algo sobre esta ilustración; usa la palabra **vibrar**.

Preparación para la prueba

4. ¿Qué palabra se refiere a lo agudo o grave que es un sonido?
   A. instrumento
   B. intensidad
   C. tono
   D. vibrar

Enlaces

Música

Las vibraciones de la voz

Tu garganta tiene partes que te ayudan a hablar y cantar. Canta con tono agudo y luego con tono grave. Canta fuerte y luego suave. Tócate el cuello mientras cantas. Acerca la otra mano a tus labios. Escribe algo sobre lo que observes.

Para hallar otros enlaces y actividades, visita **www.hspscience.com**

Cómo funciona un teléfono celular

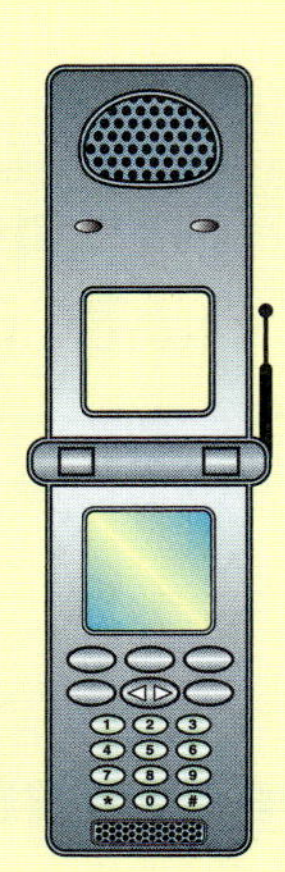

¿Has visto niños hablando por teléfono celular? En realidad, un teléfono celular es una radio. Convierte el sonido de tu voz en una energía diferente. Luego, esa energía viaja a través del aire hasta que llega a una torre.

Una llamada

La torre recoge la energía. Luego, la envía hacia el número que marcaste.

El teléfono de la otra persona convierte la energía en el sonido original. ¿Alguna vez pensaste que podrías hablar a través del aire?

PIENSA

¿Qué hace un teléfono celular con tu voz cuando hablas por él?

Y el mundo se iluminó

Thomas Alva Edison fue un científico. También fue un inventor. De niño, no oía bien. Pasaba mucho tiempo leyendo. A Edison le encantaba leer los muchos libros de Ciencias que su madre le daba.

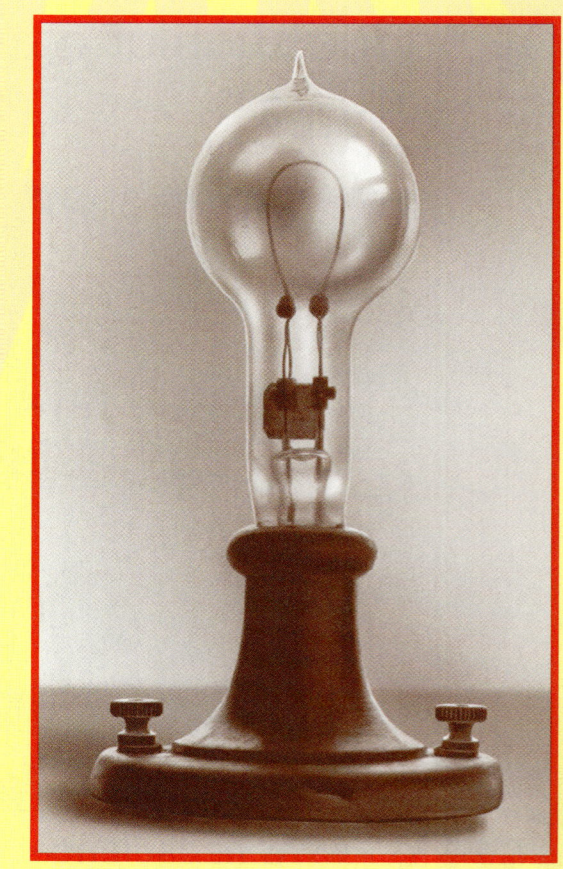

Edison inventó una bombilla diferente. Su bombilla contenía un filamento especial. Por eso, podía permanecer encendida durante más horas que otras bombillas. Al poco tiempo, la nueva bombilla ya iluminaba muchos lugares. Thomas Edison había cambiado nuestro mundo.

¡Sí puedes!

Investiga el tono

Qué hacer

1. Sopla por el pico de una botella. Escucha. Predice cómo cambiará el sonido si pones agua en la botella.
2. Echa una cantidad diferente de agua en cada botella. Sopla en las cuatro botellas.
3. ¿Cuáles tienen un tono agudo? ¿Cuáles tienen un tono grave? Agrupa las botellas desde el tono más agudo hasta el más grave.

Materiales

- cuatro botellas
- agua

Sacar conclusiones

¿Qué vibra en una botella vacía para que se produzca sonido? ¿Cómo cambia el sonido al agregar agua?

Atrapa el sol

Usa materiales artísticos para recortar algunas figuras. Pégalas en una hoja de material transparente de colores. Luego, cuelga la hoja en una ventana al sol. Mira cómo atrapas el sol.

Repaso y preparación para la prueba

Repaso del vocabulario

Une cada palabra con su ilustración.

1. **calor** pág. 354

A. 

2. **luz** pág. 360

B. 

3. **sombra** pág. 362

C. 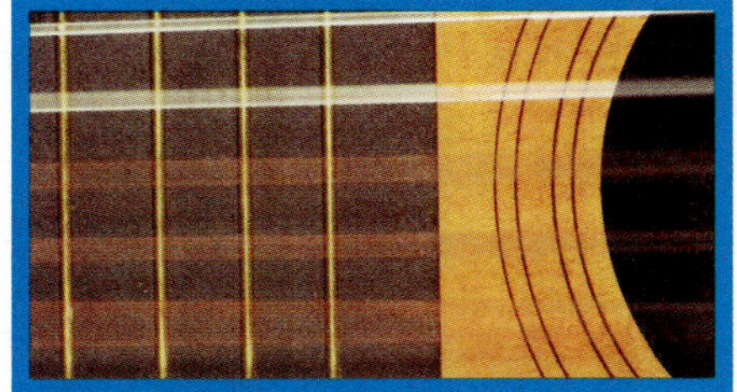

4. **vibrar** pág. 366

D. 

Comprueba lo que aprendiste

5. ¿Qué **causa** que algunas cosas se calienten más rápido que otras?

6. ¿Qué ropa conviene usar un día de calor? Di por qué.

7. ¿Qué tipo de tono tiene un silbato?

   A. agudo
   B. fuerte
   C. grave
   D. suave

Razonamiento crítico

8. Observa este instrumento musical. ¿Qué partes vibran para que se produzcan sonidos? ¿Cómo lo sabes?

Capítulo

12 El movimiento

Lección 1 ¿Cómo se mueven las cosas?

Lección 2 ¿Cómo puedes cambiar la forma en que se mueven las cosas?

Lección 3 ¿Cómo mueve las cosas la gravedad?

Lección 4 ¿Cómo mueve las cosas un imán?

Vocabulario

movimiento
velocidad
fuerza
empujar
jalar
gravedad
imán
atraer
fuerza magnética
polo
repeler

Me pregunto...
¿Qué hace que una montaña rusa se mueva?
¿Qué te preguntas tú?

Lección 1

¿Cómo se mueven las cosas?

Datos breves

Los aviones Blue Angels se mueven muy rápido y en muchas direcciones al hacer acrobacias. Puedes clasificar objetos según la forma en que se mueven.

Cómo se mueven los objetos

Materiales

- objetos

Paso 1

Mueve cada objeto. Observa la forma en que se mueve.

Paso 2

Clasifica los objetos según la forma en que se mueven. Luego, escribe algo sobre los grupos que formaste.

Paso 3

Habla con tus compañeros sobre los diferentes grupos. Compara los resultados.

Destreza de examinación

Clasifica los objetos poniendo en un mismo grupo a los que se mueven igual.

VOCABULARIO
movimiento
velocidad

DESTREZA DE LECTURA

COMPARAR Y CONTRASTAR Busca en la lectura en qué pueden ser semejantes y diferentes el movimiento y la velocidad.

El movimiento

Muchas de las cosas que te rodean están en movimiento. Cuando algo está en **movimiento**, se mueve. ¿Qué se está moviendo aquí?

cuerda para saltar

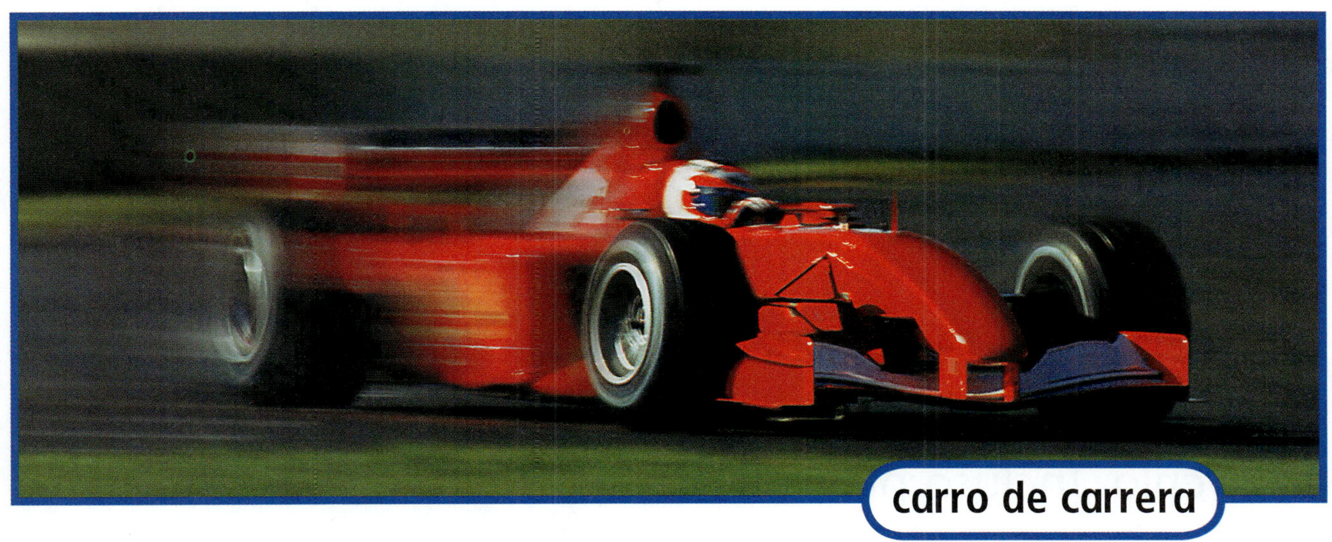

carro de carrera

Los objetos se mueven a diferentes velocidades. La **velocidad** es la rapidez con que algo se mueve. Estos dos objetos se están moviendo. Pero su velocidad no es la misma. ¿Cuál se está moviendo más rápido?

Destreza clave

COMPARAR Y CONTRASTAR

¿En qué pueden ser diferentes las velocidades de los objetos?

triciclo

Minilab

Gráfica del movimiento

Prueba algunos juguetes. ¿Siguen un recorrido recto o curvo? ¿Se mueven en círculo o en zigzag? Anótalo. Luego, haz una gráfica de barras para mostrar cuántos juguetes se mueven de cada forma.

Cómo se mueven los objetos

línea recta

línea curva

círculo

zigzag

0 1 2 3 4 5 6 7

Cómo se mueven las cosas

Las cosas pueden moverse de diferentes formas. Un objeto puede seguir un recorrido recto. También puede seguir un recorrido curvo. Puede moverse en círculo. Incluso puede moverse en zigzag.

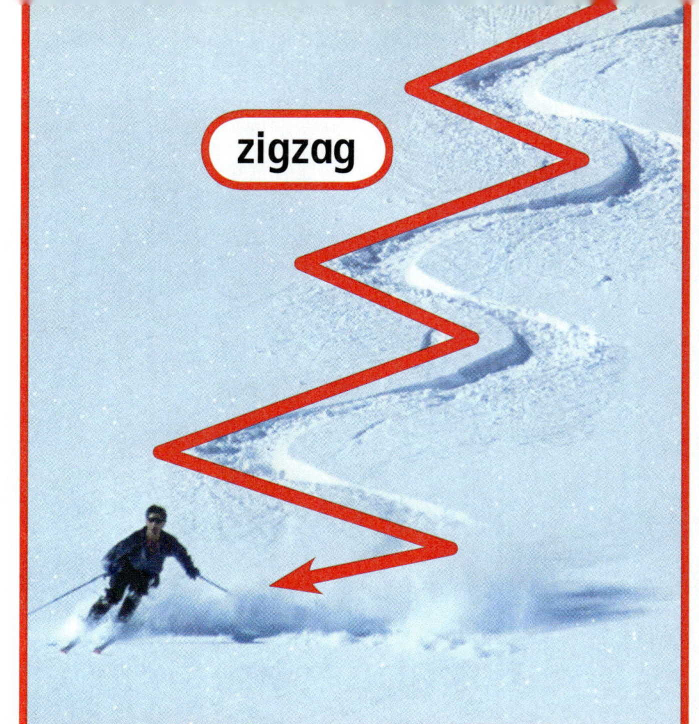

COMPARAR Y CONTRASTAR

Destreza clave

¿Cuáles son algunas de las diferentes formas en que un objeto puede moverse?

1. **COMPARAR Y CONTRASTAR** Copia y completa esta gráfica.

El movimiento

semejanzas	diferencias
Todos los objetos en Ⓐ _______ se mueven.	La Ⓑ _______ de un objeto puede ser rápida o lenta.
	Un objeto puede seguir un recorrido recto o curvo. También puede moverse en círculo o en Ⓒ _______.

2. **RESUMIR** Usa la gráfica para escribir un resumen de la lección.

3. **VOCABULARIO** Di algo sobre esta ilustración; usa la palabra **movimiento**.

Preparación para la prueba

4. ¿Cuáles son algunas de las diferentes formas en que un objeto puede moverse?

Enlaces

Redacción

Redacción sobre el movimiento

Piensa en un deporte o en un juego activo que te guste jugar. ¿Cómo mueves el cuerpo? Redacta una descripción. Di cómo se mueve tu cuerpo cuando juegas.

Para hallar otros enlaces y actividades, visita **www.hspscience.com**

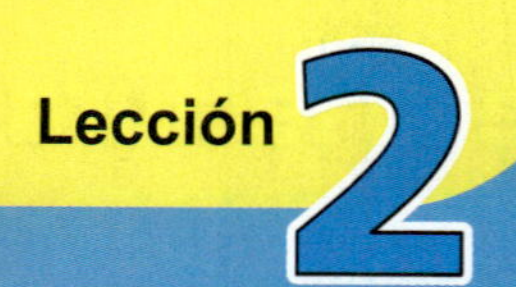

¿Cómo puedes cambiar la forma en que se mueven las cosas?

Datos breves

Este malabarista puede lanzar 3 clavas al mismo tiempo. Puedes planear una investigación para averiguar formas de hacer mover los objetos.

Jalar y empujar objetos

Materiales

- **cubo pequeño**
- **objetos para hacer mover el cubo**

Paso 1

Observa los objetos. ¿Cómo puedes jalar o empujar el cubo con ellos? **Planea una investigación.**

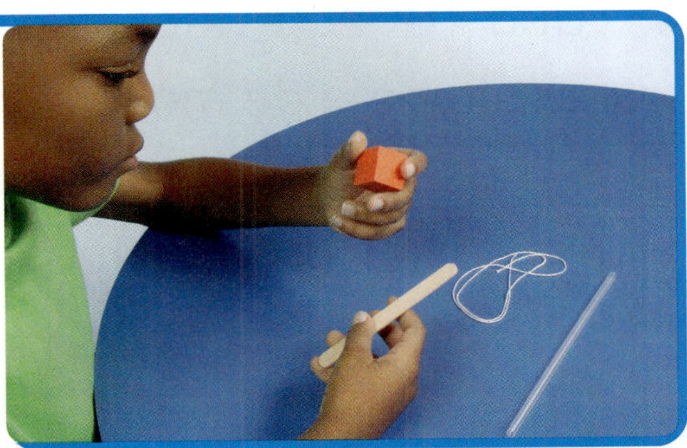

Paso 2

Sigue tu **plan**.
Di cómo moviste el cubo.
Usa las palabras *jalar* y *empujar.*

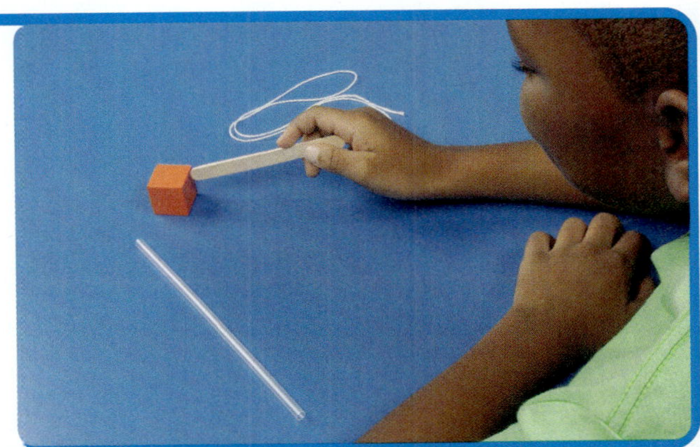

Paso 3

Repite tu **plan**. ¿Obtienes los mismos resultados?

Destreza de examinación

Puedes planear una investigación. Piensa en formas de mover el cubo y luego haz la prueba.

VOCABULARIO
fuerza
empujar
jalar

DESTREZA DE LECTURA

CAUSA Y EFECTO Busca en la lectura las acciones que causan que los objetos se muevan.

Cómo hacer mover las cosas

Una **fuerza** hace que algo se mueva o deje de moverse. Cada vez que mueves un objeto, usas la fuerza. También la usas para mover tu cuerpo.

Empujar y jalar son formas de usar la fuerza. Al **empujar** un objeto, lo alejas de ti. Al **jalar** un objeto, lo acercas hacia ti.

Destreza clave **CAUSA Y EFECTO** **¿Qué sucede cuando empujas un objeto?**

Cambios de velocidad

Usas la fuerza para cambiar la velocidad de un objeto. Estas pelotas se están moviendo muy rápido. Puedes empujar una pelota para detenerla. Luego puedes jalarla para acercarla. También puedes empujarla lejos pateándola para hacer que se mueva más rápido.

Destreza clave **CAUSA Y EFECTO** **¿Qué puede causar que una pelota se mueva más rápido?**

empujando para alejar

Cambios de dirección

Usas la fuerza para cambiar la dirección de un objeto. Cuando juegas al béisbol, la pelota se mueve hacia ti. Luego, la golpeas con el bate. Al golpear la pelota, la empujas. La pelota se aleja de ti.

Destreza clave **CAUSA Y EFECTO** **¿Qué sucede con una pelota cuando la golpeas?**

Empuja y jala una pelota

Con tus compañeros, jueguen a lanzar y patear una pelota para pasársela entre ustedes. Cada vez que toquen la pelota, digan si la empujaron o la jalaron.

¿Qué fuerza usa el niño para cambiar la dirección de la pelota?

Cambios de posición

Usas la fuerza para cambiar un objeto de lugar. Puedes jalar parte de un camión de juguete hacia arriba y empujar otra parte hacia abajo. Puedes empujar el camión de juguete hacia adentro de la estación y jalarlo hacia afuera. También puedes empujarlo hacia adelante y jalarlo hacia atrás.

CAUSA Y EFECTO **¿Cómo puedes cambiar un objeto de lugar?**

hacia adentro y
hacia afuera

hacia adelante y hacia atrás

1. CAUSA Y EFECTO Copia y completa esta gráfica.

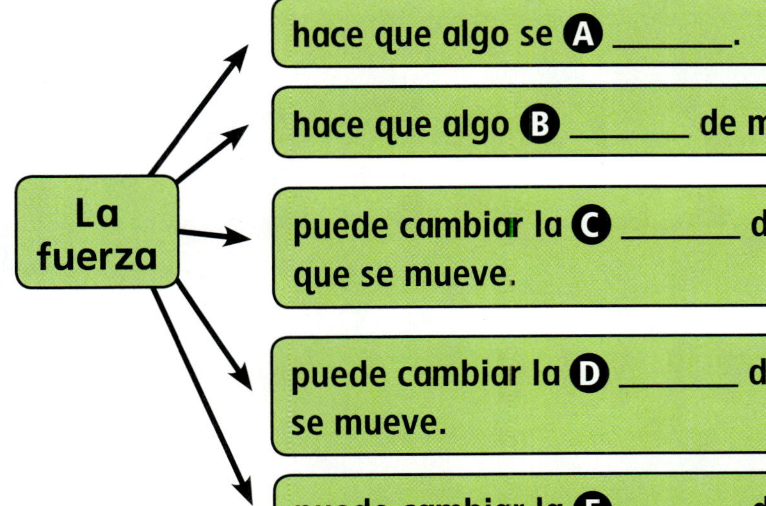

causa	efectos
La fuerza	hace que algo se **A** ______.
	hace que algo **B** ______ de moverse.
	puede cambiar la **C** ______ de un objeto, o la rapidez con que se mueve.
	puede cambiar la **D** ______ de un objeto, o hacia donde se mueve.
	puede cambiar la **E** ______ de un objeto.

2. SACAR CONCLUSIONES ¿Qué fuerza usas cuando saltas?

3. VOCABULARIO Di algo sobre esta ilustración; usa la palabra **empujar**.

Preparación para la prueba

4. Escribe una oración sobre qué causa que los objetos se muevan o dejen de moverse.

Enlaces

Matemáticas

Suma puntos

En algunos juegos, los jugadores empujan objetos para anotar puntos. Inventa tu propio juego de empujar. Usa la tapa de una caja. Empuja la tapa de una botella desde un extremo y anota puntos. Haz lo mismo 3 veces. Suma los puntos para saber tu puntaje.

Para hallar otros enlaces y actividades, visita **www.hspscience.com**

Lección 3

¿Cómo mueve las cosas la gravedad?

Datos breves

La gravedad hace bajar tu cuerpo por un tobogán. Puedes predecir cómo la gravedad moverá un objeto.

Cómo se moverá una pelota

Materiales

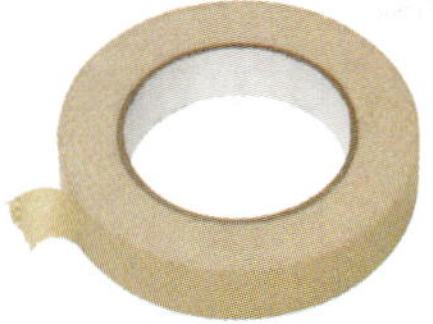

- cinta de enmascarar
- pelota
- rampa

Paso 1

Arma la rampa. **Predice** dónde se detendrá la pelota cuando la hagas rodar por la rampa. Marca ese lugar con cinta de enmascarar.

Paso 2

Haz rodar la pelota hasta la base de la rampa.

Paso 3

¿Era correcta tu **predicción**? Habla sobre lo que descubriste.

Destreza de examinación

Para predecir adónde irá la pelota, piensa en cómo se mueve una pelota.

VOCABULARIO
gravedad

DESTREZA DE LECTURA

CAUSA Y EFECTO Busca en la lectura el efecto que la gravedad tiene sobre los objetos.

La gravedad hace mover las cosas

La **gravedad** es una fuerza que jala las cosas hacia el suelo. Hace que las cosas caigan a menos que algo las sostenga.

Observa a la joven que se está zambullendo. Nada la sostiene. ¿Hacia dónde se moverá? La joven se moverá hacia abajo debido a la gravedad.

CAUSA Y EFECTO **¿Qué efecto tiene la gravedad sobre los objetos?**

joven zambulléndose

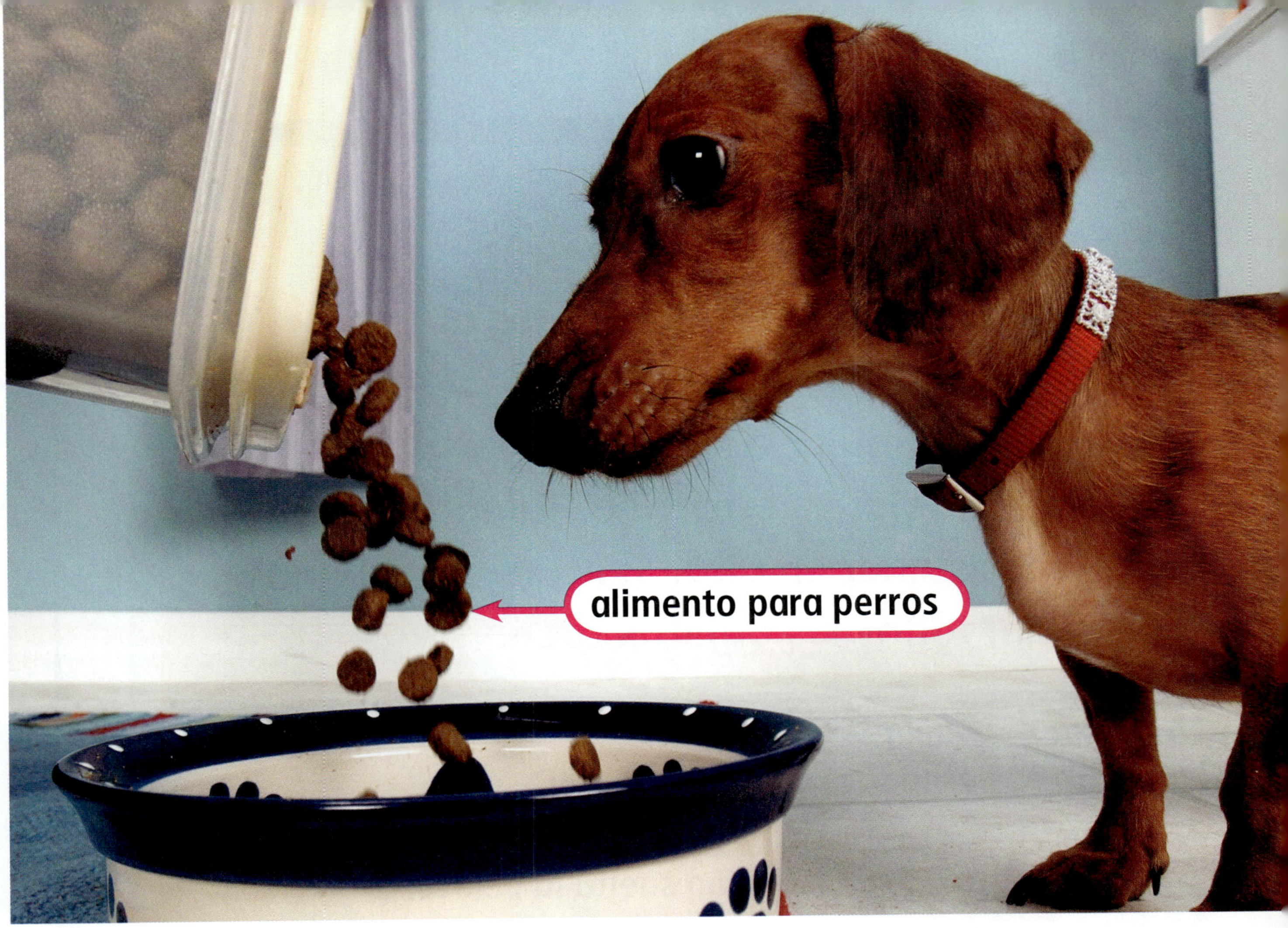

alimento para perros

¿Qué está moviendo la gravedad aquí?

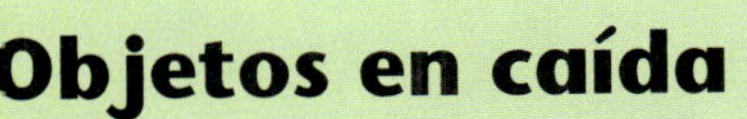

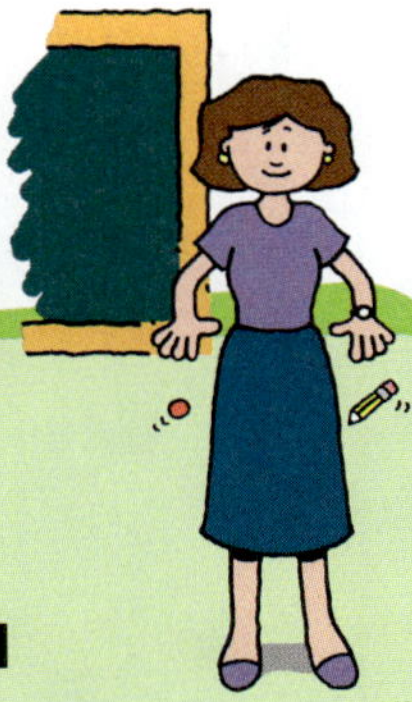

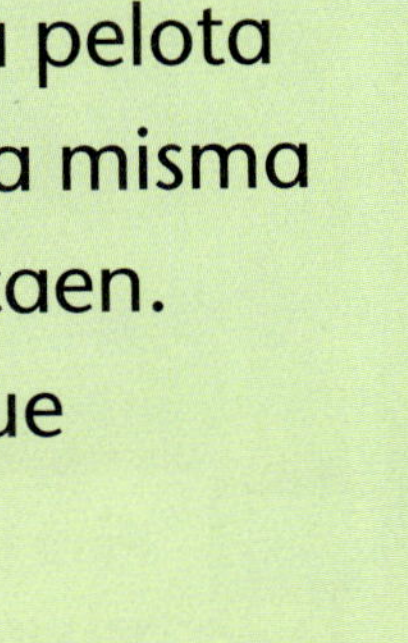

Objetos en caída

Observa la forma en que la gravedad jala diferentes cosas hacia abajo. Tu maestra soltará una pelota y un lápiz desde una misma altura. Mira cómo caen. ¿Por qué piensas que sucedió esto?

Míralo en detalle

Cómo caen las cosas

La gravedad mueve todos los objetos de la Tierra de igual forma. Los jala hacia abajo. Al empujar o jalar un objeto, se puede cambiar su recorrido. También se lo puede sostener en alto. Si no se empujan ni se jalan, todos los objetos caen.

La pelota es liviana. La piedra es pesada.

El niño suelta la pelota y la piedra al mismo tiempo.

Ambas caen y llegan al suelo al mismo tiempo.

Para hallar otros enlaces y actividades, visita **www.hspscience.com**

1. **CAUSA Y EFECTO** Copia y completa esta gráfica.

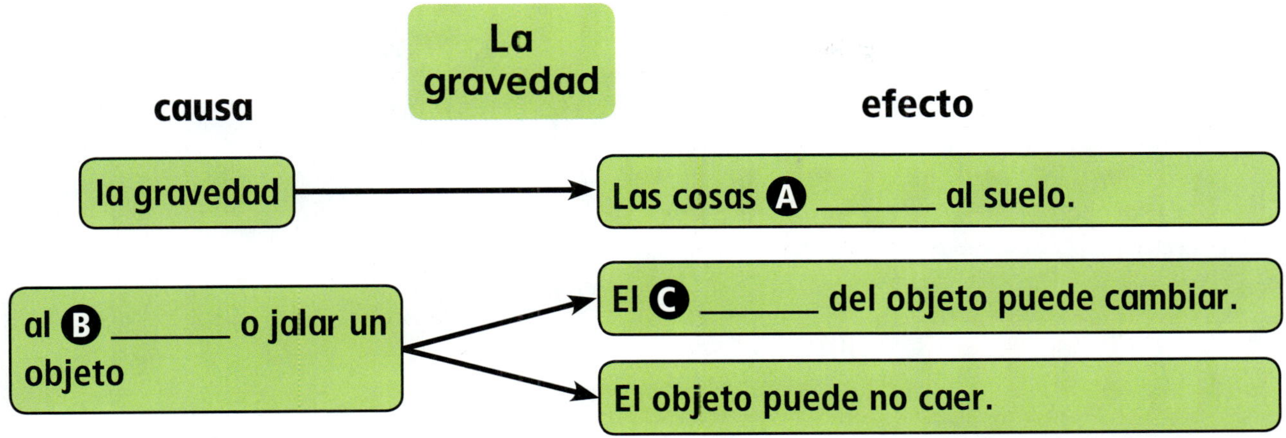

2. **RESUMIR** Escribe dos oraciones que expliquen de qué trata la lección.

3. **VOCABULARIO** Di algo sobre esta ilustración; usa la palabra **gravedad**.

Preparación para la prueba

4. ¿Cómo podrías evitar que la gravedad atraiga una pelota hacia el suelo?

Enlaces

Educación Física 

Haz ejercicio

En algunos ejercicios físicos, debes empujar contra la gravedad. Haz dibujos que muestren cómo haces ejercicio. Rotula las partes del cuerpo que usas para empujar contra la gravedad. Luego, muestra los ejercicios a un compañero.

Para hallar otros enlaces y actividades, visita **www.hspscience.com**

Lección 4

¿Cómo mueve las cosas un imán?

Datos breves

Este potente imán puede levantar el acero reciclado. Puedes formular una hipótesis sobre qué cosas jalará un imán.

Lo que jalan los imanes

Materiales

- **imán de barra**

- **objetos**

Paso 1

Observa los objetos.
¿Cuáles jalará un imán?
Formula una hipótesis.

Paso 2

Comprueba tu **hipótesis**.
Usa un imán. Escribe tus observaciones.

Lo que hace un imán

Objeto	Lo jala	No lo jala

Paso 3

¿Era correcta tu **hipótesis**? ¿Cómo lo sabes?

Destreza de examinación

Cuando formulas una hipótesis, piensas una idea.

VOCABULARIO

imán | polo
atraer | repeler
fuerza magnética

DESTREZA DE LECTURA

IDEA PRINCIPAL Y DETALLES Busca en la lectura qué son los imanes y cómo mueven objetos.

Los imanes

Un **imán** es un objeto que puede **atraer**, o jalar, cosas hechas de hierro.

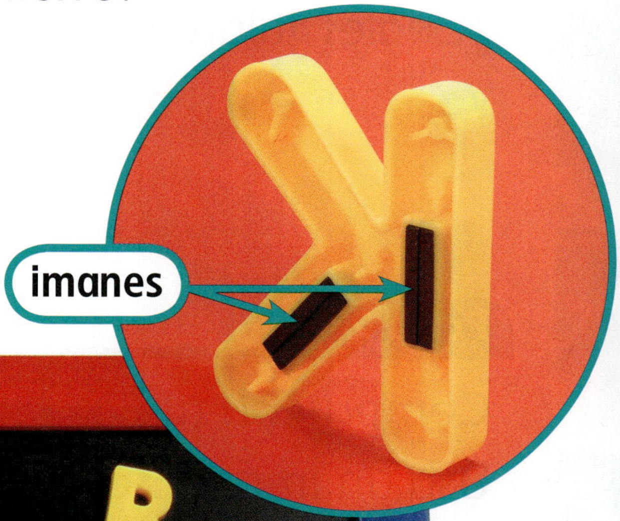

imanes

¿Qué atrae un imán? Para saberlo, haz la prueba con algunos objetos. Un imán no atrae todos los metales. Atrae los metales que contienen hierro. El acero contiene hierro.

Destreza clave **IDEA PRINCIPAL Y DETALLES** ¿Qué es un imán?

La fuerza de un imán

La fuerza de un imán para jalar cosas se llama **fuerza magnética**. Algunos imanes tienen mucha fuerza. Son muy potentes. Muchos imanes pueden jalar incluso a través de papel o de telas.

imán jalando sin tocar

Los imanes atraen objetos sin tocarlos. Los más potentes pueden jalar desde lejos. Este imán jala el clip de una cometa cuando se lo sostiene por encima de ella.

Destreza clave

IDEA PRINCIPAL Y DETALLES
¿Cómo sabes si un imán tiene una fuerza magnética potente?

Muévelo con un imán

Descubre a través de qué cosas jala un imán. Usa un imán potente. Intenta atraer un clip a través de papel, de tela y de otros materiales. Di qué observas.

Los polos de un imán

Un imán tiene un polo N y un polo S. Un **polo** está cerca del extremo de un imán de barra. Un imán jala con mayor fuerza en sus polos.

Puedes intentar juntar dos imanes. Si los polos son diferentes, se atraen entre sí. Los polos iguales se **repelen**, o se alejan uno del otro.

N

S

polos

Destreza clave

IDEA PRINCIPAL Y DETALLES
¿Qué son los polos de un imán?

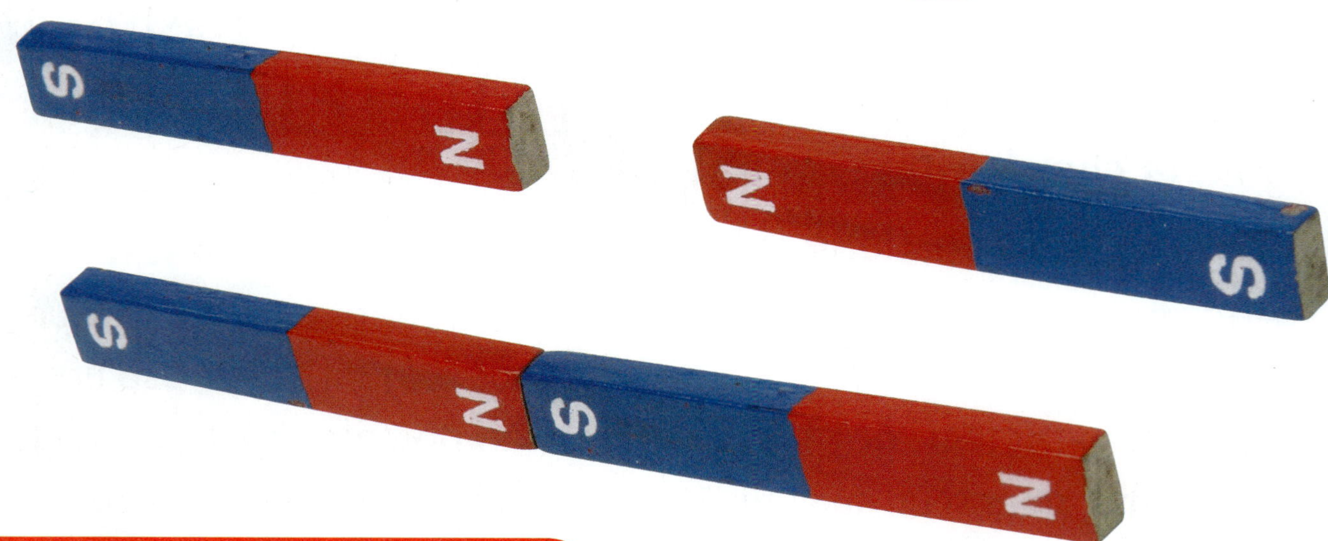

¿Qué sucede cuando intentas juntar dos imanes?

1. **IDEA PRINCIPAL Y DETALLES** Copia y completa esta gráfica.

Los imanes

Idea principal
Un imán es un objeto que atrae cosas hechas de Ⓐ ______.

detalle	detalle	detalle
Un Ⓑ ______ no jala todos los metales.	La fuerza del imán para jalar cosas se llama Ⓒ ______.	Un imán jala con mayor fuerza en sus Ⓓ ______.

2. **SACAR CONCLUSIONES** ¿Qué puedes decir sobre un juguete que es atraído por un imán?

3. **VOCABULARIO** Di algo sobre esta ilustración; usa la palabra **atraer**.

Preparación para la prueba

4. ¿Qué sucede si juntas dos polos iguales?
   A. Se atraen.
   B. Se jalan.
   C. Se rompen.
   D. Se repelen.

Enlaces

Estudios Sociales

Reciclar con imanes

Los centros de reciclaje usan imanes para separar los diferentes metales. Descubre cómo lo hacen. Consigue objetos de metal limpios de un cubo de reciclaje. Usa un imán para agruparlos. Muestra los grupos en una tabla.

Tiene hierro.	No tiene hierro.
tapa de frasco	lata de refresco

Para hallar otros enlaces y actividades, visita **www.hspscience.com**

Para conducir con mayor seguridad

Es tarde y la carretera está oscura. El conductor de un carro se está quedando dormido. Y entonces... ¡el cinturón de seguridad se ajusta y lo despierta!

En el pasado, a las personas no les preocupaba quedarse dormidas. Usaban carruajes y caballos para ir de un lugar a otro. Luego, los carros reemplazaron a los carruajes. Esos carros eran lentos. Con el tiempo, fueron más rápidos.

Hoy en día, conducir en las carreteras no es muy seguro. Los conductores deben tener más cuidado que nunca. Este cinturón de seguridad es una herramienta nueva que protege a los conductores.

PIENSA

¿Por qué un carro que va a mayor velocidad podría ser menos seguro?

Spin-In
¡Investiga más! Visita
www.hspscience.com

Cómo mover cosas con imanes

John Fowler está estudiando los imanes. Aprendió que un imán puede levantar cosas que contienen hierro.

John tomó un imán del refrigerador de su casa y lo usó para intentar levantar diferentes cosas.

John levantó clips. Dejó caer uno en un vaso de vidrio. ¡El imán logró atraer el clip a través del vidrio y del agua!

¡Sí puedes!

Haz un juguete magnético

Qué hacer

1. Haz una cometa pequeña con papel de seda.
2. Ata un clip a un hilo. Usa cinta adhesiva para pegar el clip a la cometa. Pega el extremo del hilo a una mesa.
3. Sostén el imán por encima de la cometa, pero sin tocarla. ¿Puedes usar el imán para hacer volar la cometa?

Materiales

- tijeras
- papel de seda
- clip
- cinta adhesiva
- imán
- hilo

Sacar conclusiones

¿Qué parte de la cometa atrae el imán? ¿Por qué?

Busca las ruedas

¿En qué son semejantes una bicicleta, un carro y unos patines? Tienen ruedas. Las ruedas ayudan a los objetos a moverse. Mira a tu alrededor. Busca objetos con ruedas . Di cómo se mueve cada uno.

Capítulo

Repaso y preparación para la prueba

Repaso del vocabulario

Elige la palabra que complete mejor cada oración.

velocidad pág. 383
gravedad pág. 396
imán pág. 402
repeler pág. 406

1. Lo que hace un imán al alejar algo es ____.
2. Un objeto que atrae cosas hechas de hierro es un ____.
3. Una fuerza que jala las cosas hacia el suelo es la ____.
4. La rapidez con que algo se mueve es la ____.

Comprueba lo que aprendiste

5. Observa estas ilustraciones. **Compara** las diferentes formas en que pueden moverse los objetos.

6. Mira esta ilustración. ¿Qué está **causando** que el trineo se mueva?

A. la gravedad

B. la fuerza magnética

C. los polos N y S

D. la velocidad

Razonamiento crítico

7. ¿Por qué piensas que los imanes se adhieren a la mayoría de los refrigeradores?

8. Nombra estos objetos en orden desde el más lento hasta el más rápido.

A.

B.

C.

Referencias

Contenido

Tus sentidos

Tienes cinco sentidos que te ayudan a saber cómo es el mundo. Tus cinco sentidos son: la vista, el oído, el olfato, el gusto y el tacto.

Tus ojos

Si miras tus ojos en el espejo, verás que tienen una parte blanca externa, una parte de color llamada iris y un hoyo oscuro en el centro. Este hoyo se llama pupila.

Parte interna del ojo

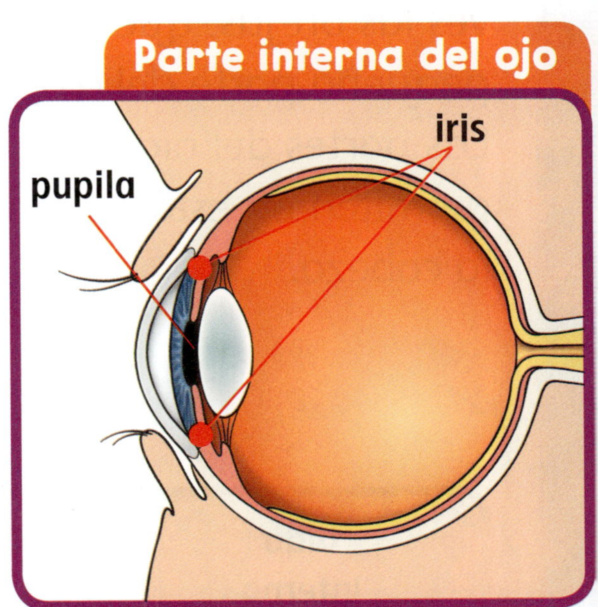

El cuidado de tus ojos

- Visita al doctor para que te revise los ojos y compruebe si están sanos.
- Nunca mires directamente al Sol ni hacia luces muy brillantes.
- Ponte anteojos de sol cuando estés al aire libre en un día soleado, en la nieve o en el agua.
- No te toques ni te frotes los ojos.
- Protege tus ojos cuando practiques deportes.

Parte externa del ojo

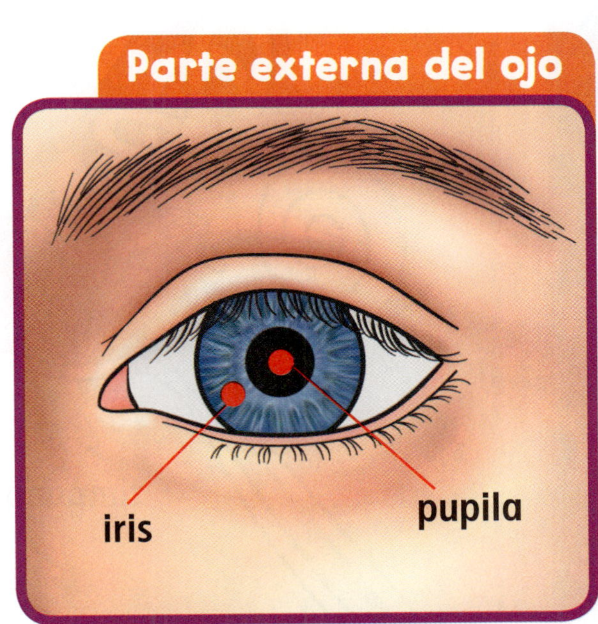

Tus sentidos

Tus oídos

Tus oídos te permiten oír los sonidos a tu alrededor. Fuera de la cabeza, sólo ves las orejas, que son una pequeña parte del oído. Las partes del oído que te permiten oír están dentro de la cabeza.

El cuidado de tus oídos

- Visita al doctor para que te revise los oídos.
- Evita los ruidos muy fuertes.
- Nunca pongas objetos dentro de tus oídos.
- Protege tus oídos cuando practiques deportes.

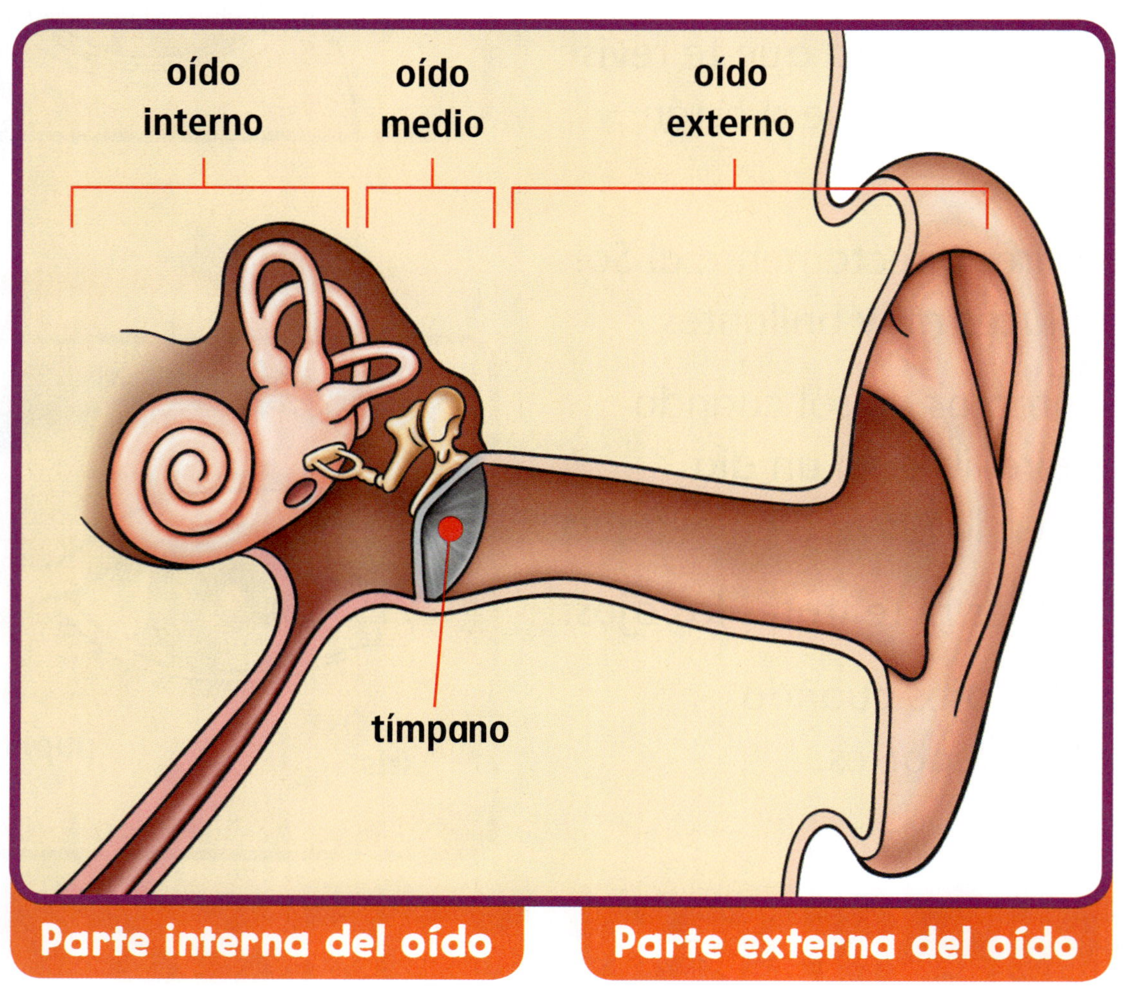

Los sentidos del olfato y del gusto

Tu nariz limpia el aire que respiras y te permite oler las cosas. Tu nariz y tu lengua te ayudan a sentir el gusto de lo que comes y bebes.

Tu piel

Tu piel protege tu cuerpo de los gérmenes. También te da el sentido del tacto.

El cuidado de tu piel

- Lávate siempre las manos después de toser, sonarte la nariz, tocar un animal, jugar afuera o ir al baño.
- Protege tu piel de las quemaduras de sol. Ponte un sombrero y ropa que te cubra la piel cuando estés al aire libre.
- Usa filtro solar para proteger tu piel del sol.
- Ponte casco y almohadillas protectoras cuando practiques deportes, montes en bicicleta o patines.

Tu sistema óseo

Dentro de tu cuerpo hay muchos huesos fuertes y duros. Ellos forman tu sistema óseo. Los huesos protegen las partes internas de tu cuerpo.

Tu sistema óseo funciona junto con tu sistema muscular para sostener tu cuerpo y darle forma.

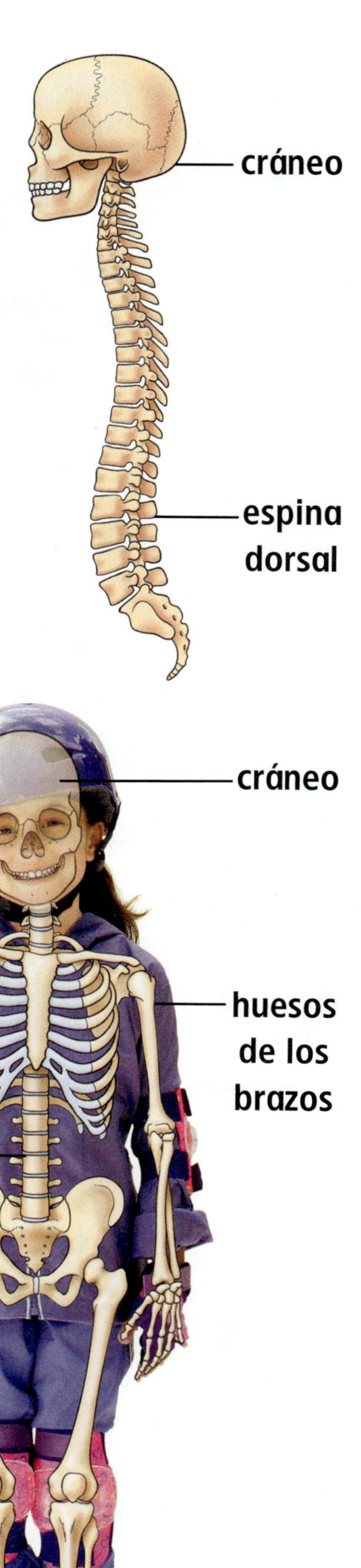

El cuidado de tu sistema óseo

- Ponte siempre casco y equipo de protección cuando patines, montes en bicicleta o en monopatín, o practiques deportes.
- Come alimentos que te ayuden a tener huesos fuertes y duros.
- Haz ejercicio para mantener tus huesos fuertes y sanos.
- Descansa bien para ayudar a tus huesos a crecer.

Tu sistema muscular

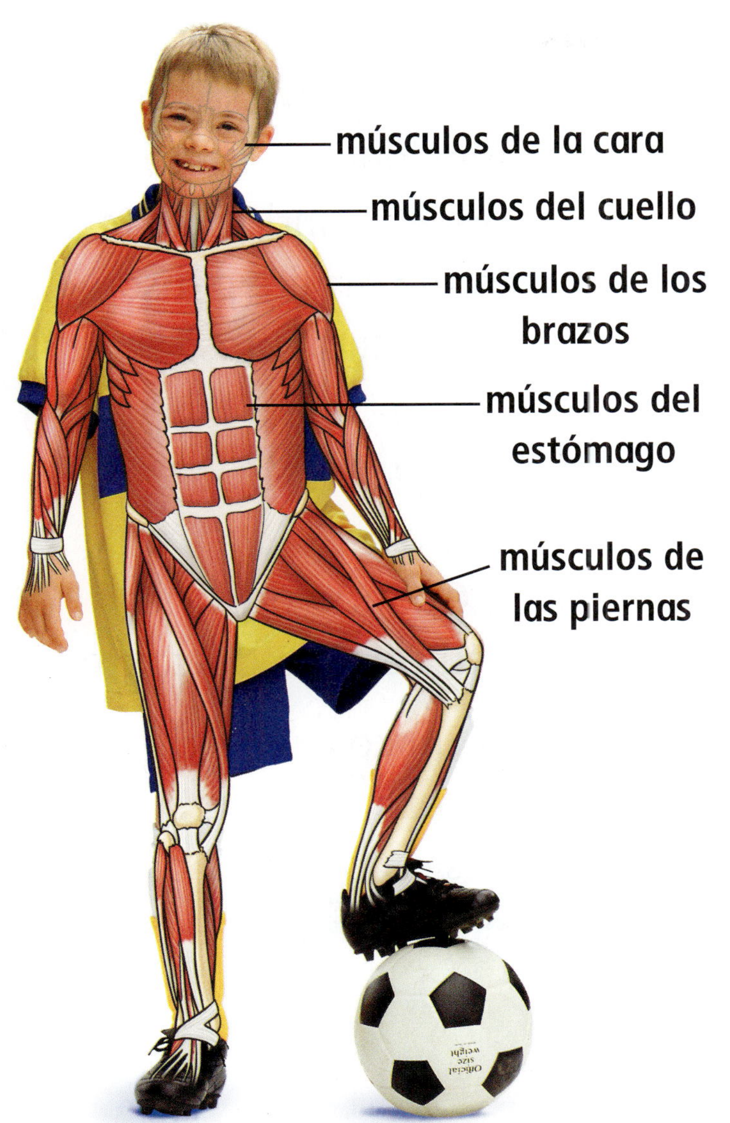

Tu sistema muscular está formado por los músculos de tu cuerpo. Los músculos son partes del cuerpo que te ayudan a moverte.

El cuidado de tu sistema muscular

- Haz ejercicio para mantener tus músculos fuertes.
- Come alimentos que ayuden a tus músculos a crecer.
- Bebe mucha agua cuando practiques deportes o hagas ejercicio.
- Descansa tus músculos después de hacer ejercicio o practicar deportes.

Tu sistema nervioso

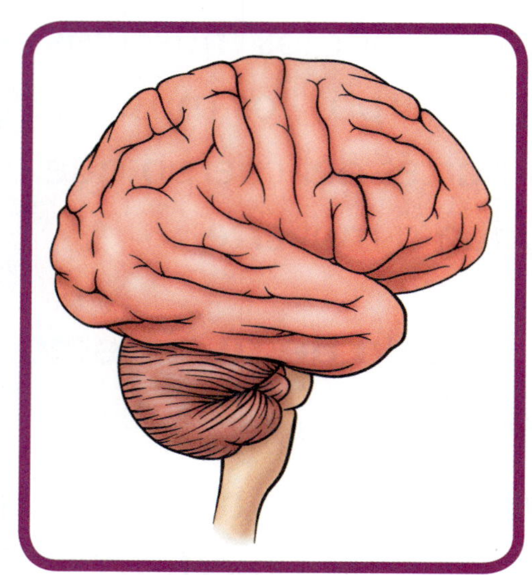

Tu cerebro y tus nervios son partes de tu sistema nervioso. Tu cerebro hace funcionar el cuerpo. Te informa sobre el mundo que te rodea. También te permite pensar, recordar y tener sentimientos.

El cuidado de tu sistema nervioso

- Duerme bien. Cuando duermes, permites que tu cerebro descanse.
- Ponte siempre un casco para proteger tu cabeza y tu cerebro cuando montes en bicicleta o practiques deportes.

Tu aparato digestivo

Tu aparato digestivo ayuda a tu cuerpo a obtener energía de los alimentos que comes. Tu cuerpo necesita energía para funcionar.

Tu cuerpo descompone los alimentos cuando los digiere. Tu aparato digestivo toma lo que tu cuerpo necesita y elimina lo que tu cuerpo no necesita.

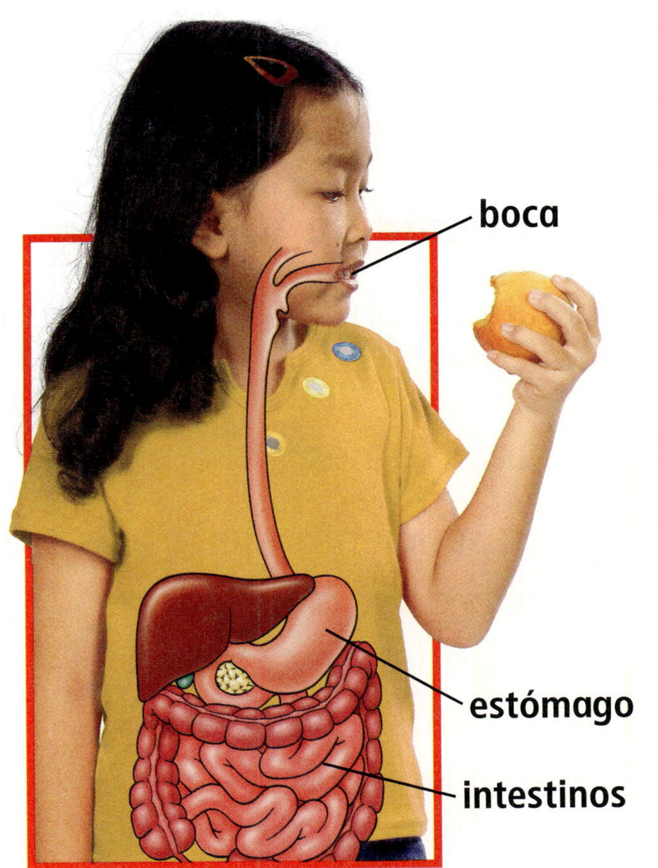

El cuidado de tu aparato digestivo

- Cepíllate los dientes y usa hilo dental todos los días.
- Lávate las manos antes de comer.
- Come despacio y mastica bien los alimentos antes de tragarlos.
- Come verduras y frutas. Ellas ayudan a que los alimentos se muevan por tu aparato digestivo.

Tu aparato respiratorio

Tu aparato respiratorio te permite respirar. Tu boca, tu nariz y tus pulmones son partes del aparato respiratorio.

El cuidado de tu aparato respiratorio

- Nunca pongas objetos dentro de tu nariz.
- Nunca fumes.
- Haz suficiente ejercicio. Cuando haces ejercicio, respiras profundo y ayudas a que tus pulmones se vuelvan más fuertes.

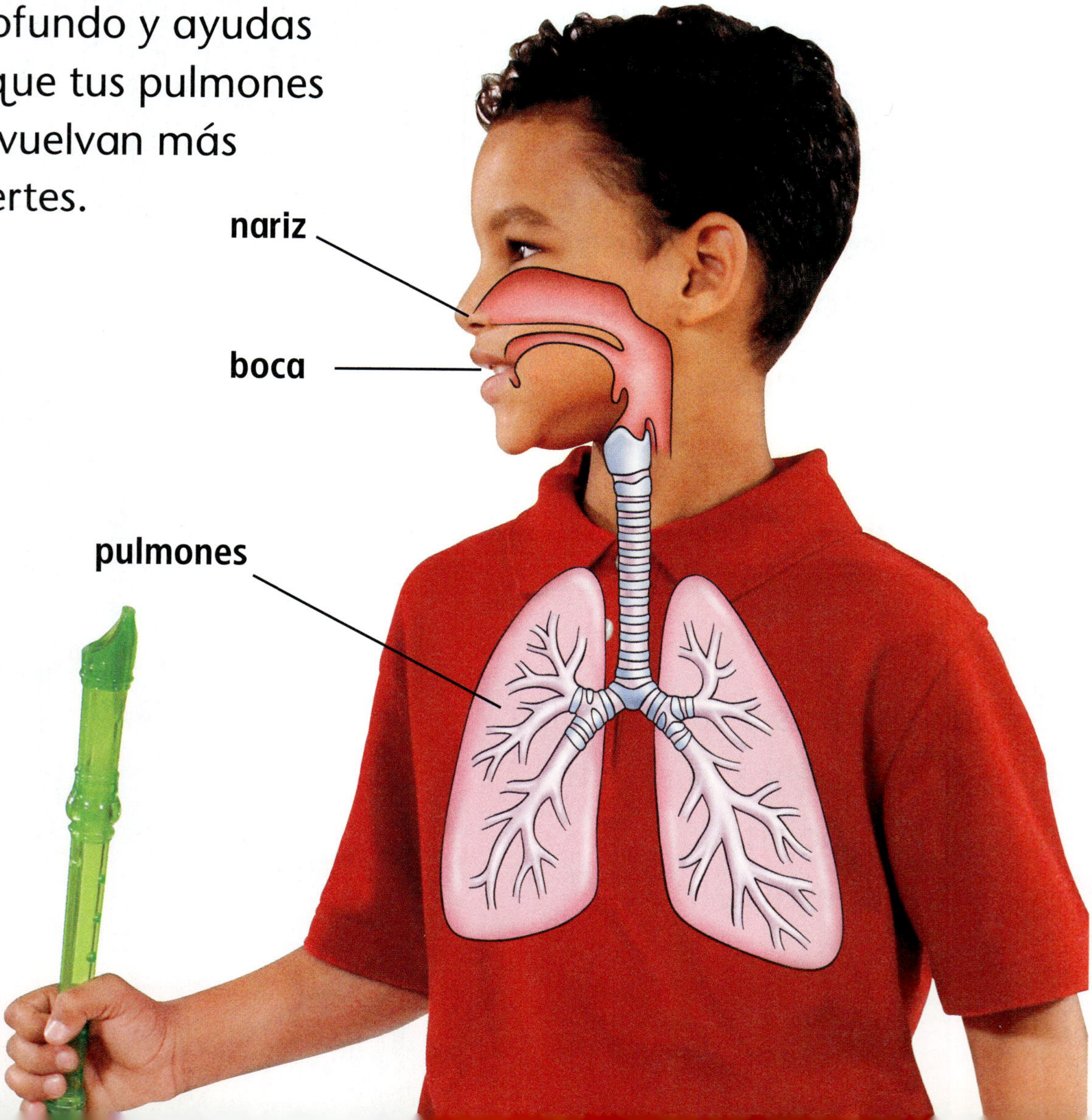

Tu aparato circulatorio

Tu aparato circulatorio está formado por tu corazón y tus vasos sanguíneos. La sangre transporta la energía de los alimentos y el oxígeno que tu cuerpo necesita para funcionar. Los vasos sanguíneos son pequeños conductos que llevan la sangre del corazón a todas las partes de tu cuerpo.

El corazón es un músculo que late todo el tiempo. Al latir, el corazón bombea la sangre a través de los vasos sanguíneos.

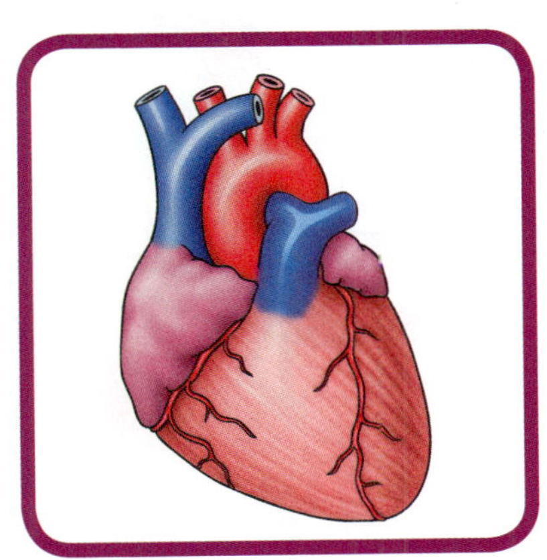

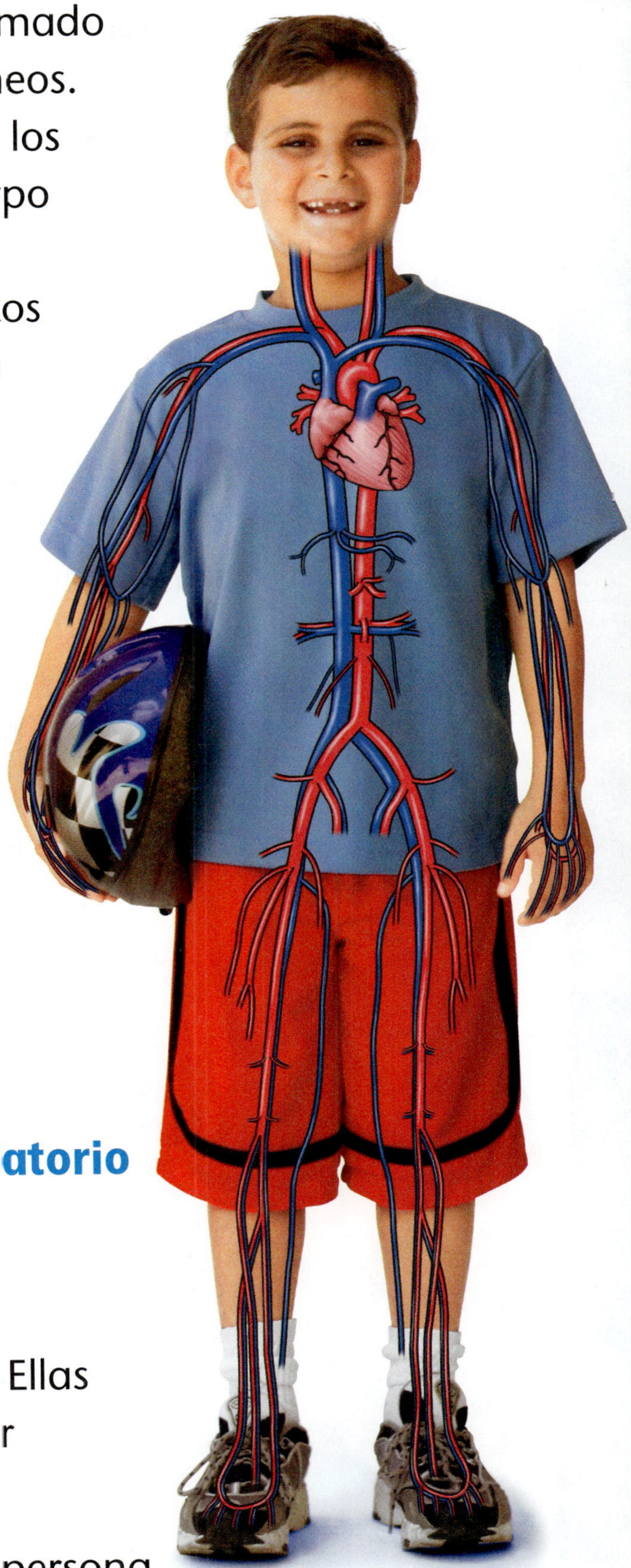

El cuidado de tu aparato circulatorio

- Haz ejercicio todos los días para mantener tu corazón fuerte.
- Come carne y verduras de hoja. Ellas ayudan a la sangre a transportar el oxígeno.
- Nunca toques la sangre de otra persona.

Cómo mantenerse sano

Hay muchas cosas que puedes hacer para mantenerte sano y en buena condición física.

También hay cosas que puedes evitar hacer porque pueden dañarte.

Si sabes cómo protegerte y mantenerte sano, y lo pones en práctica, podrás tener buena salud.

Descansar bien

Rechazar el alcohol, el tabaco y otras drogas

Mantenerse activo

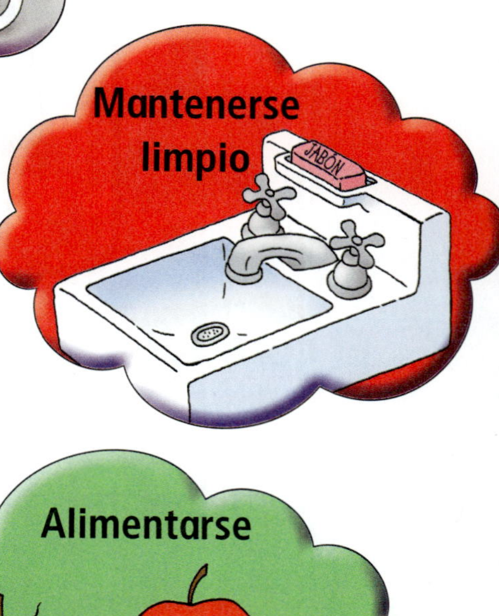

Alimentarse

Cómo mantenerse limpio

Mantenerte limpio te ayuda a estar sano. Las cosas que tocas pueden tener gérmenes. Lavarte con agua y jabón ayuda a eliminar los gérmenes de tu piel.

Lavarte las manos debe llevarte el mismo tiempo que recitar el alfabeto. Lávate siempre las manos en las siguientes ocasiones.

- Antes y después de comer
- Después de toser o sonarte la nariz
- Después de ir al baño
- Después de tocar un animal
- Después de jugar afuera

El cuidado de tus dientes

Cepillarse los dientes y las encías los mantiene limpios y sanos. Debes cepillarte los dientes al menos dos veces al día. Cepíllalos a la mañana y a la noche antes de acostarte. Si puedes, también cepíllate los dientes después de comer.

El cepillado de los dientes

Elige un cepillo de cerdas suaves y del tamaño correcto para ti. Usa siempre tu cepillo. Pon poca pasta dental. Una cantidad del tamaño de una arveja está bien. Enjuágate la boca con agua después de cepillarte los dientes.

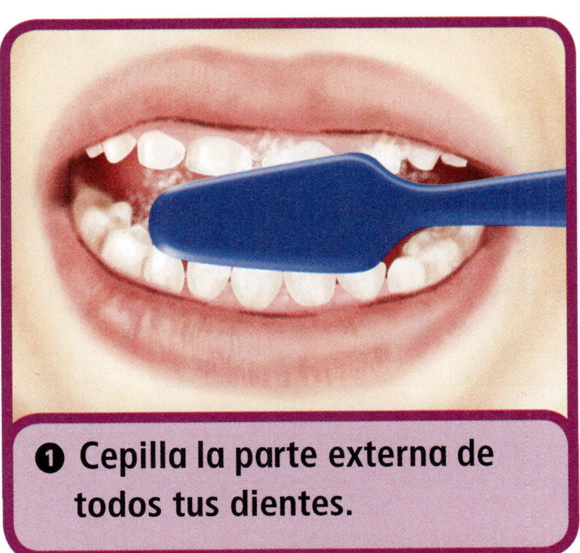

❶ Cepilla la parte externa de todos tus dientes.

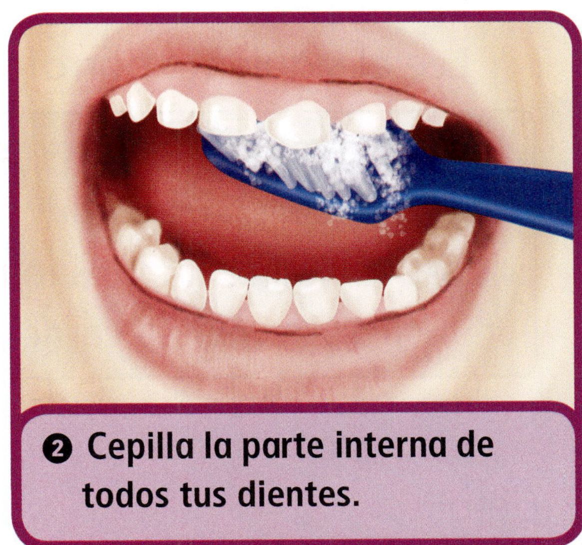

❷ Cepilla la parte interna de todos tus dientes.

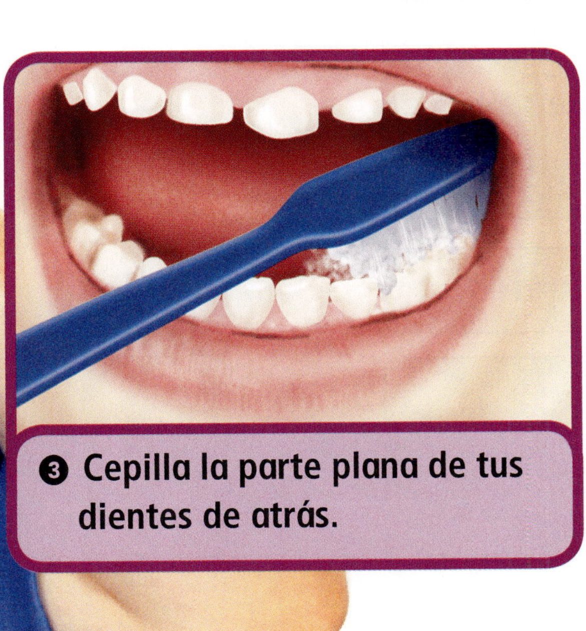

❸ Cepilla la parte plana de tus dientes de atrás.

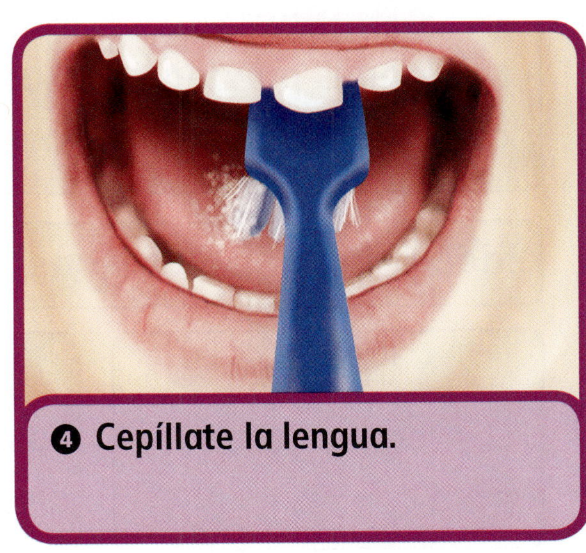

❹ Cepíllate la lengua.

Destreza clave

Identificar la idea principal y los detalles

Algunas lecciones de este libro de Ciencias tienen como objetivo enseñarte a encontrar la idea principal. Aprender a encontrar la idea principal te ayuda a comprender lo que lees. La idea principal es el tema más importante del que trata un párrafo. Los detalles agregan información.

Lee el siguiente párrafo.

Los leones son cazadores. Cazan para comer. Los leones pueden correr muy rápido. Ven y oyen muy bien. Necesitan tener dientes muy afilados para poder atrapar animales y comer su carne.

Esta gráfica muestra la idea principal y los detalles.

Detalle: Los leones pueden correr muy rápido.

Detalle: Los leones ven y oyen muy bien.

Idea principal: Los leones son cazadores.

Detalle: Los leones cazan para comer.

Detalle: Los leones tienen dientes afilados.

Destreza clave

Comparar y contrastar

Algunas lecciones de este libro de Ciencias tienen como objetivo enseñarte a ver las semejanzas y las diferencias que hay entre las cosas. Aprender a comparar y contrastar te ayuda a comprender lo que lees.

Lee el siguiente párrafo.

Las aves y los mamíferos son clases de animales. Las aves tienen el cuerpo cubierto de plumas. Los mamíferos tienen el cuerpo cubierto de pelaje. Tanto las aves como los mamíferos necesitan alimento, aire y agua para vivir. La mayoría de las aves pueden volar. La mayoría de los mamíferos caminan o corren.

Esta gráfica muestra cómo puedes comparar y contrastar las aves y los mamíferos.

En qué son semejantes	En qué son diferentes
Comparar	**Contrastar**
Ambos son clases de animales. Ambos necesitan alimento, aire y agua para vivir.	Las aves tienen plumas. Los mamíferos tienen pelaje. La mayoría de las aves vuelan. La mayoría de los mamíferos caminan o corren.

Destreza clave

Causa y efecto

Algunas lecciones de este libro de Ciencias tienen como objetivo enseñarte a comprender por qué suceden las cosas. Usa una gráfica como esta para encontrar la causa y el efecto.

Causa		Efecto
Una causa es la razón por la cual algo sucede.	→	Un efecto es lo que sucede.

En algunos párrafos hay más de una causa o un efecto. Lee el siguiente párrafo.

El agua puede ser un sólido, un líquido o un gas. Cuando el agua está muy fría, se convierte en hielo sólido. Cuando el agua se calienta, se convierte en un gas llamado vapor de agua.

Esta gráfica muestra las dos causas que se mencionan en el párrafo y sus efectos.

Causa		Efecto
Cuando el agua está muy fría,	→	se convierte en hielo sólido.

Causa		Efecto
Cuando el agua se calienta,	→	se convierte en un gas llamado vapor de agua.

Destreza clave

Ordenar en secuencia

Aprender a encontrar la secuencia te ayuda a comprender lo que lees. Usa una gráfica como esta para encontrar la secuencia.

1. El primer paso → **2. El siguiente paso** → **3. El último paso**

Algunos párrafos tienen palabras que te ayudan a comprender el orden en que suceden las cosas. Lee el siguiente párrafo. Mira las palabras subrayadas.

El día comienza cuando aparece el Sol. Después, el Sol sube despacio hacia lo alto del cielo. Al mediodía, el Sol está arriba del todo. Luego el Sol cae despacio en el horizonte. Por último, el Sol desaparece. Es de noche.

Esta gráfica muestra la secuencia del párrafo.

1. El día comienza cuando aparece el Sol. → **2. El Sol sube hasta el mediodía.** → **3. El Sol desaparece. Es de noche.**

Destreza clave

Sacar conclusiones

Al final de algunas lecciones, tendrás que sacar conclusiones. Cuando sacas conclusiones, explicas lo que has aprendido. Lo que aprendiste también incluye tus propias ideas.

Lee el siguiente párrafo.

Las aves usan su pico para obtener alimento. Cada clase de ave tiene un tipo de pico diferente. Las aves que comen semillas tienen picos fuertes y cortos. Las aves que comen insectos tienen picos largos y puntiagudos. Las aves que comen plantas acuáticas tienen picos anchos y planos.

Esta gráfica muestra cómo sacar conclusiones.

Lo que leí		Lo que sé		Conclusión:
Las aves usan su pico para obtener alimento. Los picos tienen diferentes formas.	+	He visto patos de cerca. Tienen picos anchos y planos.	=	Los patos son aves que comen plantas acuáticas.

Destreza clave

Resumir

Al final de algunas lecciones, tendrás que resumir lo que leíste. En un resumen, algunas oraciones contienen la idea principal y otras contienen detalles.

Lee el siguiente párrafo.

Las abejas producen la miel. Recolectan el néctar de las flores y lo guardan dentro de un estómago especial. Luego, vuelan con el néctar hacia la colmena. Las abejas ponen el néctar dentro de hoyos especiales del panal y esperan. En poco tiempo, el néctar se convierte en miel dulce y pegajosa. Las abejas cubren los hoyos con cera que ellas mismas hacen. Comen un poco de su miel durante el frío invierno.

Esta gráfica muestra cómo resumir la información del párrafo.

Recordar detalles	Recordar detalles	Recordar detalles
Las abejas producen la miel.	Las abejas recolectan el néctar de las flores.	En la colmena, el néctar se convierte en miel.

Resumen

Las abejas producen la miel. Recolectan el néctar de las flores y lo llevan a la colmena. En la colmena, el néctar se convierte en miel.

Usar tablas, diagramas y gráficas

Recopilar datos

Cuando investigas en Ciencias, necesitas recolectar datos.

Imagina que quieres averiguar qué tipo de cosas hay en la tierra. Puedes poner en grupos las cosas que encuentres.

Lo que encontré en la tierra

Partes de las plantas

Piedras pequeñas

Partes de los animales

Si observas los círculos, verás las diferentes cosas que hay en la tierra. Sin embargo, puedes presentar los datos de otra forma. Por ejemplo, puedes usar una tabla de conteo.

Leer una tabla de conteo

Puedes mostrar los datos en una tabla de conteo.

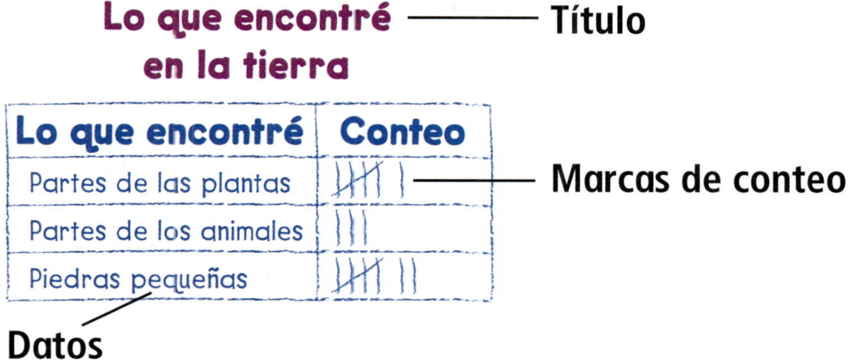

Lo que encontré en la tierra

Lo que encontré	Conteo
Partes de las plantas	卌 |
Partes de los animales	|||
Piedras pequeñas	卌 ||

Cómo leer una tabla de conteo

1. **Lee** la tabla de conteo. Usa los rótulos.
2. **Estudia** los datos.
3. **Cuenta** las marcas de conteo.
4. **Saca conclusiones**.Hazte preguntas como las de esta página.

Practica la destreza

1. ¿Cuántas partes de las plantas había en la tierra?
2. ¿Cuántas más piedras pequeñas que partes de los animales había en la tierra?
3. ¿Cuántas partes de las plantas y partes de los animales había?

Usar tablas, diagramas y gráficas

Leer una gráfica de barras

Las personas adoptan muchas clases de animales como mascotas. Esta gráfica de barras muestra los grupos animales a los que pertenecen las mascotas. Una gráfica de barras sirve para comparar datos.

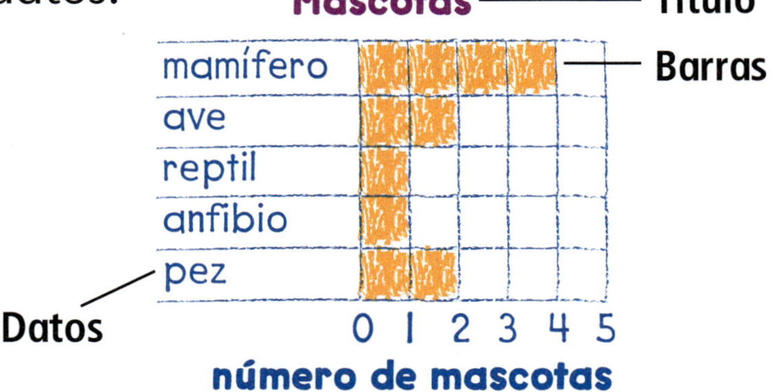

Cómo leer una gráfica de barras

1. **Mira** el título para saber qué tipo de información se muestra.
2. **Lee** la gráfica. Usa los rótulos.
3. **Estudia** los datos. Compara las barras.
4. **Saca conclusiones**. Hazte preguntas como las de esta página.

Practica la destreza

1. ¿Cuántas mascotas son mamíferos?
2. ¿Cuántas mascotas son aves?
3. ¿Cuántos más mamíferos que peces son mascotas?

Leer una gráfica con dibujos

Los estudiantes de primer grado tenían que elegir su estación favorita. Se hizo una gráfica con dibujos para mostrar los resultados. En una gráfica con dibujos se usan dibujos para mostrar la información.

Cómo leer una gráfica con dibujos

1. **Mira** el título para saber qué tipo de información se muestra.
2. **Lee** la gráfica. Usa los rótulos.
3. **Estudia** los datos. Compara el número de dibujos de cada fila.
4. **Saca conclusiones**. Hazte preguntas como las de esta página.

Practica la destreza

1. ¿Cuál fue la estación más elegida por los compañeros?
2. ¿Cuál fue la estación menos elegida por los compañeros?
3. ¿Cuántos compañeros en total eligieron el verano o el invierno?

Medidas

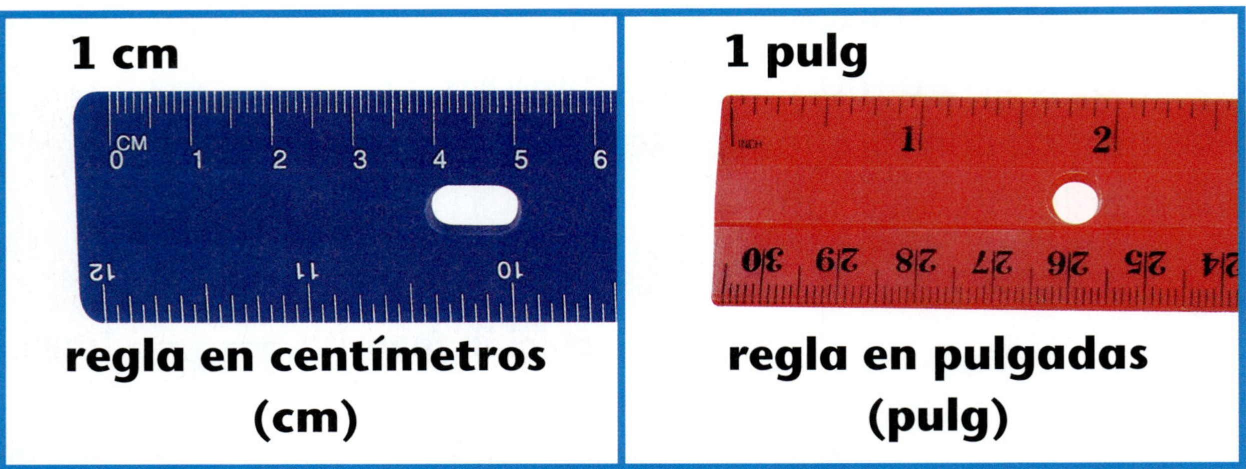

1 cm

regla en centímetros (cm)

1 pulg

regla en pulgadas (pulg)

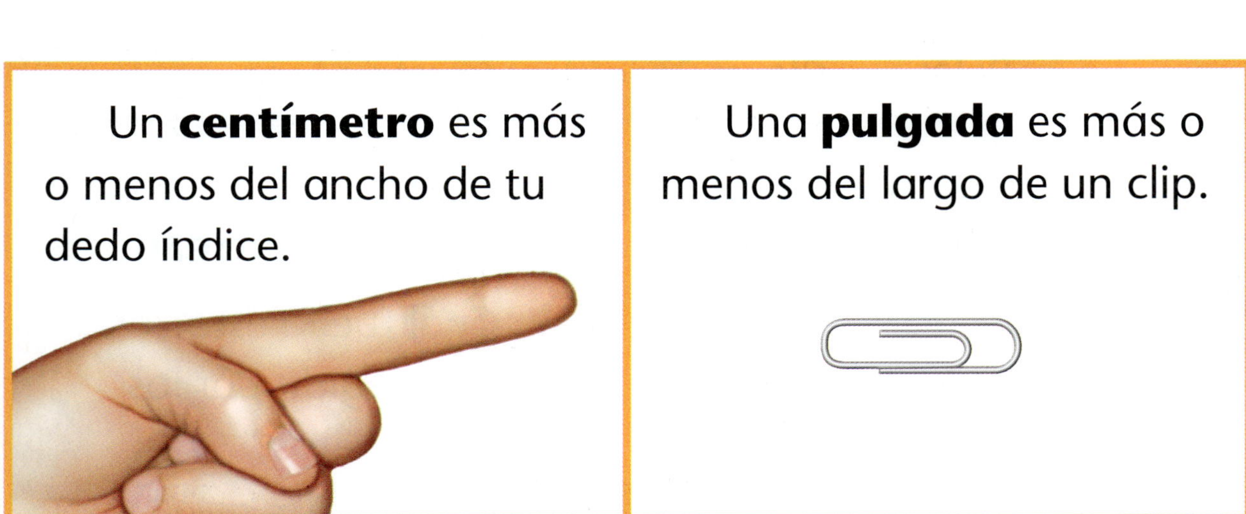

Un **centímetro** es más o menos del ancho de tu dedo índice.

Una **pulgada** es más o menos del largo de un clip.

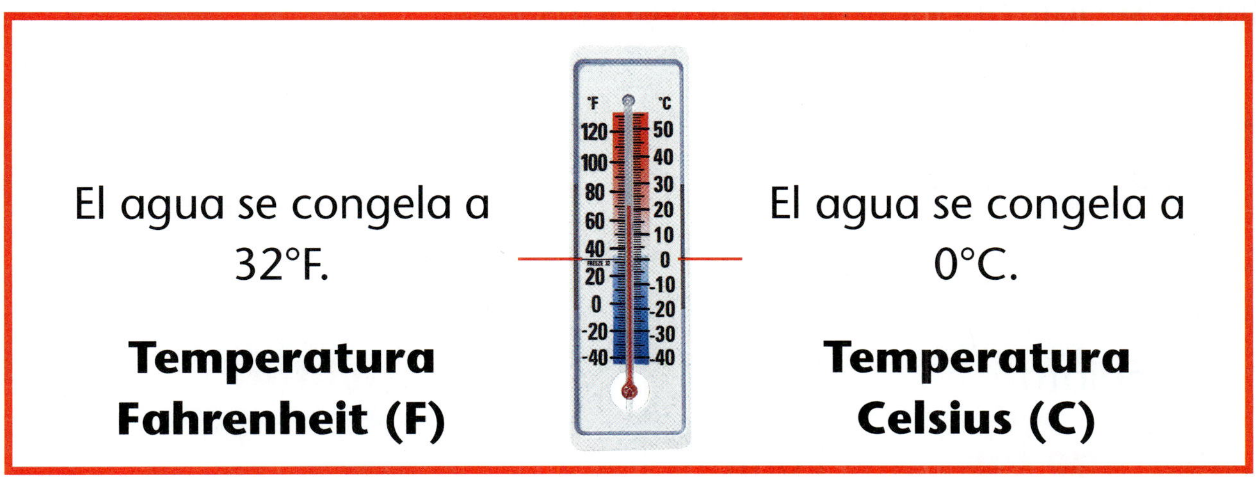

El agua se congela a 32°F.

Temperatura Fahrenheit (F)

El agua se congela a 0°C.

Temperatura Celsius (C)

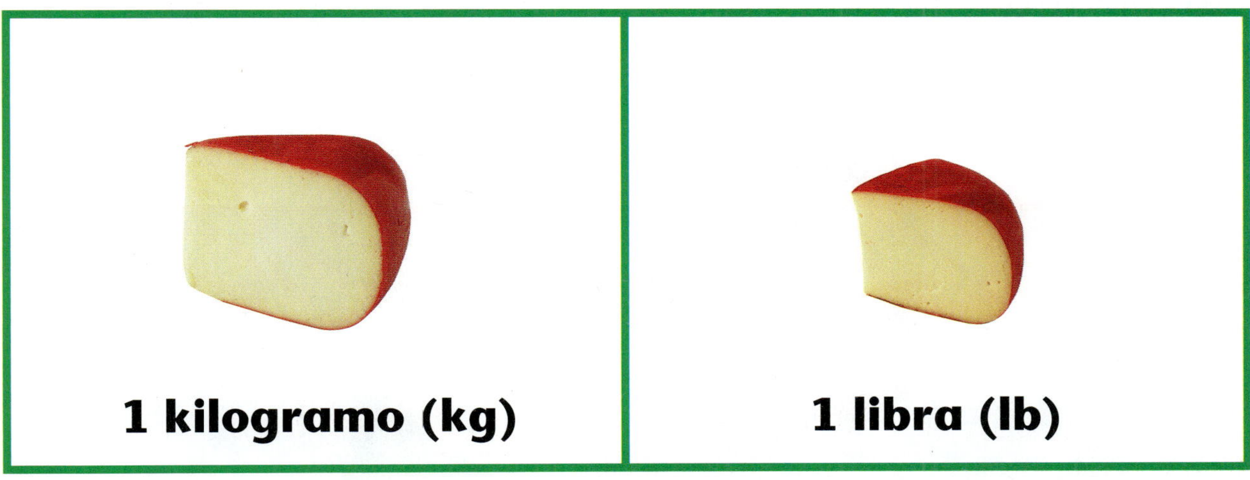

1 kilogramo (kg)

1 libra (lb)

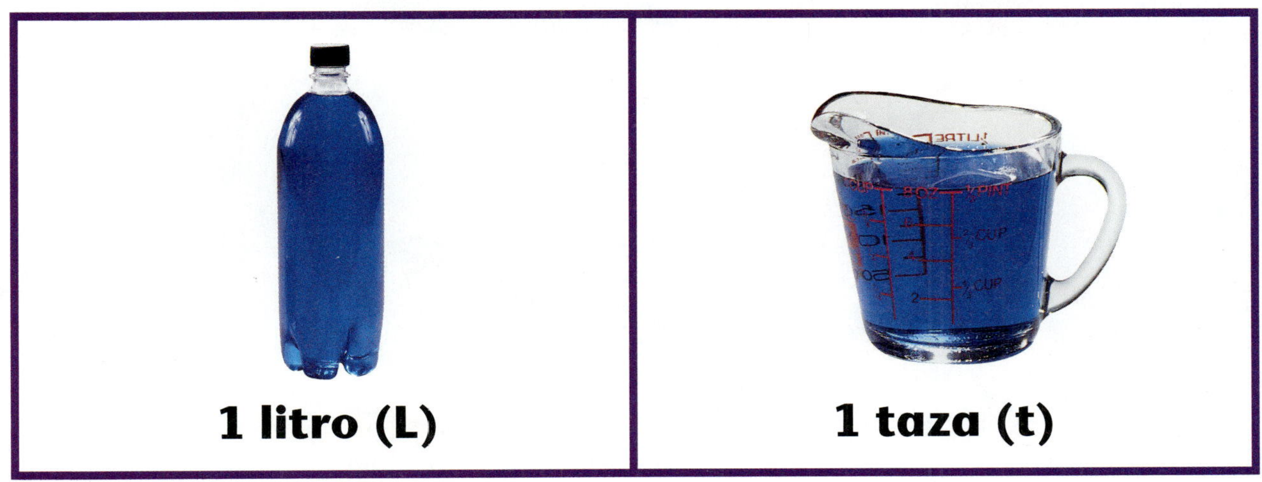

1 litro (L)

1 taza (t)

La seguridad en las Ciencias

Estas son algunas reglas de seguridad que debes seguir al hacer las actividades.

1. **Prepárate.** Estudia los pasos y síguelos.
2. **Sé limpio y ordenado.** Limpia los derrames de inmediato.
3. **Protege los ojos.** Ponte gafas protectoras cuando tu maestro te lo diga.
4. **Ten cuidado con los objetos filosos.**
5. **No comas ni bebas nada mientras haces una actividad.**

Visita el Glosario de Ciencias en Multimedia para ver ilustraciones de estas palabras y escuchar su pronunciación.
www.hspscience.com

Glosario

Un glosario es una lista de palabras en orden alfabético. Para encontrar una palabra, búscala por su primera o primeras letras.

adaptación
Una parte del cuerpo o un comportamiento que ayuda a un ser vivo. (114)

anfibio
Una clase de animal que tiene la piel lisa y húmeda. (46)

arroyo
Una pequeña masa de agua en movimiento que baja por una ladera. (174)

atraer
Jalar. Un imán atrae cosas hechas de hierro. (402)

aves

La única clase de animal que tiene plumas. (45)

bosque

Un terreno que está cubierto de árboles. (138)

branquias

Las partes de un pez que absorben aire del agua. (39)

cadena alimentaria

Un diagrama que muestra cómo las plantas y los animales están relacionados por lo que comen. (126)

calor

La energía que calienta las cosas. (354)

camuflaje

Una adaptación en la que el color o el patrón de un animal lo ayudan a esconderse. (118)

ciclo de vida

Todas las etapas de la vida de una planta o de un animal. (52)

ciclo del agua

El movimiento del agua desde la Tierra hasta el aire y de regreso a la Tierra. (238)

colina

Un lugar elevado que es más pequeño que una montaña y que suele tener la cima redondeada. (167)

comestible

Describe algo que se puede comer sin peligro. (92)

condensar

Convertir el vapor de agua en gotitas de agua. Las gotas forman las nubes. (238)

contaminación

La acumulación de desechos que dañan el suelo, el agua y el aire. (208)

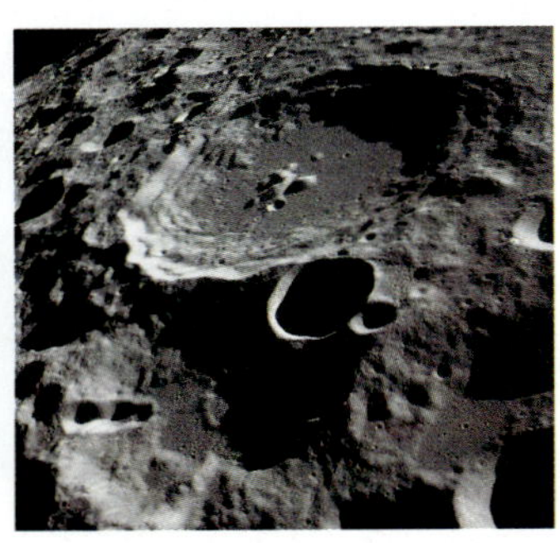

cráter

Un hoyo con forma de tazón que se forma en una superficie. La Luna tiene muchos cráteres. (300)

crisálida

La etapa de un ciclo de vida en la que una oruga se convierte en mariposa. (54)

desierto

Un terreno donde llueve muy poco. (144)

destrezas de examinación

Las destrezas que las personas usan para obtener información. (12)

disolver

Mezclar completamente un sólido con un líquido. (329)

empujar

Hacer fuerza contra un objeto para alejarlo. (389)

erosión

El cambio que se produce en el terreno cuando el agua en movimiento arrastra rocas y tierra hacia otros lugares. (182)

estación

Una estación es una época del año. Las estaciones son: primavera, verano, otoño e invierno. (252)

estrella

Un objeto en el cielo que emite luz propia. (286)

evaporar

Convertir un líquido en vapor de agua. (238)

F

flores

Las partes de la planta que producen los frutos. (78)

flotar

Permanecer sobre un líquido. (330)

frutos

Las partes de la planta que contienen las semillas. (78)

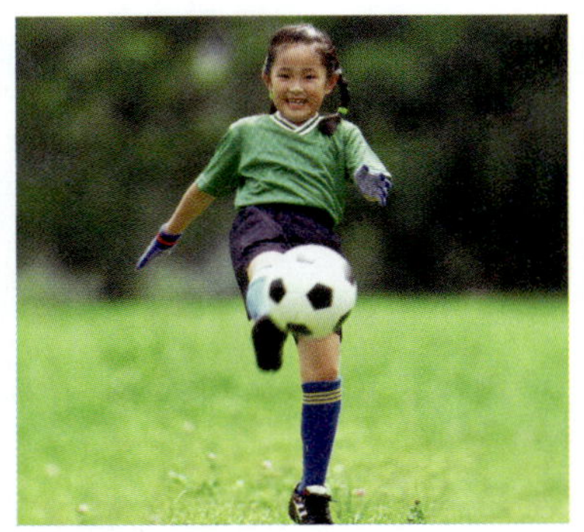

fuerza

Algo que hace que un objeto se mueva o deje de moverse. (388)

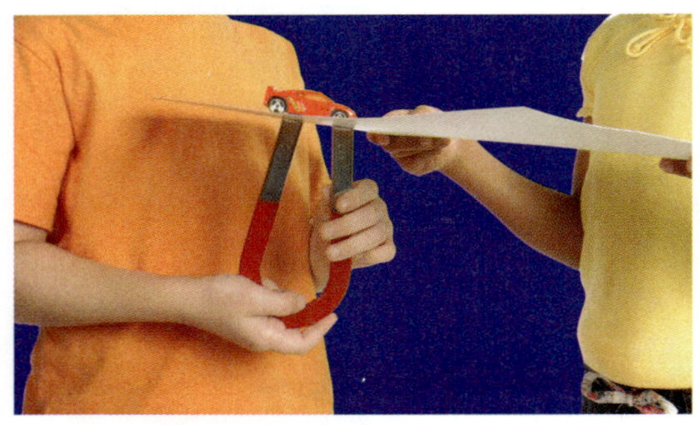

fuerza magnética

La fuerza de un imán para jalar cosas. (404)

G

gas

Materia que no tiene forma propia. (337)

gravedad

Una fuerza que jala las cosas hacia el suelo. (396)

H

hábitat

El lugar donde un animal encuentra alimento, agua y refugio. (140)

herramientas de ciencias

Las herramientas que ayudan a los científicos a encontrar lo que necesitan. (20)

hojas

Las partes de la planta que absorben luz y aire para producir alimento. (77)

humus

Las partes de plantas y animales muertos. El humus, la arcilla y la arena forman el suelo. (202)

hundirse

Caerse al fondo de un líquido. (331)

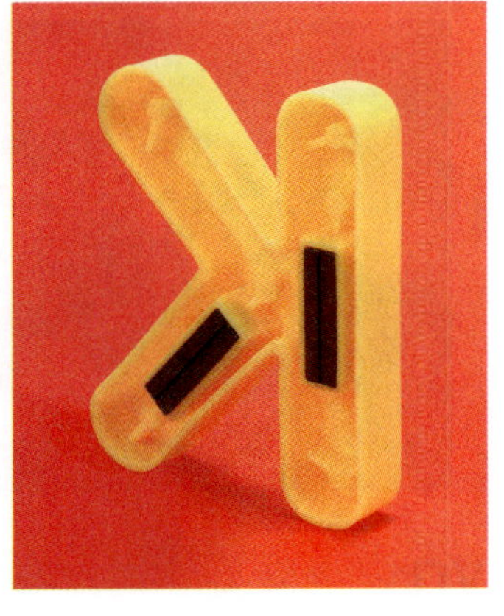

imán

Un objeto que atrae cosas hechas de hierro. (402)

insecto

Una clase de animal con el cuerpo dividido en tres partes y con seis patas. (48)

intensidad

Lo fuerte o suave que es un sonido. (368)

inundación

Lo que sucede cuando los ríos y los arroyos se llenan demasiado y el agua desborda sobre el terreno. (180)

invierno

La estación que sigue al otoño y que suele ser fría. El invierno es la estación con menos horas de luz natural. (272)

jalar

Acercar un objeto hacia ti. (389)

lago

Una masa de agua totalmente rodeada de terreno. (175)

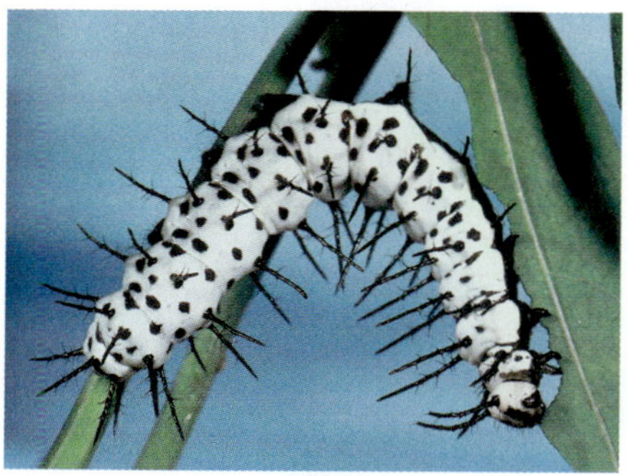

larva

Otro nombre para una oruga. (54)

líquido

Materia que fluye y toma la forma de su recipiente. (328)

llanura

Una gran extensión de terreno plano. (168)

longitud

La medida del largo de un sólido. (324)

Luna

Una enorme bola de roca en el cielo que no emite luz propia. (287)

luz

La energía que nos permite ver. (360)

luz solar

La luz que viene del Sol. (69)

mamífero

Una clase de animal que tiene pelos o pelaje y que alimenta a sus crías con su leche. (44)

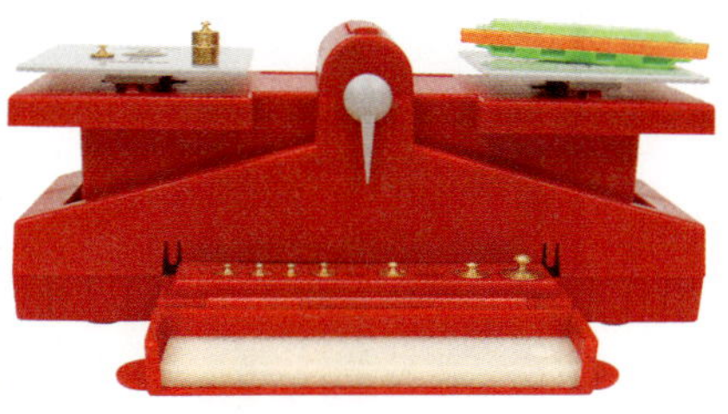

masa

La medida de la cantidad de materia que tiene una cosa. La masa se mide con una balanza. (324)

materia

Todo lo que te rodea. La materia puede ser un sólido, un líquido o un gas. (314)

medio ambiente

Todo lo que hay en un lugar. (108)

mezcla

Dos o más cosas que han sido juntadas. (322)

migrar

Ir a vivir a otro lugar para buscar alimento. (268)

montaña

Un terreno muy elevado, con laderas empinadas que terminan en una cima. (166)

movimiento

Lo que sucede cuando algo se mueve. Cuando las cosas se mueven, están en movimiento. (382)

no comestible

Describe algo que no se puede comer porque es peligroso. (93)

no vivo

Que no necesita alimento, agua ni aire y que no crece. (33)

nutrientes

Los minerales del suelo que las plantas necesitan para crecer y permanecer sanas. (70)

océano

Una gran masa de agua salada. (150, 176)

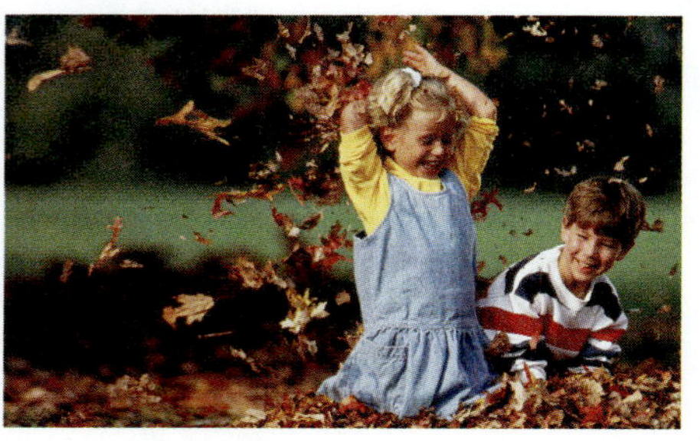

otoño

La estación que sigue al verano y en la que el aire comienza a enfriarse. (266)

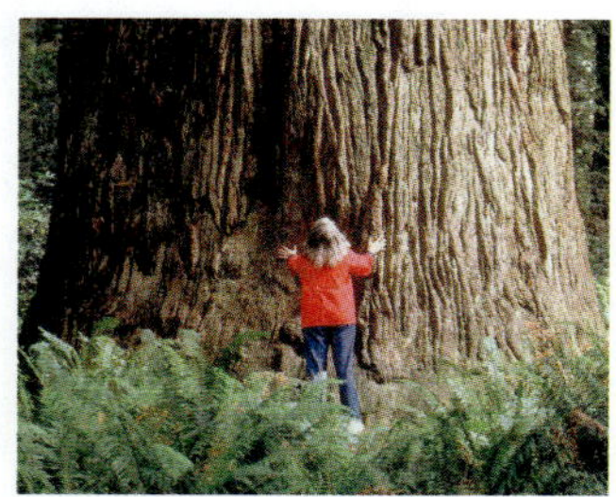

oxígeno

Un gas que las plantas liberan y que los animales necesitan para respirar. Las personas necesitan de los árboles para obtener oxígeno. (123)

peces

Una clase de animal que está cubierto de escamas, respira por medio de branquias y vive en el agua. (47)

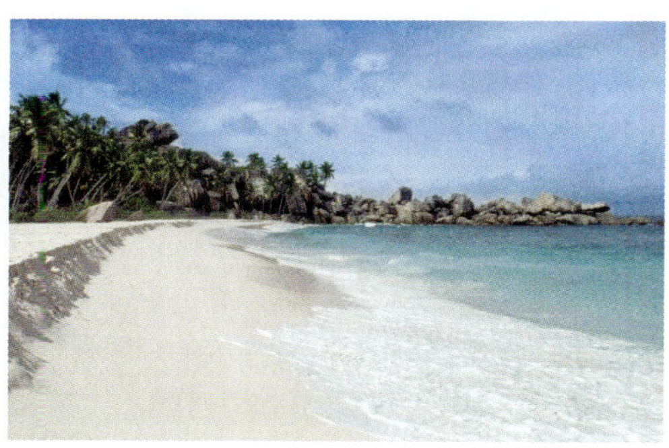

playa

Un terreno plano y arenoso a lo largo de la costa. (170)

polen

Un polvo que las flores necesitan para producir semillas. Las abejas transportan el polen de flor en flor. (124)

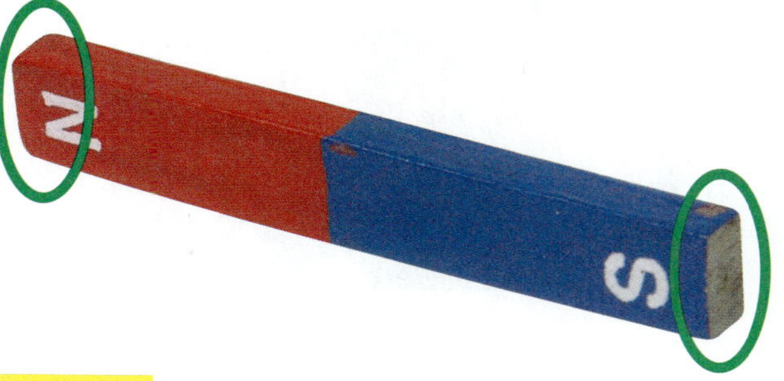

polo

La parte cercana al extremo de un imán y donde este jala con más fuerza. (406)

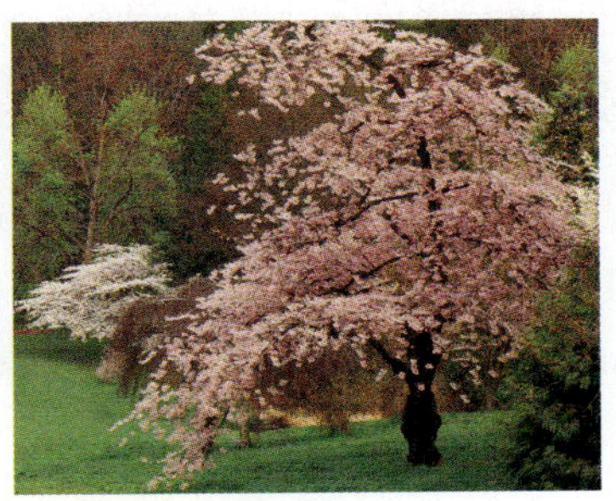

primavera

La estación que sigue al invierno y en la que el tiempo se vuelve más cálido. (254)

pulmones

Las partes del cuerpo de algunos animales que los ayudan a respirar. Los cerdos usan pulmones para respirar. (39)

raíces

Las partes de la planta que la sostienen en el suelo y que absorben agua y nutrientes. (75)

reciclar

Utilizar recursos usados para hacer cosas nuevas. (211)

recurso natural

Algo de la naturaleza que las personas pueden usar. (194)

reducir

Usar menos un recurso natural. (210)

refugio

Un lugar donde los animales están protegidos. (40)

renacuajo

Una rana pequeña que sale de un huevo y tiene branquias para respirar. (52)

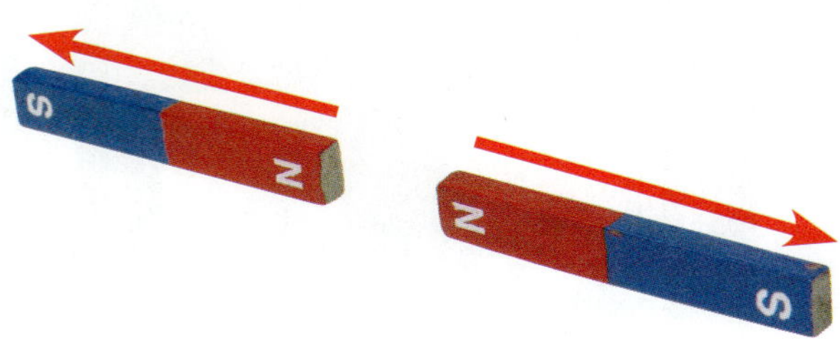

repeler

Alejar. Los polos iguales de los imanes se repelen. (406)

reptil

Una clase de animal que tiene la piel seca y escamosa. (46)

reutilizar

Volver a usar un recurso natural. (211)

río

Una gran masa de agua en movimiento. (174)

roca

Un ser no vivo, muy duro, que es parte de la Tierra. (200)

rotar

Girar como un trompo. La Tierra causa el día y la noche cuando rota. (292)

S

semillas

Las partes de la planta de donde crecen plantas nuevas. (78)

sentidos

La forma en que sabemos cómo es el mundo. Los cinco sentidos son: la vista, el oído, el olfato, el gusto y el tacto. (4)

sequía

Un período largo de tiempo con poca lluvia que hace que el terreno se seque mucho. (181)

Sol

La estrella más cercana a la Tierra. (286)

sólido

Materia que mantiene su forma. (321)

sombra

Un lugar oscuro que se produce cuando un objeto o un cuerpo bloquean la luz. (362)

sonido

La energía que oyes. (366)

suelo

La capa superior de la Tierra, formada por arena, humus y arcilla. (202)

tallo

La parte de la planta que la sostiene y por la que circulan el alimento y el agua. (76)

tegumento

Una capa que protege la semilla. (82)

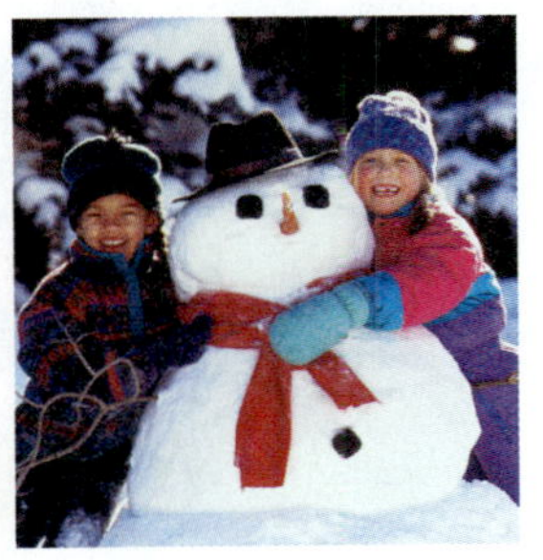

temperatura

La medida de lo caliente o frío que está algo. Puedes medir la temperatura con un termómetro. (232)

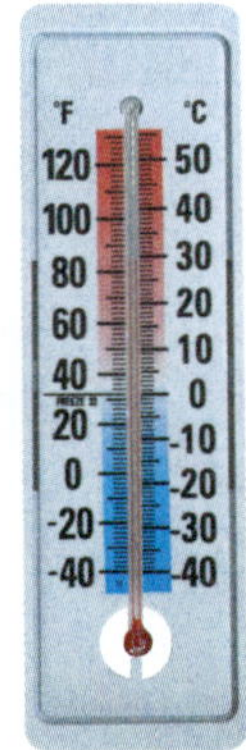

termómetro

Una herramienta que se usa para medir la temperatura. (232)

tiempo

Cómo está el aire afuera. (226)

tono

Lo agudo o grave que es un sonido. (369)

valle

Un terreno bajo ubicado entre montañas o colinas. (168)

vapor

El gas que produce el agua al hervir. (340)

vapor de agua

El agua que hay en el aire y que no puedes ver. (238)

velocidad

La medida de la rapidez con que algo se mueve. (383)

verano

La estación que sigue a la primavera y que suele ser calurosa. En verano hay muchas horas de luz natural. (260)

vibrar

Moverse rápidamente hacia atrás y hacia adelante. (366)

vivo

Que necesita alimento, agua y aire para crecer y cambiar. (32)

Índice

Photography Credit
Page Placement Key: (t) top; (b) bottom; (c) center; (l) left; (r) right; (bg) background; (fg) foreground; (i) insert.

Chapter 5: 162 Dave Jacobs/Index Stock Imagery; 164 Leo and Dorothy Keeler/Accent Alaska; 166 Tom Stack & Associates; 167 Getty Images; 168 Getty Images; 169 (fg) William Manning/Corbis; 170 John Garrett/Corbis; 172 W. Cody/Corbis; 174 (t) Getty Images; 174 (b) Nathan Benn/Corbis; 175 Yann Arthus-Bertrand/Corbis; 176 Doug Wilson/Corbis; 178 Owaki-Kulla/Corbis; 180 Doug Wilson/Corbis; 181 (br) Bruce Davidson/Nature Picture Library; 181 (tr) Bruce Davidson/Nature Picture Library; 182 David Muench/Corbis.

Chapter 8: 253 (r) Taxi/Getty Images; 253 (l) Taxi/Getty Images; (b) Taxi/Getty Images; 253 (t) Taxi; 254 (b) Stone/Getty Images; 254 (t) Richard Hutchings/PhotoEdit; 255 (fg) Eric Cricton/Corbis; 255 (bg) Pat O'Hara/CORBIS; 256 (b) Royalty-Free/CORBIS; 256 (t) ColorPic, Inc.; 258 c Network Productions/The Image Works; 260 (l) Taxi/Getty Images; 261 (fg) Christi Carter/Grand Heilman Photography; 261 (bg) Alamy Images; 262 (t) Digital Vision/Getty Images; 262 (b) Phil Schermeister/CORBIS; 263 Christi Carter/Grant Heilman Photography; 264 Stone/Getty Images; 266 (t) James Frank/Alamy Images; 266 (b) Journal Courier/The Image Works; 267 (fg) John Colwell/Grant Heilman Photography; 267 (bg) Robert Estall/CORBIS; 268 (b) Chase Swift/CORBIS; 268 (t) Florian Moellers/Age Fotostock; 270 Murray Lee/Age Fotostock; 272 (t) James Frank/Alamy Images; 273 (fg) Eric and David Hosking/CORBIS; 273 (fg) Werner Dieterich/Getty Images; 274 (b) Royalty-Free/CORBIS; 274 (t) The Image Bank/Getty Images; 279 (bg) W. Cody/Corbis.

All other photos © Harcourt School Publishers. Harcourt Photos provided by the Harcourt Index, Harcourt IPR, and Harcourt photographers; Weronica Ankarorn, Victoria Bowen, Eric Camden, Doug Dukane, Ken Kinzie, April Riehm, and Steve Williams.

1 day

AUTOPROTECCIÓN El zorro ártico se acurruca en la nieve. Luego, se cubre el hocico y la cara con la cola.

CRÍAS La hembra del zorro ártico tiene de 4 a 11 cachorros por camada.

Comportamiento El zorro ártico almacena alimento durante el verano.

Camuflaje El zorro ártico tiene un pelaje que cambia de color según la estación del año.

Autoprotección El pelaje espeso ayuda al zorro ártico a mantener sus patas calientes.